송쌤의 엔트리 코딩학교

ⓒ 2017 송상수. All rights reserved.

1쇄 발행 2017년 9월 21일
7쇄 발행 2022년 6월 10일

지은이 송상수
펴낸이 장성두
펴낸곳 주식회사 제이펍

출판신고 2009년 11월 10일 제406-2009-000087호
주소 경기도 파주시 회동길 159 3층 3-B호 / **전화** 070-8201-9010 / **팩스** 02-6280-0405
홈페이지 www.jpub.kr / **원고투고** submit@jpub.kr / **독자문의** help@jpub.kr / **교재문의** textbook@jpub.kr

편집부 김정준, 이민숙, 최병찬, 이주원 / **총무부** 김정미
소통기획부 이상복, 송찬수, 박재인, 송영화, 배인혜, 권유라 / **소통지원부** 민지환
진행 및 교정·교열 이슬 / **내지디자인** 이민숙 / **표지디자인** 미디어픽스
용지 타라유통 / **인쇄** 한길프린테크 / **제본** 일진제책사

ISBN 979-11-85890-64-7 (13000)
값 18,000원

※ 이 책은 저작권법에 따라 보호를 받는 저작물이므로 무단 전재와 무단 복제를 금지하며,
  이 책 내용의 전부 또는 일부를 이용하려면 반드시 저작권자와 제이펍의 서면동의를 받아야 합니다.
※ 잘못된 책은 구입하신 서점에서 바꾸어 드립니다.

제이펍은 독자 여러분의 아이디어와 원고 투고를 기다리고 있습니다. 책으로 펴내고자 하는 아이디어나 원고가 있는
분께서는 책의 간단한 개요와 차례, 구성과 저(역)자 약력 등을 메일(submit@jpub.kr)로 보내 주세요.

송쌤의 엔트리 코딩학교

송상수 지음

※ 드리는 말씀

- 엔트리 프로그래밍 환경(코드 블록, 오브젝트 등)은 독자의 학습 시점에 따라 책의 내용과 다를 수 있습니다.
- 책에 실린 작품(예제)은 http://bit.ly/entrysong에서 확인할 수 있습니다.
- 오브젝트나 블록 이름은 엔트리 사이트를 기준으로 편집하였으므로 한글 맞춤법과 다를 수 있습니다.
- 책의 내용과 관련된 문의사항은 지은이 혹은 출판사로 연락해 주시기 바랍니다.
  - 지은이: gi_sik_in@naver.com
  - 출판사: help@jpub.kr

머리말 ～～～～～ x
베타리딩 후기 ～～～～ xi
이 책을 읽는 법 ～～～～ xii

PART I 소개 1

CHAPTER 1 소프트웨어의 놀라운 힘 ～～～～～ 3

- 1.1 컴퓨터는 어떻게 동작할까?_3
- 1.2 소프트웨어와 생활_4
- 1.3 소프트웨어 중심사회_5
- 1.4 소프트웨어를 만든다는 것은?_5
- 1.5 소프트웨어를 만드는 과정_6

CHAPTER 2 엔트리를 소개합니다 ～～～～～ 9
- 2.1 엔트리란?_9
- 2.2 엔트리 가입하기_10
- 2.3 엔트리 화면 구성_13
- 2.4 엔트리의 동작 원리_18

CHAPTER 3 나의 첫 번째 프로그래밍 ～～～～～ 19
- 3.1 생각하기_19
- 3.2 생각 다듬기_20
- 3.3 알고리즘 만들기_21
- 3.4 프로그래밍하기_22
- 3.5 검토하기_27

PART II 기초 31

CHAPTER 4 꿀단지를 찾은 곰 ——————— 33
- 4.1 생각하기_33
- 4.2 생각 다듬기_34
- 4.3 개념 다지기_35
- 4.4 알고리즘 만들기_40
- 4.5 프로그래밍하기_41
- 4.6 검토하기_45

CHAPTER 5 벌을 만난 곰 ——————— 46
- 5.1 생각하기_46
- 5.2 생각 다듬기_47
- 5.3 개념 다지기_48
- 5.4 알고리즘 만들기_51
- 5.5 프로그래밍하기_52
- 5.6 검토하기_56

CHAPTER 6 벌에 쏘인 곰 ——————— 57
- 6.1 생각하기_57
- 6.2 생각 다듬기_58
- 6.3 개념 다지기_59
- 6.4 알고리즘 만들기_61
- 6.5 프로그래밍하기_62
- 6.6 검토하기_66

CHAPTER 7 상어 피하기 ——————— 67
- 7.1 생각하기_67
- 7.2 생각 다듬기_68
- 7.3 개념 다지기_69
- 7.4 알고리즘 만들기_75
- 7.5 프로그래밍하기_76
- 7.6 검토하기_80

CHAPTER 8 늘어나는 상어 ——————— 81
- 8.1 생각하기_81
- 8.2 생각 다듬기_82
- 8.3 개념 다지기_83
- 8.4 알고리즘 만들기_87
- 8.5 프로그래밍하기_89
- 8.6 검토하기_94

CHAPTER 9 상어 피하기 게임 완성하기 ——————— 96
- 9.1 생각하기_96
- 9.2 생각 다듬기_97
- 9.3 개념 다지기_98
- 9.4 알고리즘 만들기_103
- 9.5 프로그래밍하기_106
- 9.6 검토하기_115

CHAPTER 10 **선물 추첨 프로그램** ~~~~~~~~ **118**

- 10.1 생각하기_118
- 10.2 생각 다듬기_119
- 10.3 개념 다지기_120
- 10.4 알고리즘 만들기_123
- 10.5 프로그래밍하기_124
- 10.6 검토하기_128

CHAPTER 11 **발표자 추첨 프로그램** ~~~~~~~~ **129**

- 11.1 생각하기_129
- 11.2 생각 다듬기_130
- 11.3 개념 다지기_131
- 11.4 알고리즘 만들기_132
- 11.5 프로그래밍하기_133
- 11.6 검토하기_138

CHAPTER 12 **이야기를 만드는 프로그램** ~~~~~~~~ **139**

- 12.1 생각하기_139
- 12.2 생각 다듬기_140
- 12.3 개념 다지기_141
- 12.4 알고리즘 만들기_142
- 12.5 프로그래밍하기_144
- 12.6 검토하기_149

CHAPTER 13 **다각형 그리기** ~~~~~~~~ **150**

- 13.1 생각하기_150
- 13.2 생각 다듬기_151
- 13.3 개념 다지기_152
- 13.4 알고리즘 만들기_156
- 13.5 프로그래밍하기_157
- 13.6 검토하기_162

CHAPTER 14 **다각형 패턴 그리기** ~~~~~~~~ **163**

- 14.1 생각하기_163
- 14.2 생각 다듬기_164
- 14.3 개념 다지기_165
- 14.4 알고리즘 만들기_167
- 14.5 프로그래밍하기_169
- 14.6 검토하기_173

CHAPTER 15 **다양한 다각형 패턴 그리기** ~~~~~~~~ **174**

- 15.1 생각하기_174
- 15.2 생각 다듬기_175
- 15.3 개념 다지기_176
- 15.4 알고리즘 만들기_179
- 15.5 프로그래밍하기_181
- 15.6 검토하기_187

CHAPTER 16 **사자와 다람쥐** ~~~~~~~~ **188**

- 16.1 생각하기_188
- 16.2 생각 다듬기_189
- 16.3 개념 다지기_190
- 16.4 알고리즘 만들기_192
- 16.5 프로그래밍하기_194
- 16.6 검토하기_198

CHAPTER 17 **간단한 예술 작품 만들기** ~~~~~~~~ **199**

- 17.1 생각하기_199
- 17.2 생각 다듬기_200
- 17.3 개념 다지기_201
- 17.4 알고리즘 만들기_202
- 17.5 프로그래밍하기_203
- 17.6 검토하기_206

응용 207

CHAPTER 18 **두더지 잡기 게임** ~~~~~~~~~~~~~~~~ **209**
- 18.1 생각하기_209
- 18.2 알고리즘 만들기_210
- 18.3 프로그래밍하기_212
- 18.4 검토하기_217

CHAPTER 19 **축구공을 구해라!** ~~~~~~~~~~~~~~~~ **218**
- 19.1 생각하기_218
- 19.2 알고리즘 만들기_219
- 19.3 프로그래밍하기_221
- 19.4 검토하기_226

CHAPTER 20 **달리기 게임** ~~~~~~~~~~~~~~~~~~~~~ **228**
- 20.1 생각하기_228
- 20.2 알고리즘 만들기_229
- 20.3 프로그래밍하기_231
- 20.4 검토하기_236

CHAPTER 21 **그림판 만들기** ~~~~~~~~~~~~~~~~~~ **238**
- 21.1 생각하기_238
- 21.2 알고리즘 만들기_239
- 21.3 프로그래밍하기_241
- 21.4 검토하기_245

CHAPTER 22 **거스름돈 계산 프로그램** ~~~~~~~~~~ **246**
- 22.1 생각하기_246
- 22.2 알고리즘 만들기_247
- 22.3 프로그래밍하기_249
- 22.4 검토하기_254

CHAPTER 23 **문제 만들기** ~~~~~~~~~~~~~~~~~~~~~ **255**
- 23.1 생각하기_255
- 23.2 알고리즘 만들기_256
- 23.3 프로그래밍하기_257
- 23.4 검토하기_261

PART IV 연습 263

CHAPTER 24 **나를 소개해** ～～～～～～ 265
- 24.1 생각하기_265
- 24.2 생각 다듬기_266
- 24.3 코드 수정하기_267
- 24.4 코드 확인하기_269

CHAPTER 25 **재미있는 미디어 아트** ～～～～ 271
- 25.1 생각하기_271
- 25.2 생각 다듬기_272
- 25.3 코드 수정하기_273
- 25.4 코드 확인하기_274

CHAPTER 26 **승부차기 게임** ～～～～～～ 276
- 26.1 생각하기_276
- 26.2 생각 다듬기_277
- 26.3 코드 수정하기_278
- 26.4 코드 확인하기_279

CHAPTER 27 **바나나 먹기 게임** ～～～～～ 282
- 27.1 생각하기_282
- 27.2 생각 다듬기_283
- 27.3 코드 수정하기_284
- 27.4 코드 확인하기_286

CHAPTER 28 **선생님 몰래 춤추는 게임** ～～～ 290
- 28.1 생각하기_290
- 28.2 생각 다듬기_291
- 28.3 코드 수정하기_292
- 28.4 코드 확인하기_294

CHAPTER 29 **수학 퀴즈** ～～～～～～～～ 296
- 29.1 생각하기_296
- 29.2 생각 다듬기_297
- 29.3 코드 수정하기_298
- 29.4 코드 확인하기_299

CHAPTER 30 **나만의 작품 만들기** ～～～～ 301
- 30.1 작품을 만드는 과정_301
- 30.2 나만의 작품 만들기_302

찾아보기 ～～～～ 304

우리는 본능적으로 무언가를 상상하고, 만들어 보기를 원합니다. 무언가를 직접 내 손으로 만들었을 때의 기쁨은 이루 말할 수 없지요. 여러분은 레고를 가지고 놀거나 마인크래프트 게임을 해 본 적이 있나요? 이 둘은 전 세계 학생들이 가장 많이 사용하는 장난감과 게임입니다. 이 둘의 공통점은 무엇일까요? 바로 간단한 블록을 조립해서 내가 생각한 것들을 만들 수 있는 창작의 도구라는 점입니다.

지금까지는 레고와 같은 교구를 이용하거나 만화나 그림, 글 등을 창작의 도구로 사용했었습니다. 저는 21세기를 살아가는 학생들에게 프로그래밍이야말로 새로운 창작의 도구가 될 것으로 생각합니다. 프로그래밍은 상상한 것을 만들 수 있는 매력적인 도구일 뿐만 아니라, 그 결과물이 우리 생활에 도움이 되기도 하는 매우 강력한 도구입니다.

이 책은 프로그래밍의 기본 요소를 통해 학생들이 창작을 경험할 수 있도록 만들었습니다. 기초적인 개념을 차근차근 알려 주는 것뿐만 아니라, 스스로 생각하고 만들어 볼 수 있도록 구성되어 있습니다.

이 책의 내용을 토대로 마음껏 상상하고, 상상한 것을 프로그래밍으로 만들어 보면 어떨까요? 또한, 친구에게 내가 만든 프로그램을 공유하고, 다양한 의견을 받아 더 멋진 프로그램을 만드는 과정 또한 무척 신나고 재미있답니다. 지금부터 즐거운 창작의 경험으로 여러분을 초대합니다!

송상수

제이펍은 책에 대한 애정과 기술에 대한 열정이 뜨거운 베타리더의 도움으로 출간되는 모든 IT 전문서에 사전 검증을 시행하고 있습니다.

🌟 김소희(주부)
이 책은 엔트리 프로그래밍의 개념을 이해하기 위해 다양한 예제를 제공하며, 누구라도 쉽게 이해할 수 있도록 구성되어 있습니다.

🌟 박수석(LG CNS)
엔트리 프로그램을 따라 하다 보니, 어린 시절 게임 잡지에 실린 GW-BASIC 샘플 코드를 한 줄 한 줄 입력하며 볼링 게임을 완성했던 기억이 떠올랐습니다. 누가 시킨 것도 아닌데 그 긴 코드를 작성할 수 있었던 것은 역시나 '재미' 때문인 것 같습니다. 이 책은 그런 재미를 느끼게 해 주는 책입니다. 이 책을 통해 학생들이 프로그래밍에 흥미를 느끼고, 자신이 직접 무언가를 만들고 움직이게 하는 소중한 경험을 할 수 있었으면 좋겠습니다.

🌟 최성철(가천대학교)
초등학교 2학년인 자녀와 프로그래밍을 함께 공부하기 위해 이 책을 선택했습니다. 이 책의 가장 큰 장점은 부모가 읽어 주지 않아도 아이가 스스로 학습할 수 있다는 점이 아닐까 생각됩니다. 아이는 책의 예제를 바탕으로 가족들의 사진과 다양한 캐릭터를 추가해서 나름의 스토리를 만들었습니다. 아이들이 쉽게 이해할 수 있다는 점에서 추천하고 싶은 책입니다.

🌟 표정완(아산남성초등학교 방과후 컴퓨터)
기존의 도서들이 '리스트'에 대한 내용을 제대로 다루지 않고 있었는데, 이 책에는 잘 정리되어 있어서 좋았습니다. 그리고 바로 코딩을 하는 것이 아니라, 먼저 알고리즘을 글로 써봄으로써 문제 해결을 위한 생각을 할 수 있게 하는 구성이 특히 좋았습니다. 더불어, '더 나아가기'를 통해 좀 더 심층적인 방향으로 생각하도록 해 주는 점도 눈에 띕니다. 스스로 생각하여 코딩하는 데 매우 좋은 책이라고 생각합니다.

 **소개**

이 파트에서는 프로그래밍과 엔트리에 관해 소개합니다. 엔트리에 가입하는 방법은 물론, 작품을 만들기 위한 엔트리 화면을 요목조목 설명하고, 작품을 어떻게 만드는지 소개합니다.

기초

아주 간단한 작품부터 재미있는 게임까지 다양한 작품을 만들어 봅니다. 누구나 배울 수 있도록 단계별로 구성되어 있으므로 포기하지 말고 도전해 보세요.

생각하기
각 장에서 만들 프로그램을 미리 실행해 보고, 어떻게 하면 이 작품을 만들 수 있을지 생각해 봅니다.

생각다듬기
작품을 여러 번 실행해 보면서 이 작품에 필요한 오브젝트를 확인하고, 각 오브젝트가 어떤 역할을 하는지 글로 정리해 봅니다.

개념다지기
작품을 만들 때 알아야 하는 개념에 대해 설명하고, 관련된 블록들을 소개합니다. 이해하기 쉽도록 예제가 함께 제공됩니다.

알고리즘 만들기
구멍 난 코드 블록에 알맞은 코드 블록을 골라 넣으면서 작품이 어떻게 만들어졌는지 배웁니다.

프로그래밍 하기
처음부터 끝까지 코드를 하나하나 조립하면서 작품을 만들어 봅니다. 한 단계 한 단계 아주 친절히 설명하고 있으므로 혼자서도 공부할 수 있습니다.

검토하기
완성된 코드를 검토하는 단계입니다. 보너스 문제인 '더 나아가기'도 제공됩니다.

응용

파트 II에서 기초 작품들을 만들면서 배운 개념을 토대로 한층 업그레이드된 작품을 만듭니다.

생각하기
각 장에서 만들 프로그램을 미리 실행해 보고, 어떻게 하면 이 작품을 만들 수 있을지 생각해 봅니다.

알고리즘 만들기
이 파트에서는 파트 II와는 달리, 바로 알고리즘 만들기로 넘어갑니다. 지금까지 배운 내용을 토대로 구멍 난 코드를 채워 보세요.

프로그래밍 하기
처음부터 끝까지 코드를 하나하나 조립하면서 작품을 만들어 봅니다.

검토하기
완성된 코드를 검토합니다.

연습

주어진 작품을 반복해서 실행해 보고, 전체 코드 블록에서 틀린 부분이 어디인지 찾아봅니다.

생각하기

작품을 반복해서 실행해 보고, 어떻게 코딩할 수 있을지 생각해 보세요.

생각다듬기

오브젝트의 행동을 생각하여 적어 보세요. 파트 II와 달리 어떠한 힌트도 제공되지 않으니 여러분의 실력을 테스트해 보세요.

코드수정하기

주어진 코드를 보고 틀린 부분을 찾아보세요.

코드확인하기

정답 코드와 풀이를 보여 줍니다.

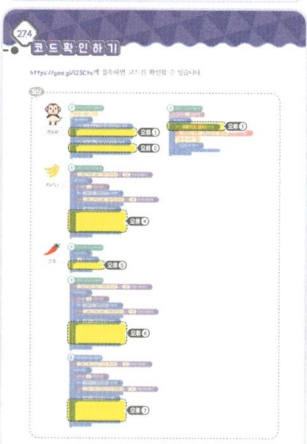

PART I

소개

CHAPTER 1 소프트웨어의 놀라운 힘

1.1 컴퓨터는 어떻게 동작할까?

우리는 매일 컴퓨터를 사용하고 있습니다. 집에서 사용하는 PC부터 스마트폰, 노트북까지 다양한 컴퓨터를 사용하며 살아갑니다. 이런 컴퓨터는 어떻게 동작하는 걸까요? 컴퓨터를 뜯어 보면 알 수 있을까요? 컴퓨터 본체를 뜯어 보면 여러 기계장치들이 있습니다. 그럼 이런 기계 장치들이 스스로 컴퓨터를 동작시키는 걸까요? 그렇지 않습니다. 기계장치는 스스로 동작할 수 없습니다. 기계장치는 오직 명령을 받고 명령받은 대로만 동작합니다.

이처럼 컴퓨터가 동작하기 위해서는 기계장치가 있어야 하고, 그 기계장치를 동작시켜 줄 명령이 필요합니다. 이때 기계장치를 어려운 말로 하드웨어, 명령을 소프트웨어라고 합니다. **하드웨어**는 말 그대로 딱딱한(hard) 기계장치들을 말합니다. 컴퓨터와 연결된 모니터, 프린터, 컴퓨터 본체 안에 있는 하드디스크 같은 다양한 장치들이 모두 하드웨어입니다. **소프트웨어**는 프로그램이라고도 하며, 기계장치를 동작시켜 주는 명령을 모아 놓은 것을 말합니다. 윈도우, 그림판, 인터넷 브라우저, 워드프로세서 같은 컴퓨터 속의 프로그램과 스마트폰의 다양한 게임 같은 애플리케이션은 모두 소프트웨어입니다. 즉, **컴퓨터는 하드웨어와 소프트웨어로 이루어져 있고, 소프트웨어가 하드웨어에 명령을 내려서 컴퓨터가 동작하게 됩니다.**

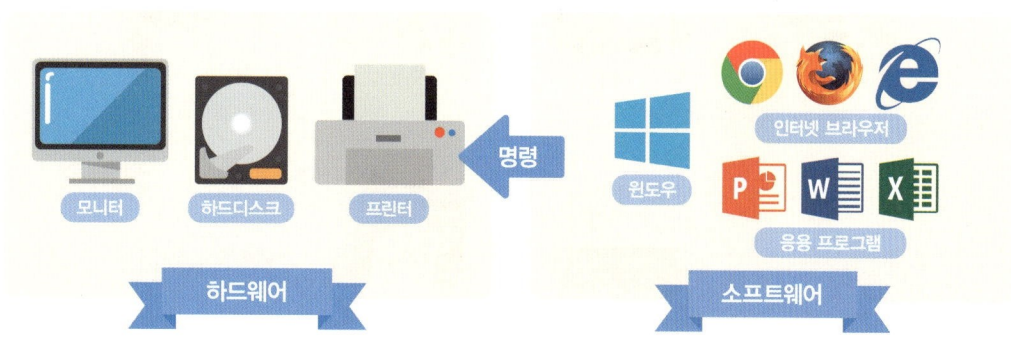

1.2 소프트웨어와 생활

컴퓨터 속의 프로그램과 스마트폰의 애플리케이션 외에도 소프트웨어는 생활 곳곳에서 사용됩니다. 여러분이 살고 있는 집을 생각해 보세요. 집에 들어갈 때 열쇠 대신 쓰는 전자도어록, 집안에 있는 세탁기, 냉장고, 밥솥, 전자레인지는 모두 그 안에 소프트웨어가 들어 있습니다. 집을 나올 때 볼 수 있는 엘리베이터나 자동문에도 소프트웨어가 들어 있습니다. 또 학교를 갈 때 보는 신호등, 전광판도 모두 소프트웨어가 사용된 기계장치입니다. 이처럼 소프트웨어는 우리 생활 구석구석에서 사용되고 있습니다.

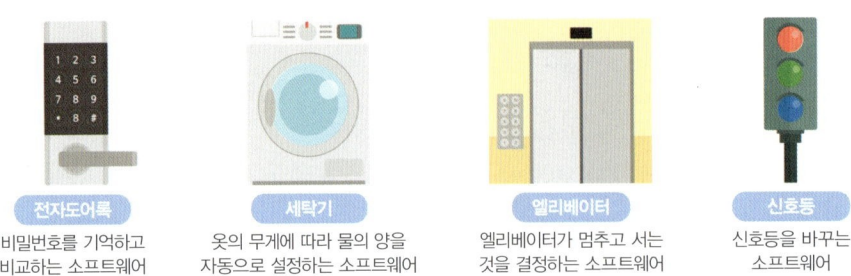

전자도어록	세탁기	엘리베이터	신호등
비밀번호를 기억하고 비교하는 소프트웨어	옷의 무게에 따라 물의 양을 자동으로 설정하는 소프트웨어	엘리베이터가 멈추고 서는 것을 결정하는 소프트웨어	신호등을 바꾸는 소프트웨어

과거에 사람이 직접 해야 했던 번거로운 일들을 자동으로 대신해 주면서 소프트웨어는 우리 생활 모습을 변화시키고 있습니다.

소프트웨어 중심사회

소프트웨어는 생활뿐만 아니라 직업을 선택할 때도 중요해지고 있습니다. 건물을 세우거나 물건을 만들고 운반하는 일들은 예전에는 사람이 직접했지만, 이제는 로봇과 그 안에 들어 있는 소프트웨어가 대신하고 있습니다. 또 컴퓨터가 사람처럼 지식을 학습할 수 있는 기술 덕분에 의사나 변호사도 인공지능 소프트웨어와 함께 일을 해야 하는 시대가 오고 있습니다.

앞으로는 단순하게 반복되는 일을 하는 많은 직업이 없어지고 소프트웨어와 관련된 직업이 많이 생겨날 것입니다. 또 어떤 직업을 선택하든 소프트웨어의 도움을 받아야 하는 시대가 오고 있습니다. 지금 이 순간에도 많은 곳에 소프트웨어가 쓰이고 있으며, 소프트웨어의 중요성은 점점 커지고 있습니다.

자동 요리 로봇 · 자율 주행 자동차 · 인공지능 컴퓨터

소프트웨어를 만든다는 것은?

소프트웨어(SW)를 만들기 전에, 왜 소프트웨어를 만들어야 하는지 생각해 보세요. 소프트웨어를 만들면 어떤 점이 좋을까요? 여러 답이 있겠지만 그중 두 가지를 소개하겠습니다.

첫째, 소프트웨어는 머릿속에서 상상한 것들을 표현할 수 있기 때문에 좋습니다. 우리는 머릿속에서 생각만 하던 게임, 이야기, 예술작품 등을 실제로 동작하는 소프트웨어로 만들 수 있습니다. 이런 작업은 매우 신나는 일입니다. 내가 상상한 것들을 직접 만들 수 있으니까요!

둘째, 소프트웨어는 사람이 해야 할 번거로운 일을 컴퓨터가 자동으로 처리해 주므로 좋습니다. 학급회의에서 일일이 투표용지를 만들고 손으로 개표하는 일이라든지 반 전체 학생의 시험점수 평균을 구하는 일을 생각해 보세요. 이 일들은 사람이 직접 할 수는 있지만 똑같은 행동을 계속 반복해야 하는 매우 번거로운 일입니다. 이런 문제를 해결할 수 있는 소프트웨어를 만들면, 컴퓨터는 똑같은 행동을 매우 빠른 속도로 처리해 줄 것이고 사람은 해야 할 수고를 덜 수 있습니다.

이처럼 소프트웨어를 만든다는 것은 상상한 것을 표현하거나 번거로운 일을 자동으로 해결하기 위해 컴퓨터에게 명령을 내리는 과정입니다. 컴퓨터에게 명령을 내리기만 하면 컴퓨터는 자동으로 그 일들을 처리해 줍니다.

 소프트웨어를 만드는 과정

그럼 이제 소프트웨어를 만드는 과정을 천천히 살펴보세요.

첫째, 생각하기

가장 먼저 무엇을 만들지 생각합니다. 이 과정에서는 평소에 자신이 상상했던 것들을 떠올려 봅니다. 잘 떠오르지 않으면 자주 했던 게임이나 자주 봤던 애니메이션을 생각해 봅니다. 아니면, 생활 속에서 자신을 번거롭게 하는 일을 간단하게 해결하기 위해 어떤 소프트웨어를 만들 수 있을지 생각해 봅니다.

둘째, 생각 다듬기

이제, 만들고 싶은 것을 구체적으로 정리해 봅니다. 이 과정에서는 생각한 소프트웨어의 구체적인 모습과 필요한 기능을 정리해 봅니다.

셋째, 알고리즘 만들기

이 과정에서는 **알고리즘**을 만듭니다. 알고리즘이란, 소프트웨어를 만들기 위한 설계도와 같습니다. 생각한 각 기능을 어떻게 소프트웨어로 만들지 구체적인 해결법을 순서대로 표현한 것을 알고리즘이라 합니다. 머릿속에만 있었던 생각을 알고리즘을 통해 구체적으로 표현하다 보면, 미처 생각하지 못했던 부분이나 자신이 잘못 생각한 것들을 발견하면서 보다 정확한 소프트웨어를 만들 수 있습니다. 우리는 글이나 그림으로 알고리즘을 표현할 것입니다.

넷째, 프로그래밍하기

프로그래밍이란, 프로그래밍 언어의 명령어를 사용하여 프로그램을 만드는 것을 말합니다. 바로 이 프로그램이 소프트웨어입니다. 이 과정에서는 먼저 컴퓨터가 알아들을 수 있는 명령인 프로그래밍 언어를 선택해야 합니다. 그다음에는 만든 알고리즘에 따라 프로그래밍을 합니다. 우리는 앞으로 '엔트리'라는 프로그래밍 언어를 사용하여 프로그램을 만들 것입니다.

다섯째, 검토하기

마지막으로, 만들어진 프로그램을 실행하여 오류가 없는지 확인합니다. 오류가 있다면 오류를 수정해야겠죠? 그리고 오류가 아니더라도 좀 더 개선할 점은 없는지 확인하여 만든 프로그램을 더 확장시켜 봅니다. 또한, 자신이 만든 프로그램을 공유하여 다른 사람들에게 의견을 받는 것도 프로그램을 개선하는 좋은 방법입니다.

이렇게 다섯 단계를 통해 소프트웨어를 만들 수 있습니다. 그럼, 이 책에서 사용할 프로그래밍 언어인 엔트리에 대해 자세히 알아볼까요?

CHAPTER 2 엔트리를 소개합니다

2.1 엔트리란?

엔트리(Entry)는 우리나라에서 만든 교육용 프로그래밍 언어입니다. 'Entry'의 뜻이 '입장'인 것처럼 엔트리를 사용하면 누구나 쉽게 프로그래밍의 세계로 들어올 수 있습니다.

엔트리에서는 일상 언어로 이루어진 명령어 블록을 순서대로 조립하면서 자신만의 프로그램을 만들 수 있습니다. 또한, 게임, 애니메이션, 미디어 아트, 응용 프로그램 등을 만들고 다른 사람과 공유할 수 있습니다.

엔트리 사용 환경

엔트리는 인터넷으로 접속해서 사용하는 방법과 오프라인 프로그램을 다운로드하여 사용하는 방법이 있습니다. 인터넷에서는 별도의 프로그램을 설치하지 않고 이용할 수 있습니다. 인터넷 환경과 인터넷 브라우저만 있으면 언제든지 엔트리 사이트(**playentry.org**)에 접속해서 프로그램을 만들 수 있습니다. 다만, Internet Explorer는 버전 11 이상이면 사용할 수 있지만, 구글의 크롬(Chrome)을 사용하는 것이 더 좋습니다.

오프라인 프로그램은 엔트리 사이트의 **[다운로드]** 메뉴에서 설치할 수 있습니다. 1GB 이상의 하드디스크 용량과 Windows 8 혹은 MAC OS 10.8 이상의 운영체제가 설치되어 있으면 인터넷이 연결되어 있지 않아도 엔트리를 사용할 수 있습니다.

회원가입

엔트리는 가입하지 않고도 누구나 무료로 사용할 수 있지만, 자신이 만든 소프트웨어를 저장하고 공유하려면 회원가입을 해야 합니다. 그러면 회원가입을 해볼까요?

1. 인터넷 브라우저를 열어 주소창에 **playentry.org**를 입력하고 오른쪽 상단의 **[로그인]**을 누릅니다.

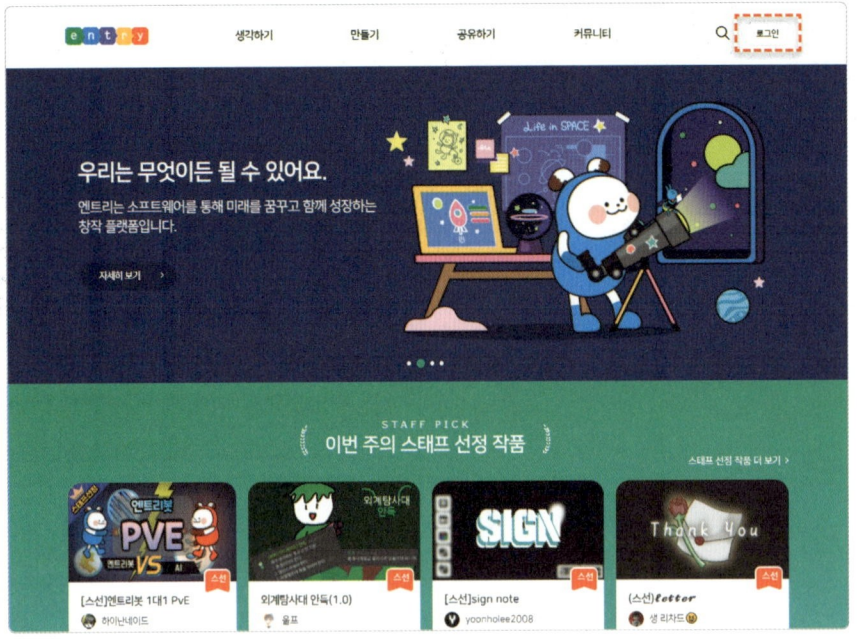

2️⃣ **로그인** 화면이 나타나면 오른쪽 하단의 **[회원가입하기]**를 누릅니다. **회원가입** 화면이 나타나면 이용약관과 개인정보 수집 약관에 동의한 후 **[e 아이디로 회원가입]**을 누릅니다.

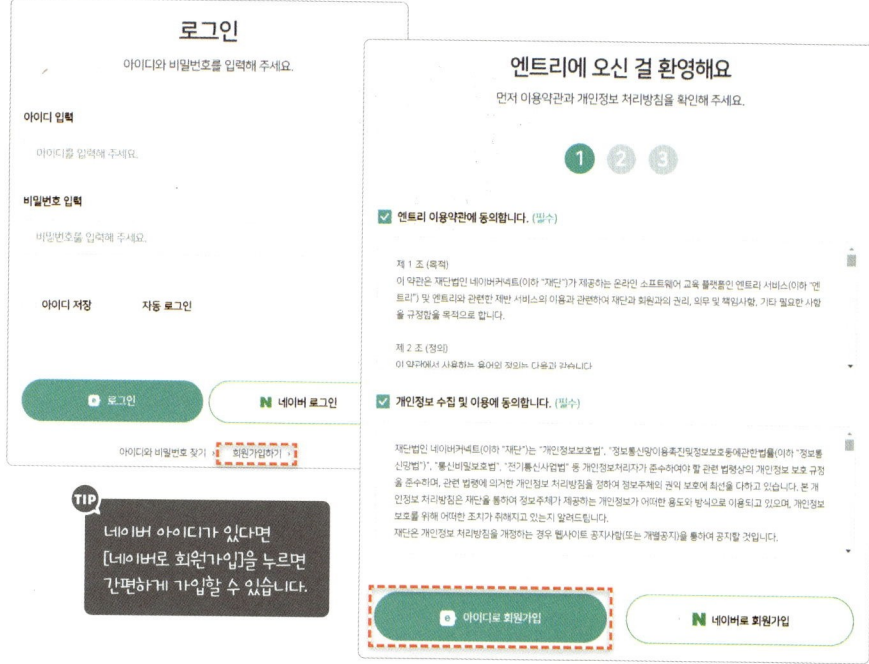

3️⃣ 아이디와 비밀번호를 입력하고 **[다음]**을 누릅니다. 회원 유형에서는 **일반**을 선택합니다. 성별, 닉네임, 공유할 학년을 모두 설정하고 메일 주소가 있다면 입력한 뒤 **[확인]**을 누릅니다.

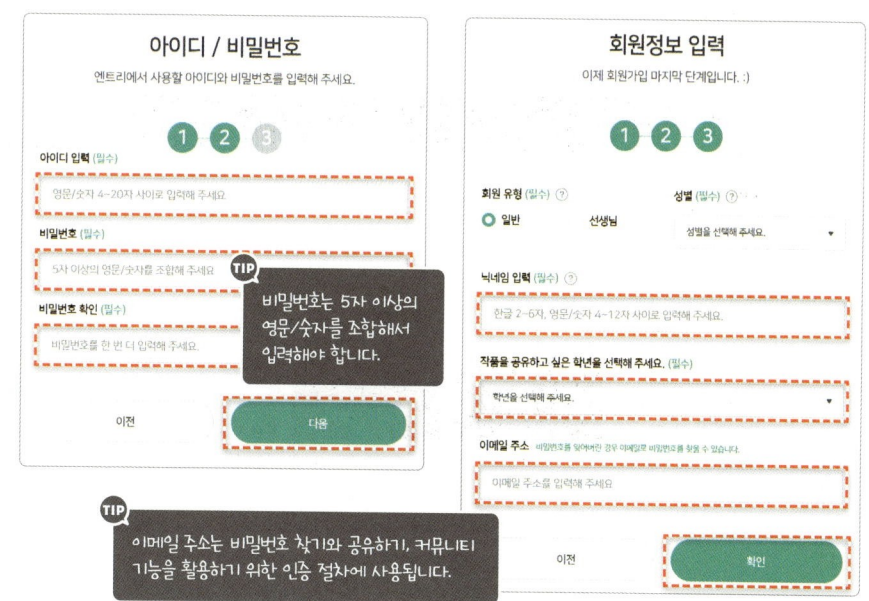

4 회원가입이 완료되면 [메인으로] 버튼을 누릅니다.

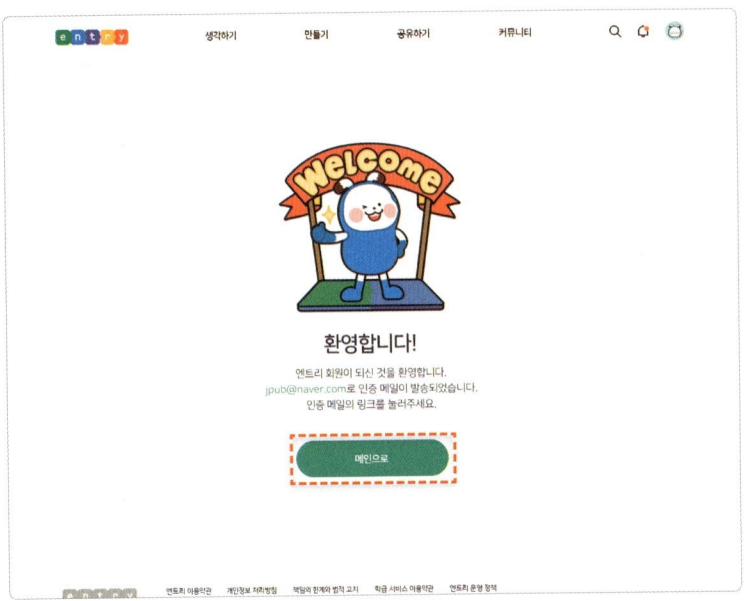

5 화면 오른쪽 상단에 보이는 아이콘을 누르면 [마이 페이지] 메뉴를 확인할 수 있습니다. [마이 페이지]에서는 여러분이 만든 작품을 저장하고, 수정하고, 공유할 수 있습니다.

2.3 엔트리 화면 구성

회원가입을 했다면 이제 엔트리가 어떻게 구성되어 있는지 알아볼까요? 다음과 같이 로그인을 한 뒤 상단 메뉴에서 **[만들기] ➡ [작품 만들기]**를 클릭하면 엔트리 만들기 화면이 나옵니다.

엔트리 만들기 화면은 다음과 같습니다.

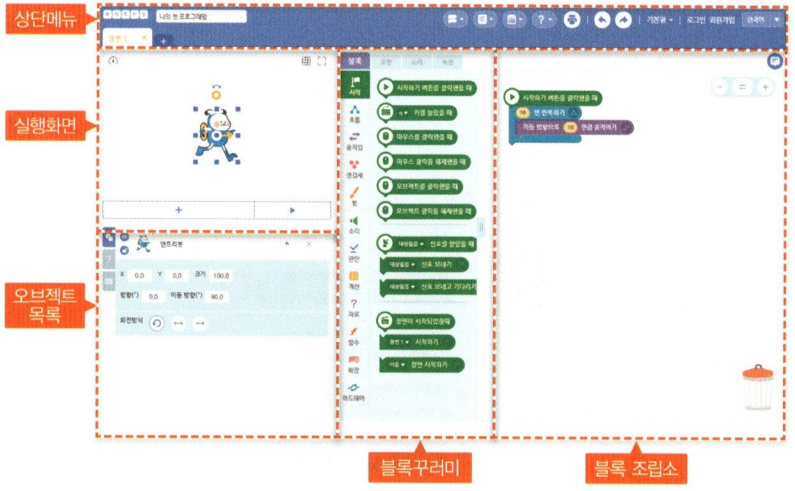

상단메뉴

상단메뉴는 작품 제목과 저장 버튼, 도움말, 나의 계정 등 환경과 관련된 요소로 이루어져 있습니다.

1 엔트리 로고 엔트리 메인페이지로 이동합니다.

2 작품 이름 작품의 이름입니다. 클릭하여 다른 이름으로 변경할 수 있습니다.

3 모드 변경 블록코딩 또는 엔트리파이썬으로 모드를 변경할 수 있습니다.

4 새로 만들기 작품을 새로 만들거나 저장한 작품을 불러옵니다.

5 저장 현재 작품을 저장하거나 복사본으로 저장합니다.

6 도움말 엔트리 사용과 관련된 도움말을 확인할 수 있습니다.

7 출력 만든 작품의 내용을 프린터로 출력할 수 있습니다.

8 이전 작업 & 다음 작업 작업을 바로 이전이나 이후로 되돌릴 수 있습니다.

9 전환 버튼 실과 교과서에 최적화된 만들기 모드로 전환할 수 있습니다.

10 계정 로그인 상태에서 자신의 아이디를 클릭하면 내가 저장한 작품을 조회할 수 있습니다. 또한 나의 정보를 수정하거나 로그아웃할 수 있습니다.

11 언어 한국어, 영어, 일본어, 베트남어로 언어를 변경할 수 있습니다.

블록꾸러미

블록꾸러미는 블록, 모양, 소리, 속성 탭으로 이루어져 있습니다. 그리고 블록 탭에는 15개의 카테고리와 그에 따른 블록들이 들어 있습니다.

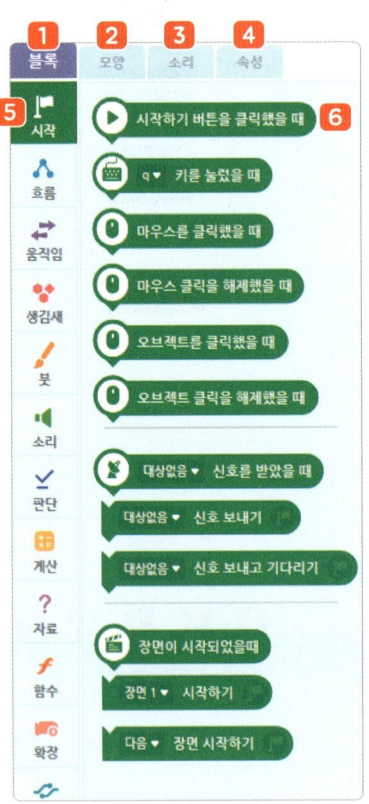

1 **블록 탭** 오브젝트를 움직일 수 있는 다양한 명령 블록들이 있는 곳입니다. 시작, 흐름 등 15개 카테고리에 200여 개의 블록들이 있습니다.

2 **모양 탭** 오브젝트의 모양을 추가하거나 이름을 수정하고 복제하는 등의 작업을 할 수 있습니다.

3 **소리 탭** 오브젝트의 소리를 관리하는 탭입니다. 소리를 새롭게 추가할 수도 있고, 이미 추가된 소리들을 재생 버튼을 이용해서 바로 들어볼 수도 있습니다.

4 **속성 탭** 코드에 관여하는 변수나 신호, 리스트, 함수 등을 추가할 수 있습니다.

5 **카테고리** 같은 성격을 가진 블록을 묶어 놓은 공간입니다.

6 **블록** 가장 작은 단위의 명령어입니다. 블록으로 오브젝트에 명령을 내려서 프로그램을 만들 수 있습니다.

블록조립소

블록조립소는 블록꾸러미에 있는 블록들을 마우스로 가져와서 조립하는 공간입니다. 오브젝트마다 별도의 블록조립소가 있으며, 블록을 연결한 후 시작하기 버튼(▶)을 누르면 위에 있는 블록부터 순서대로 실행됩니다.

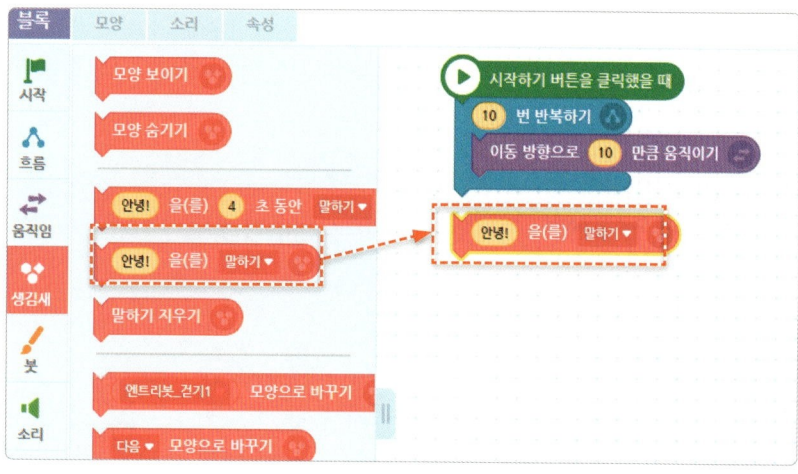

실행화면

실행화면은 블록조립소에서 만든 프로그램이 실행되는 공간입니다. 실행화면은 좌표를 가지고 있습니다. 실행화면 한가운데의 좌표 값 x=0, y=0을 중심으로 x축은 –240~240까지 y축은

−135~135까지 나타낼 수 있습니다. 모눈종이 버튼을 클릭하면 실행화면의 좌표를 볼 수 있으며, 모눈종이의 한 칸의 값은 '20'입니다. 실행화면 위에 마우스를 가져가면 상단에 마우스 포인터의 좌표가 나타나며, 오브젝트의 목록창에서는 오브젝트 중심점의 좌표를 확인할 수 있습니다.

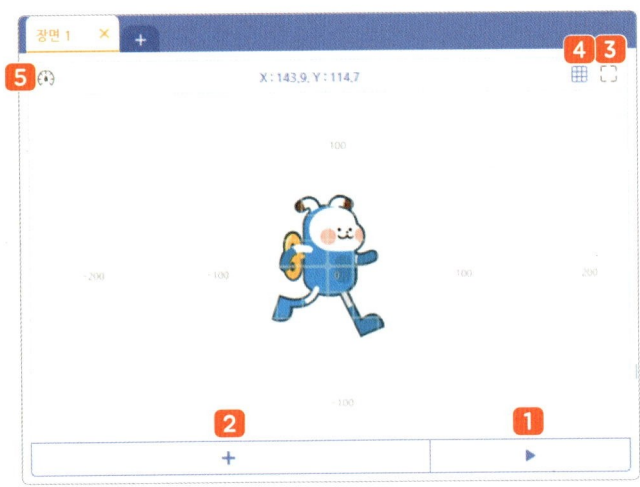

1. **시작하기** 작성한 코드를 실행할 수 있습니다.
2. **오브젝트 추가하기** 새로운 오브젝트를 추가할 수 있습니다.
3. **확대** 실행화면을 최대로 확대합니다. '원래 크기로' 버튼( )을 누르면 기존의 화면 크기로 돌아갑니다.
4. **모눈종이** 실행화면에 모눈종이를 표시합니다.
5. **속도 조절** 프로젝트가 실행되는 속도를 조절할 수 있습니다.

오브젝트와 오브젝트 목록

명령어를 통해 움직일 수 있는 캐릭터, 배경, 글상자 등을 **오브젝트**라고 합니다. 오브젝트는 이름, 위치, 크기, 방향, 이동 방향, 회전 방식의 정보를 가지고 있습니다. 이러한 정보들은 오브젝트 핸들러(오브젝트의 점)를 이용하여 바꾸거나 오브젝트 목록창에서 변경할 값을 직접 입력할 수 있습니다. 또한, 작품에 사용된 모든 오브젝트들은 오브젝트 목록에 나열되어 있습니다.

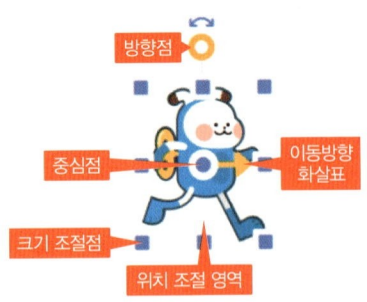

1. **전환 버튼** 버튼을 클릭하여 오브젝트 목록, 블록 도움말, 콘솔창을 불러올 수 있습니다.
2. **표시** 해당 오브젝트를 실행화면에서 숨기거나 보이게 할 수 있습니다.
3. **고정** 해당 오브젝트의 위치와 크기를 고정할 수 있습니다.
4. **삭제** 해당 오브젝트를 삭제합니다.
5. **이름** 오브젝트의 이름을 나타냅니다. 클릭하여 수정할 수 있습니다.
6. **위치** 오브젝트 중심점의 x, y 좌표를 의미합니다. 오브젝트가 선택된 상태에서 위치 조절 영역을 끌어 옮기거나 오브젝트 목록창에서 직접 좌표를 입력할 수 있습니다. 중심점만 옮겨도 위치가 변하지만, 특별한 목적이 없는 경우에는 중심점이 오브젝트의 중앙에 위치하는 것이 좋습니다. (오브젝트를 끌어 옮길 때는 방향점이나 중심점, 크기 조절점을 누르지 않도록 합니다.)
7. **크기** 오브젝트의 크기를 나타냅니다. 오브젝트의 크기는 크기 조절점을 끌어 옮겨 조절하거나 오브젝트 목록창에서 직접 입력할 수 있습니다. 크기 조절점을 사용하면 오브젝트의 가로세로 길이를 다르게 조절할 수 있으며, 직접 입력하면 가로세로가 일정한 비율로 조절됩니다. 처음 오브젝트를 불러올 때의 크기는 100으로 제공되며, '배경' 카테고리에 해당하는 오브젝트는 실행화면에 꽉 차는 크기인 375로 제공됩니다.
8. **방향** 오브젝트의 기울어진 정도를 의미합니다. 오브젝트의 방향은 방향점을 끌어 옮겨 바꿀 수 있습니다. 시계의 12시 방향을 0도로 하여 시계 방향으로 돌릴수록 각도가 증가하고 360도가 되면 0으로 돌아옵니다. 오브젝트 목록창에서 직접 방향 값을 입력할 수도 있습니다. 오브젝트가 회전할 때에는 중심점을 기준으로 회전합니다.
9. **이동방향** 오브젝트의 진행 방향을 의미합니다. 오브젝트의 이동 방향은 '이동 방향 화살표'를 끌어 옮겨 변경할 수 있습니다. 이동 방향은 이동 방향 화살표와 방향점이 일치할 때를 0도로 하여 시계 방향으로 돌릴수록 증가하며 360도가 되면 0으로 돌아옵니다. 즉, 이동 방향은 중심점과 방향점을 잇는 축을 기준으로 이동 방향 화살표만큼 벌어진 각도를 의미합니다. 이동 방향도 오브젝트 목록창에서 직접 값을 입력할 수 있습니다.

🔟 **회전방식** 오브젝트의 회전 방식을 결정합니다. 회전 방식에는 모든 방향 회전, 좌우 방향 회전, 회전 없음의 세 가지 방식이 있으며, '화면 끝에 닿으면 튕기기' 블록을 사용하면 회전 방식에 따른 오브젝트의 회전 모습을 볼 수 있습니다.

2.4 엔트리의 동작 원리

엔트리로 프로그래밍을 하는 과정은 연극을 만드는 과정과 같습니다. 여러분이 연극을 만드는 사람이라고 생각해 보세요. 연극에는 무대와 배우, 소품이 등장합니다. 그리고 등장하는 모든 것들은 대본에 따라 말과 행동을 하게 됩니다. 연극을 만들기 위해서는 가장 먼저 어떤 무대와 배우, 소품들이 필요한지 생각한 다음 그들이 순서대로 어떤 말과 행동을 할지 대본을 만들어야 합니다. 대본이 만들어진 후에는 연습을 하고 감독이 "큐!" 사인을 주면 대본에 따라 연극이 진행됩니다.

엔트리로 프로그램을 만들 때도 마찬가지입니다. 연극에 등장하는 무대, 배우, 소품 등을 엔트리에서는 '오브젝트'라 합니다. 그리고 연극의 대본처럼 오브젝트가 어떤 행동을 할지 정해주는 것을 '코드'라 합니다. 연극에서 감독이 큐 사인을 주면 연극이 시작되는 것처럼 엔트리에서는 시작하기 버튼()을 누르면 프로그램이 시작되고 오브젝트는 코드에 따라 행동하게 됩니다. 이렇게 완성된 연극을 엔트리에서는 '작품'이라 합니다. 앞으로는 소프트웨어와 프로그램, 작품을 모두 같은 말로 사용하겠습니다.

용어 정리하기

- **오브젝트** 연극의 등장인물과 배경, 소품처럼 실행화면에서 명령어를 통해 움직일 수 있는 것들
- **실행화면** 연극의 무대처럼 오브젝트가 있는 화면 공간
- **블록** 연극에서 하나의 대사처럼 오브젝트를 움직이거나 변화시킬 수 있는 각각의 명령어
- **코드** 연극의 대본처럼 블록들을 조립하여 만든 명령어 모음
- **작품** 완성된 연극처럼 완성된 프로그램

CHAPTER 3 나의 첫 번째 프로그래밍

자, 이제 엔트리로 나만의 첫 작품을 만들어 볼까요? 우리는 엔트리봇이 자기소개를 하는 작품을 만들 것입니다. 앞에서 배운 소프트웨어를 만드는 과정에 따라 만들어 보세요.

3.1 생각하기

만들고 싶은 작품을 떠올리거나 실행해 보세요. 여기서는 다음 작품을 만들어 볼 겁니다. http://bit.ly/jpub003에 접속한 다음, 시작()을 눌러 작품을 실행해 보세요.

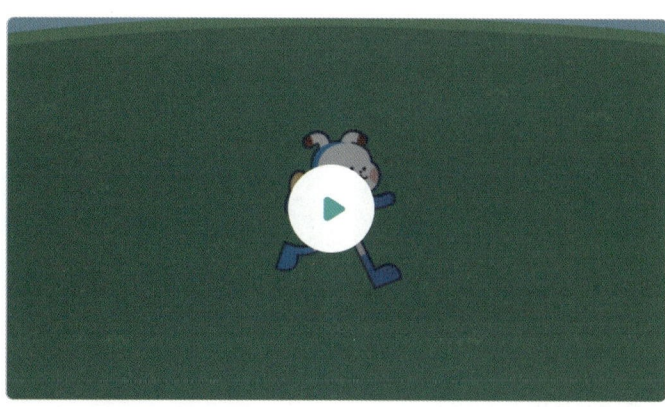

3.2 생각 다듬기

작품을 만들기 위해 필요한 오브젝트와 오브젝트가 하는 일을 정리해 보세요.

필요한 오브젝트와 핵심 기능 정리하기

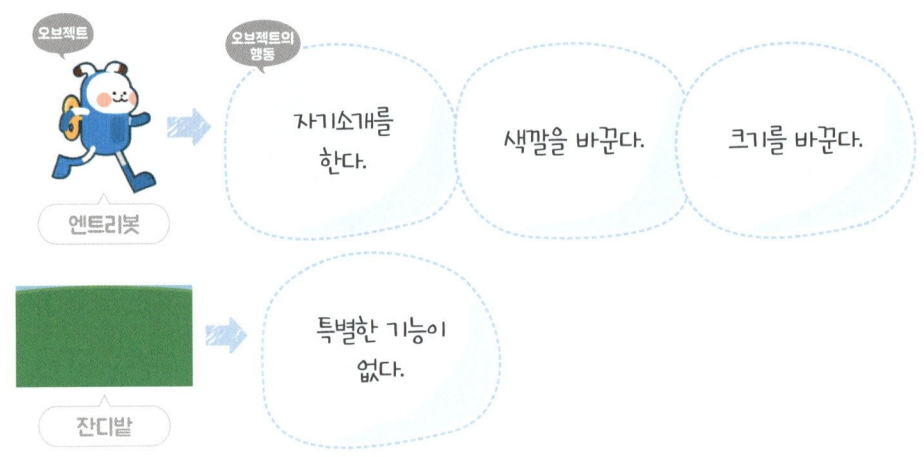

작품을 나누고 글로 정리하기

알고리즘 만들기

지금까지 배운 내용을 토대로 알고리즘을 만들어 보겠습니다. 오브젝트의 행동을 순서대로 생각해 보면서 빈칸을 채워 보세요. '블록 모음'에서 알맞은 블록을 골라 순서에 맞게 물음표를 채워 보세요.

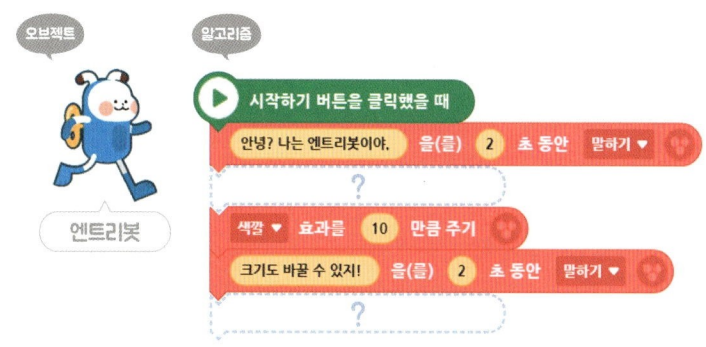

3.4 프로그래밍하기

알고리즘을 보고 작품을 만들어 보세요.

> **'프로그래밍' 미리보기**
>
> 알고리즘 만들기에서 정한 순서대로 작품을 만들어 보겠습니다.
>
> **필요한 오브젝트** 엔트리봇, 잔디밭
> **STEP 1** 엔트리를 실행하여 작품을 만들 준비를 한다.
> **STEP 2** 필요한 오브젝트를 추가한다.
> **STEP 3** 엔트리봇이 자기소개를 하도록 프로그래밍한다.
> **STEP 4** 엔트리봇이 색깔을 바꿀 수 있다고 말하고, 색깔을 바꾸도록 프로그래밍한다.
> **STEP 5** 엔트리봇이 크기도 바꿀 수 있다고 말하고, 크기를 바꾸도록 프로그래밍한다.

STEP 1 엔트리 실행하기

1 엔트리 사이트에 접속하여 **[로그인]**합니다.

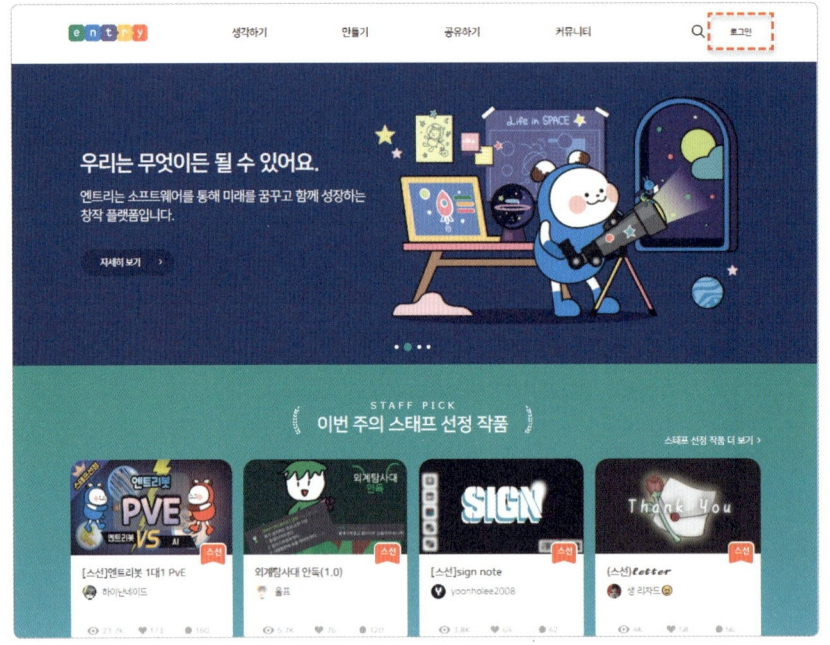

2 메뉴에서 [만들기] ➡ [작품 만들기]를 선택합니다.

3 만들기 화면에 접속하였습니다. 앞으로는 이 과정을 따로 설명하지 않으니 엔트리 실행 방법을 꼭 기억해 주세요!

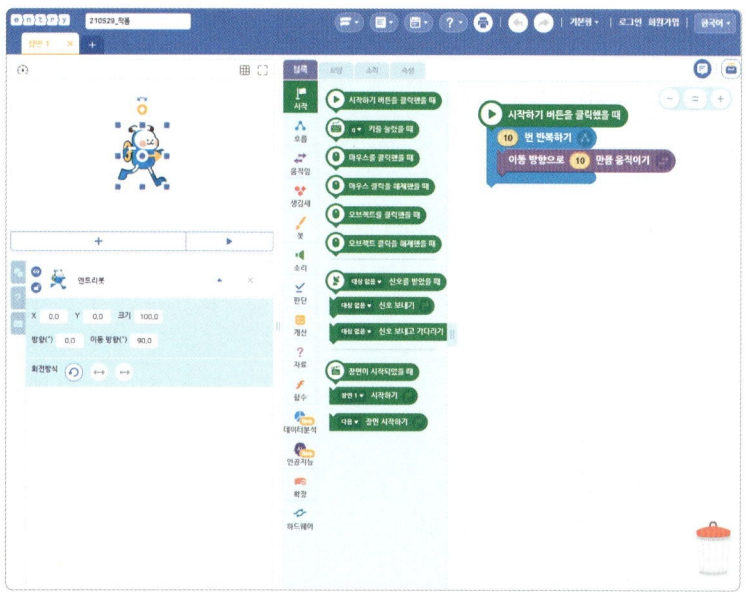

STEP 2 필요한 오브젝트 추가하기

4 배경 오브젝트를 추가하기 위해 실행화면 아래에 있는 + 를 클릭합니다.

CHAPTER 3 **나의 첫 번째 프로그래밍**

5 '오브젝트 추가하기' 화면이 나타나면 **[배경]**에서 **잔디밭**을 선택하고 **[추가]**를 눌러 오브젝트를 추가합니다.

STEP 3 자기소개 하기

6 엔트리봇이 자기소개를 하도록 해 볼까요? 우선, 오브젝트 목록 창에서 **엔트리봇**을 클릭한 후 블록조립소에 있는 기본 블록을 삭제해 보세요. 오른쪽 그림과 같이 `10 번 반복하기` 블록을 클릭한 상태에서 휴지통으로 끌어다 놓습니다.

7 엔트리봇이 자기소개를 하려면 '말하기' 블록을 사용해야 합니다. 생김새 에서
`안녕! 을(를) 4 초 동안 말하기` 블록을 가져와 `시작하기 버튼을 클릭했을 때` 블록 아래에
연결합니다.

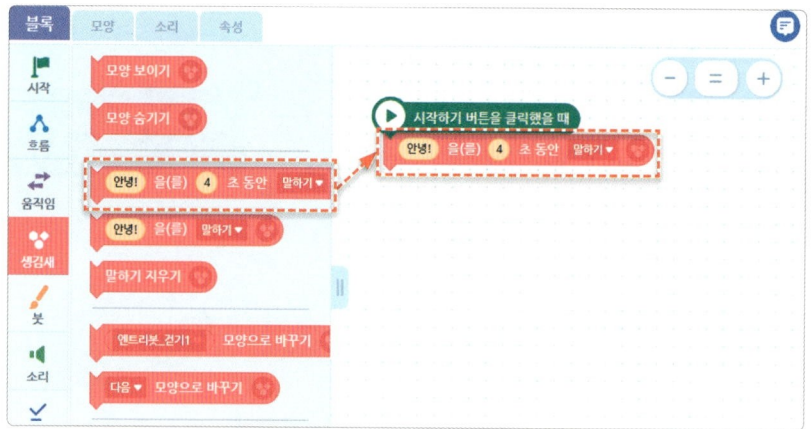

8 이제 `안녕! 을(를) 4 초 동안 말하기` 블록에서 '안녕' 부분을 클릭하여 '안녕? 나는
엔트리봇이야.'로 바꾸고, '4'초를 '2'초로 바꿉니다.

STEP 4 색깔을 바꿀 수 있다고 말하고 색깔 바꾸기

9 여기서는 "나는 색깔도 바꿀 수 있어~"를 말하도록 해 볼까요? **8** 에서처럼
`안녕! 을(를) 4 초 동안 말하기` 블록을 코드에 연결하고 '안녕'과 '4'를 각각 '나는
색깔도 바꿀 수 있어~'와 '2'로 바꿉니다.

10 색깔을 바꿀 수 있다고 호언장담했으니 엔트리봇의 색깔을 바꿔 주어야겠죠? 오브젝트의 색깔을 바꾸려면 `생김새` 에서 `색깔▼ 효과를 10 만큼 주기` 블록을 사용해야 합니다. 이 블록을 가져와 코드에 연결해 볼까요?

> **TIP** 색깔 효과의 숫자를 바꾸면 색깔을 다양하게 바꿀 수 있습니다.

STEP 5 크기를 바꿀 수 있다고 말하고 크기 바꾸기

11 다음엔 "크기도 바꿀 수 있지!"라고 말할 차례입니다.
마찬가지로 `안녕! 을(를) 4 초 동안 말하기▼` 블록을 **10**에서 만든 블록에 연결하고, 다음 그림과 같이 바꿔 줍니다.

12 이제 크기를 바꿔야겠죠? 크기를 바꾸는 블록도 `생김새` 에 있습니다.
`크기를 10 만큼 바꾸기` 블록을 찾아 **11**에서 만든 코드에 연결하고 '10'을 '100'으로 바꿉니다.

> **TIP** 크기는 실행화면에 보이는 오브젝트의 가로와 세로 길이를 더하여 2로 나눈 값입니다.

13 지금까지 만든 프로그램이 잘 동작하는지 확인하려면 실행화면의 ▶를 눌러 보세요. 색깔이 바뀌고 크기도 바뀌나요?

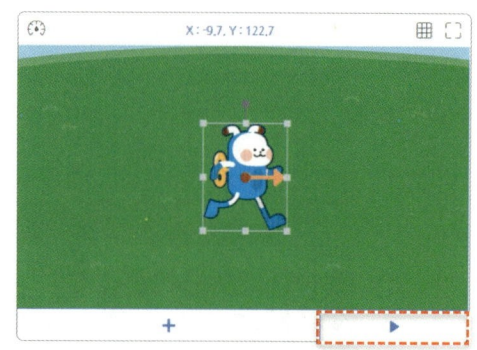

3.5 검토하기

여러분이 만든 작품이 오류는 없는지 개선할 점은 없는지 살펴보고, 친구들과 공유해 보세요.

STEP 1 저장하고 검토하기

1 우선, 열심히 만든 프로그램을 저장해야 합니다. 상단메뉴 왼쪽에서 제목을 클릭하여 원하는 제목으로 고쳐 적습니다.

2 그리고 상단메뉴 오른쪽에서 저장(📅)을 누르고 **[저장하기]**를 선택합니다.

3 작품이 잘 저장되었는지 확인해 볼까요? 상단메뉴에서 자신의 아이디를 눌러 [마이 페이지]를 클릭하면 '마이페이지' 화면이 나타납니다. 방금 만든 작품이 보이나요?

4 작품을 클릭해 보세요. 시작(▶)을 눌러 작품을 실행하거나 [코드 보기]를 눌러 코드를 검토할 수도 있습니다.

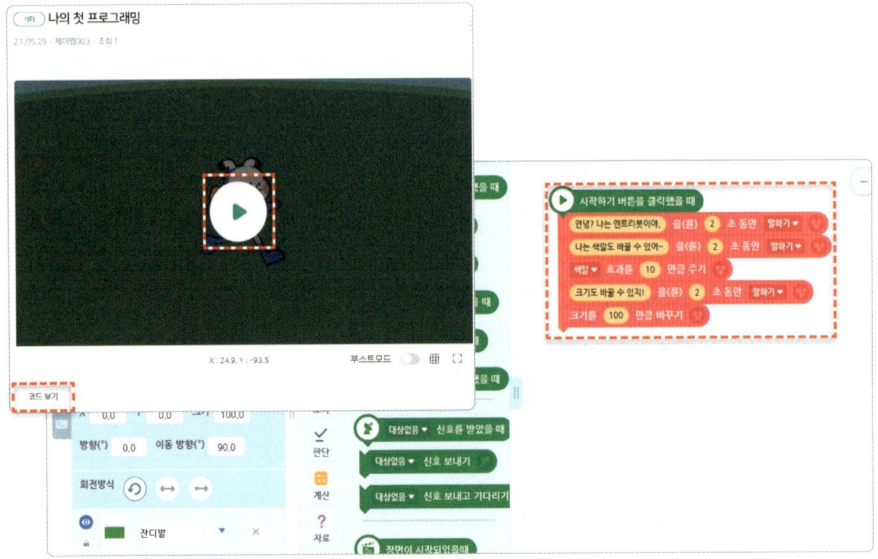

STEP 2 공유하기

5 ▸ 마이페이지에서 공유할 작품을 선택합니다. 작품 오른쪽 상단의 ⋮ 을 누르고 [**수정하기**]를 클릭합니다. **작품 수정하기** 페이지가 나오면 오른쪽에 있는 [**공유하기**]를 클릭하고 동의하기를 선택한 뒤 [**확인**]을 누릅니다.

6 ▸ 작품 소개, 사용법, 참고 사항을 작성한 뒤 [**수정**]을 누르면 작품이 공유됩니다. 이렇게 해야지 친구들이 내가 만든 작품을 볼 수 있어요.

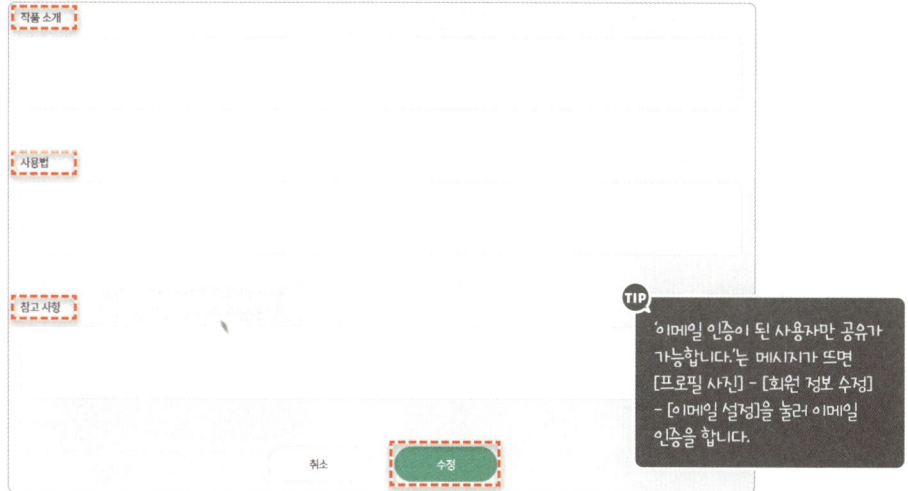

7 엔트리 사이트에서 [공유하기] ➡ [작품 공유하기] 메뉴를 선택하면 **작품 공유하기** 페이지가 나옵니다. 왼쪽 상단에서 [모든 작품]을 선택합니다. 여러분의 작품이 보이죠?

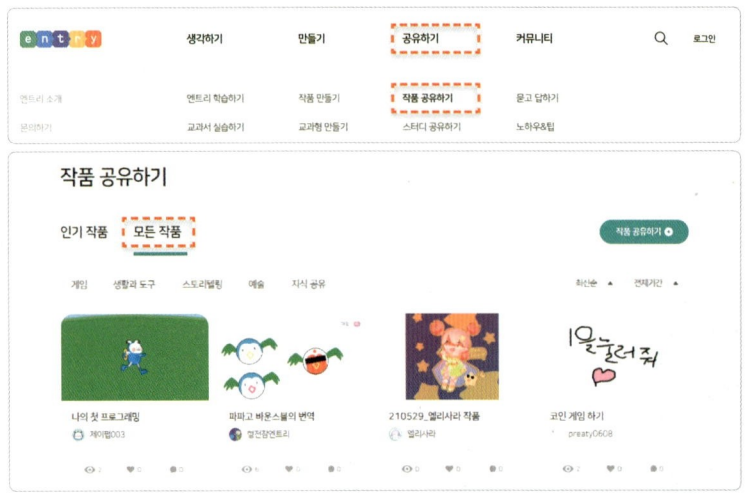

8 여기서 여러분의 작품을 클릭하고 [외부로 공유]를 누르면 작품 주소를 볼 수 있습니다. 이 주소를 복사해서 친구나 선생님, 부모님께 메신저로 전달하거나 SNS에 올려 자랑해 보세요!

STEP 3 더 나아가기

9 방금 만든 작품을 활용해서 다음과 같이 작품을 변경해 보세요. 사용한 블록을 자신이 원하는 대로 자유롭게 바꾸거나 새로운 블록을 활용해도 좋습니다.

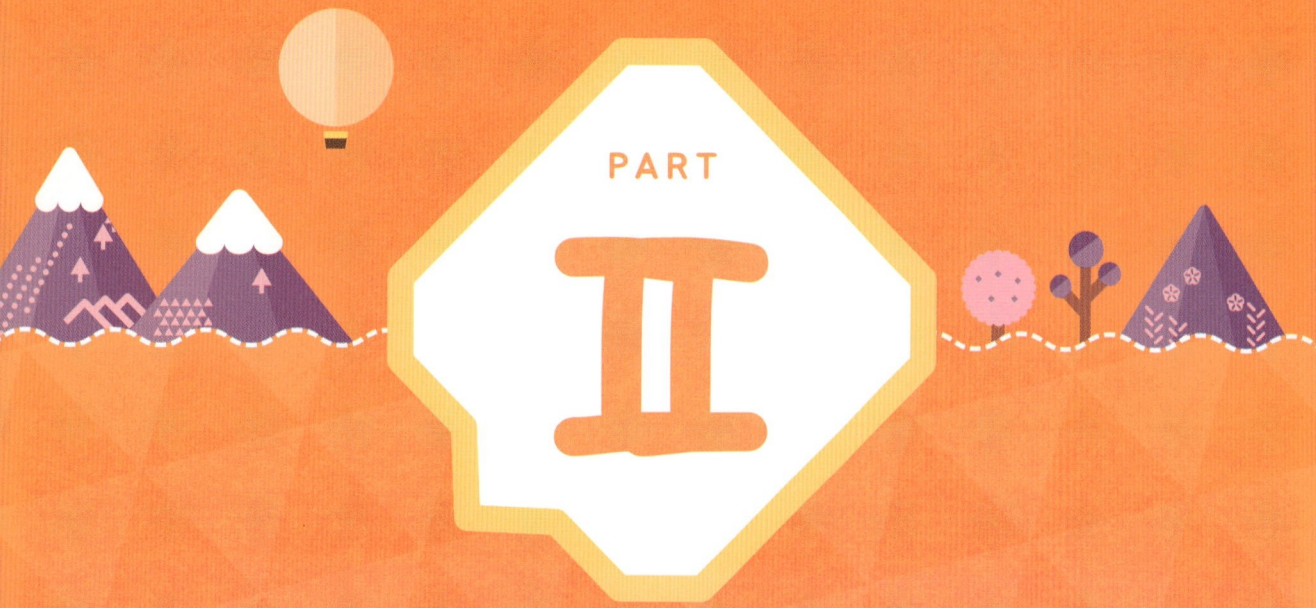

PART II

기초

CHAPTER 4

이야기 만들기

꿀단지를 찾은 곰

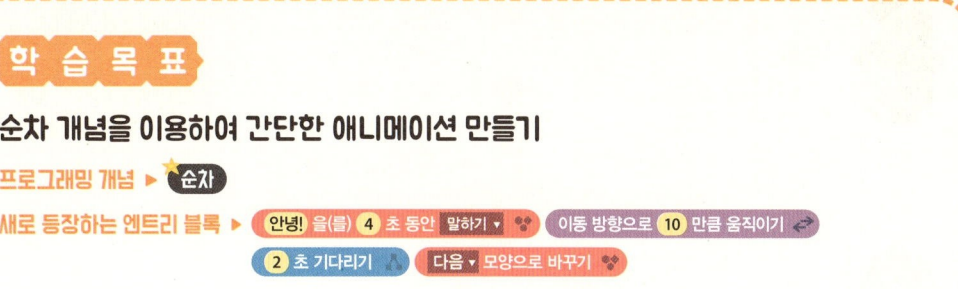

학습목표

순차 개념을 이용하여 간단한 애니메이션 만들기

프로그래밍 개념 ▶ ⭐ 순차

새로 등장하는 엔트리 블록 ▶ 안녕! 을(를) 4 초 동안 말하기 ▼   이동 방향으로 10 만큼 움직이기
　　　　　　　　　　　　　 2 초 기다리기   다음 ▼ 모양으로 바꾸기

⭐ 표시는 이 장에서 새로 배우는 프로그래밍 개념을 의미합니다.

4.1 생각하기

▶ http://bit.ly/entrysong04 에 접속하여 작품을 실행해 보세요.

QR 코드를 찍어 보세요!

▶ 여러 번 실행하면서 실행화면 속 곰의 말과 행동을 자세히 살펴보세요.
▶ 곰이 걸어가는 것처럼 보이나요?

4.2 생각다듬기

이 작품을 만드는 데 필요한 오브젝트를 나열하고, 각 오브젝트의 행동을 순서대로 생각해 보세요. (빈칸에 어떤 내용이 들어갈지 생각해 보고, 괄호 안에 있는 두 가지 행동 중 어떤 행동이 맞을지 동그라미로 표시해 보세요.)

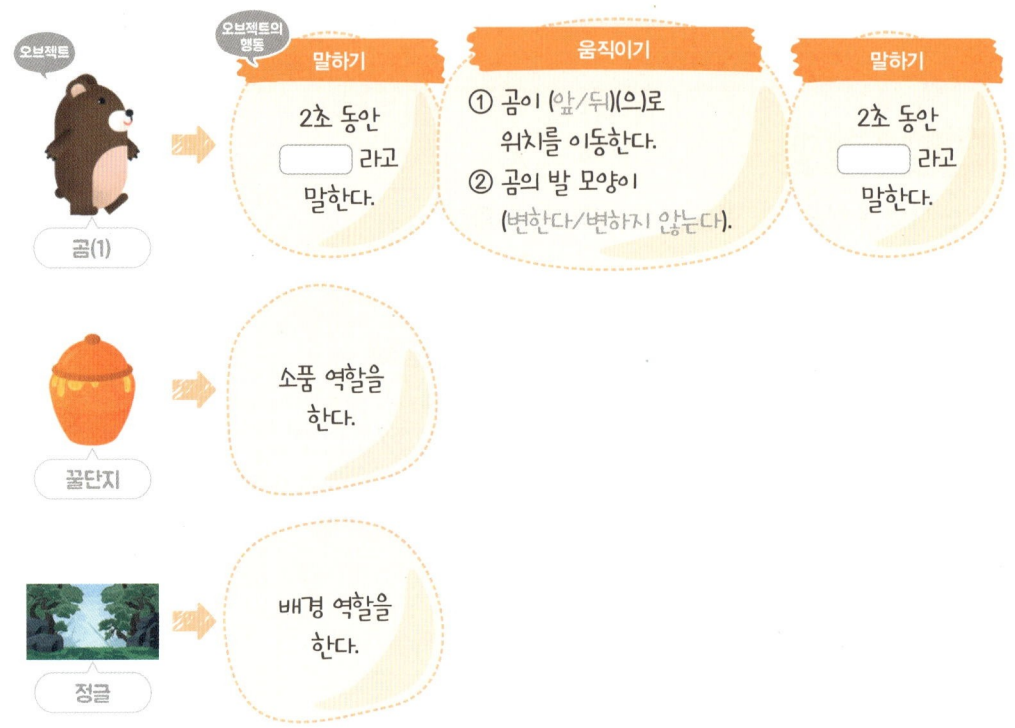

CHAPTER 4 꿀단지를 찾은 곰

4.3 개념다지기

순차

엔트리에서는 블록을 조립해서 오브젝트에 명령을 내릴 수 있습니다. 블록을 조립하고 ▶를 누르면, 컴퓨터는 위에서 아래로 순서에 따라 차례차례 블록을 실행합니다. 이렇게 컴퓨터가 명령을 위에서 아래로 순서대로 실행하는 것을 **순차**라고 합니다. 만약, 조립된 블록의 순서가 바뀌면 실행되는 순서도 바뀌게 됩니다. 그러므로 프로그램을 만들 때는 어떤 순서로 명령을 내릴지 잘 생각하고, 그 순서에 맞게 블록을 조립해야 합니다.

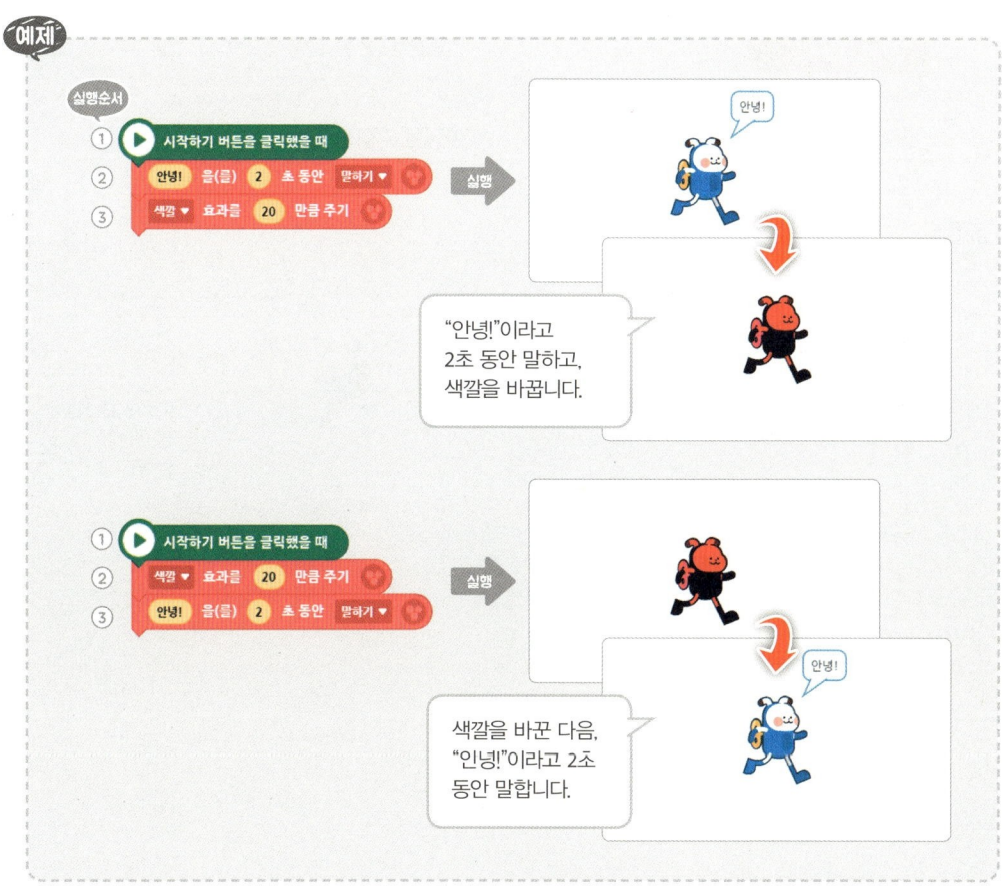

말하기

오브젝트 위에 말풍선을 출력하고 싶을 때 '말하기' 블록을 사용할 수 있습니다.

모양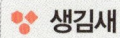

엔트리의 실행화면에 있는 등장인물이 '오브젝트'라는 사실을 배웠습니다. 각 오브젝트는 각각의 '블록'과 '모양', '소리'를 가지고 있습니다. 오브젝트를 선택하고 블록꾸러미의 **[모양]** 탭을 누르면 해당 오브젝트가 가지고 있는 모양 목록을 볼 수 있습니다. 모양 목록을 눌러 현재 오브젝트의 모양을 변경할 수도 있지만, 블록을 이용하여 작품 실행 중에도 모양을 바꿀 수 있습니다.

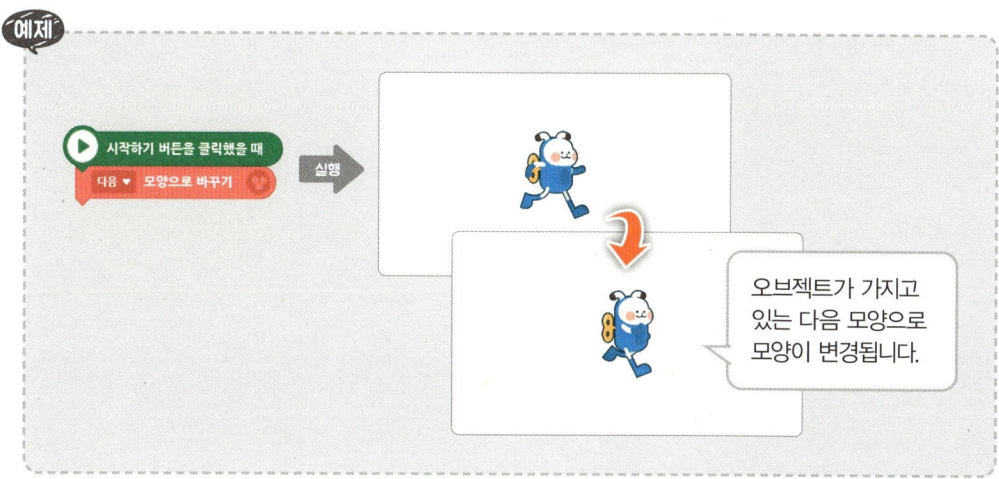

이동 방향  움직임

오브젝트를 실행화면에서 움직이는 방법은 여러 가지가 있습니다. 가장 쉬운 방법은 이동 방향으로 오브젝트를 이동시키는 것입니다. 이동 방향은 오브젝트를 누르면 보이는 주황색 화살표를 말합니다. 마우스로 주황색 화살표를 눌러 이동 방향을 쉽게 바꿀 수도 있습니다.

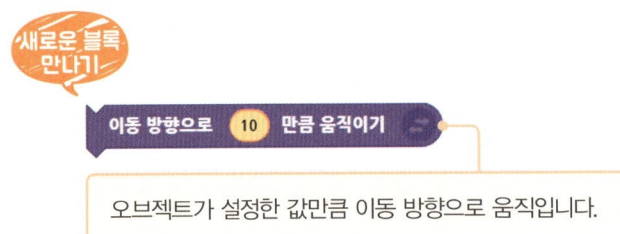

오브젝트가 설정한 값만큼 이동 방향으로 움직입니다.

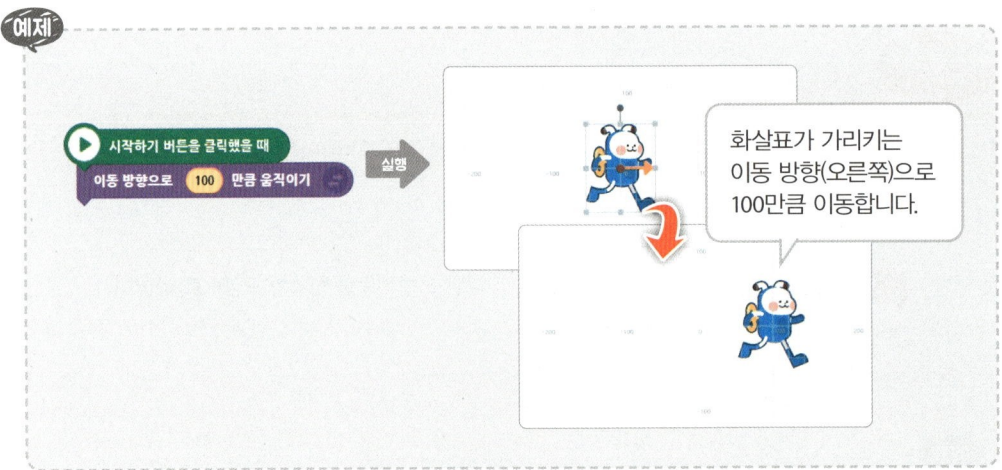

화살표가 가리키는 이동 방향(오른쪽)으로 100만큼 이동합니다.

기다리기

컴퓨터는 블록을 매우 빠른 속도로 실행합니다. 10개의 블록이 연결되어 있더라도 눈 깜짝할 사이에 실행되기 때문에 빠르게 실행되는 블록을 천천히 확인하거나 특정 시간 동안 그 블록의 상태를 유지하고 싶을 때 '기다리기' 블록을 사용할 수 있습니다.

설정한 시간만큼 기다린 후 다음 블록을 실행합니다.

2초 기다리기 블록으로 실행 결과를 하나씩 확인할 수 있습니다.

4.4 알고리즘 만들기

지금까지 배운 내용을 토대로 알고리즘을 만들어 보겠습니다. 오브젝트의 행동을 순서대로 생각해 보면서 '블록 모음'에서 알맞은 블록을 골라 순서에 맞게 물음표를 채워 보세요.

4.5 프로그래밍하기

자, 이제 실전입니다. 앞에서 만든 알고리즘을 토대로 '꿀단지를 찾은 곰' 이야기를 완성해 볼까요?

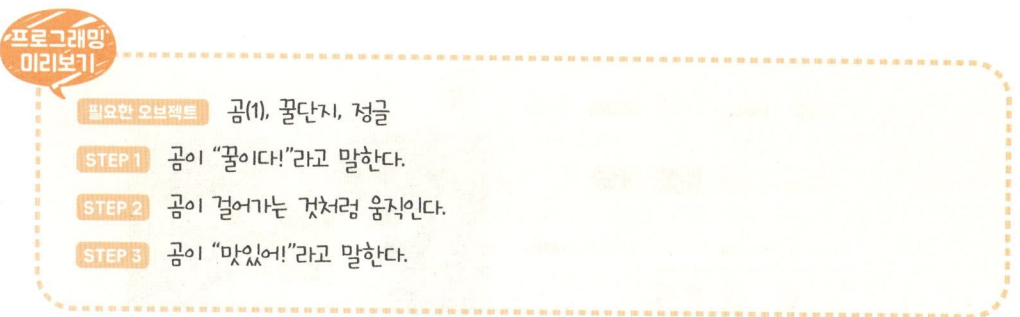

프로그래밍 미리보기

필요한 오브젝트 : 곰(1), 꿀단지, 정글
STEP 1 곰이 "꿀이다!"라고 말한다.
STEP 2 곰이 걸어가는 것처럼 움직인다.
STEP 3 곰이 "맛있어!"라고 말한다.

STEP 1 곰이 '꿀이다!'라고 말한다.

1 엔트리 사이트에 접속해서 만들기 페이지를 실행합니다. (엔트리를 실행하는 방법을 잊어버렸다면 22쪽을 참고하세요.) 그리고 기본 오브젝트인 **엔트리봇**을 삭제하겠습니다. 오브젝트 목록에서 삭제(ⓧ)를 누르면 삭제할 수 있습니다.

CHAPTER 4 꿀단지를 찾은 곰   41

4.5 프로그래밍하기

2 이제 작품에 필요한 오브젝트를 추가합니다. [+]를 눌러 **곰(1)**과 **꿀단지**, **정글**을 추가합니다.

> TIP
> 곰(1)은 '동물-땅'에,
> 꿀단지는 '음식-기타'에,
> 정글은 '배경-자연'에 있습니다.

3 그다음에는 실행화면에서 오브젝트를 클릭하여 다음 그림처럼 위치를 옮기고 크기도 변경합니다.

> TIP
> 오브젝트를 선택하면 8개의 크기조절점이 나타납니다. 각 점들을 끌어 옮겨 오브젝트의 크기를 조절할 수 있습니다. 다음과 같이 크기를 조절해 보세요.
> 🐻 X: -80, Y: -50, 크기: 100
> 🍯 X: 60, Y: -70, 크기: 70

4 이제 곰이 말을 하도록 해 보세요. 오브젝트 목록이나 실행화면에서 **곰(1)**을 클릭합니다. 말을 하도록 하려면 말하기 블록이 필요하겠죠? 우선, ▶시작하기 버튼을 클릭했을 때 블록을 놓고, 생김새 에서 안녕! 을(를) 4 초 동안 말하기▼ 블록을 가져와 연결합니다. 그리고 '안녕'을 클릭하여 '꿀이다!'로, '4'초를 클릭하여 '2'초로 바꿉니다.

4.5 프로그래밍하기

STEP 2 곰이 걸어가는 것처럼 움직인다.

5 이제 곰을 걸어가는 것처럼 보이도록 프로그래밍할 겁니다. 우선 곰을 움직여 볼까요? `움직임`에서 `이동 방향으로 10 만큼 움직이기` 블록을 가져와 **4**에서 만든 블록에 연결합니다. 그리고 '10'을 '20'으로 바꿉니다.

6 곰 오브젝트가 가진 다양한 모양을 이용해서 걷는 움직임을 나타낼 겁니다. `생김새`에서 `다음 모양으로 바꾸기` 블록을 가져와 연결합니다.

7 자연스럽게 움직이게 하기 위해 **5**~**6**단계를 세 번 반복하여 연결하겠습니다. 이때, **4**의 `이동 방향으로 10 만큼 움직이기` 블록 위에서 마우스 오른쪽 버튼을 누르고 '코드 복사&붙여넣기'를 선택하면 여러 블록을 동시에 복사하고 붙여 넣을 수 있습니다. 다음 코드처럼 블록을 연결하였다면 ▶를 눌러 실행해 보세요.

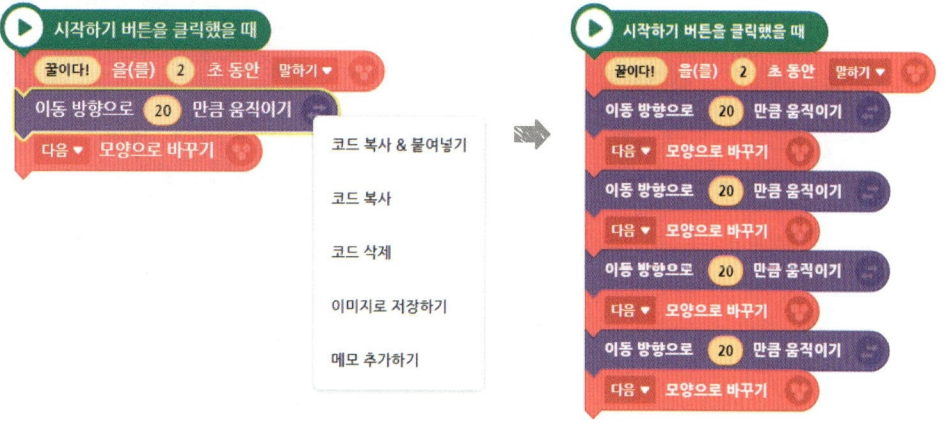

CHAPTER 4 꿀단지를 찾은 곰

4.5 프로그래밍하기

8 실행해 보니 곰이 너무 빨리 움직여 걷는 움직임을 관찰할 수가 없죠? 컴퓨터가 명령어를 매우 빨리 실행하기 때문입니다. 곰의 움직임을 조금 더 자연스럽게 해 볼까요? `흐름`에서 `2 초 기다리기` 블록을 가져와서 '2'초를 '0.5'초로 바꾸고 `다음 모양으로 바꾸기` 블록 아래마다 추가합니다. 다시 한 번 ▶를 눌러 확인해 보세요.

STEP 3 곰이 '맛있어!'라고 말한다.

9 곰이 꿀단지를 보고 "맛있어!"라고 말하도록 프로그래밍해 볼까요? `생김새`에서 `안녕! 을(를) 4 초 동안 말하기` 블록을 가져와 **8**의 코드에 연결합니다. '안녕'을 '맛있어!'로 바꾸고 '4'초를 '2'초로 바꿉니다. 마지막으로, 다시 ▶를 눌러 코드를 실행해 보세요.

4.6 검토하기

완성된 코드를 검토해 볼까요? http://bit.ly/entrysong04c 에 접속하면 전체 코드를 볼 수 있습니다. 놓친 부분은 없는지 천천히 살펴보세요.

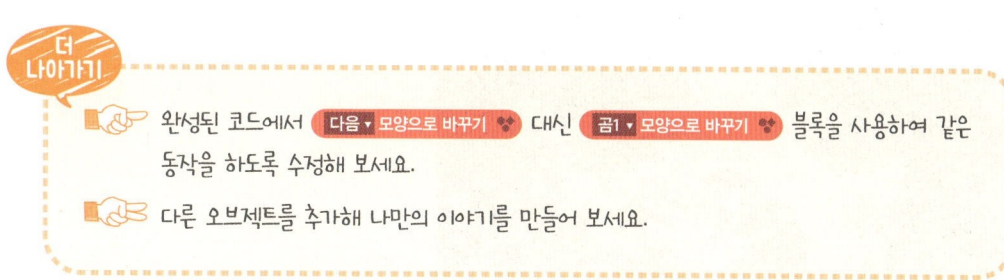

CHAPTER 5

이야기 만들기
벌을 만난 곰

학습목표

반복 개념을 이용하여 간단한 애니메이션 만들기

- 프로그래밍 개념 ▶ ⭐ 반복 순차
- 새로 등장하는 엔트리 블록 ▶ 계속 반복하기 화면 끝에 닿으면 튕기기 엔트리봇▼ 위치로 이동하기
  안녕! 을(를) 말하기

⭐ 표시는 이 장에서 새로 배우는 프로그래밍 개념을 의미합니다.

5.1 생각하기

▶ http://bit.ly/entrysong05 에 접속하여 작품을 실행해 보세요.

QR 코드를 찍어 보세요!

▶ 여러 번 실행하면서 곰과 벌의 행동을 자세히 살펴보세요.

▶ 화면 위에서 마우스를 움직여 보세요. 어떻게 되나요?

5.2 생각다듬기

이 작품을 만드는 데 필요한 오브젝트를 나열하고, 각 오브젝트의 행동을 순서대로 생각해 보세요. (빈칸에 어떤 내용이 들어갈지 생각해 보고, 괄호 안에 있는 두 가지 행동 중 어떤 행동이 맞을지 동그라미로 표시해 보세요.)

5.3 개념 다지기

반복 흐름

4장 '꿀단지를 찾은 곰'에서 우리는 반복되는 블록들을 만들어야 했습니다. 똑같은 블록을 계속해서 붙이는 작업은 매우 번거롭습니다. 만약, 똑같은 블록 1000개를 붙여야 한다면 시간이 매우 오래 걸릴 것입니다. 이때 사용할 수 있는 블록이 '반복하기' 블록입니다. 이 블록은 감싸고 있는 블록을 반복해서 실행합니다. 코드를 만들 때 반복해야 하는 내용이 나오면 반복하기 블록을 사용하여 묶어 주는 것이 좋습니다.

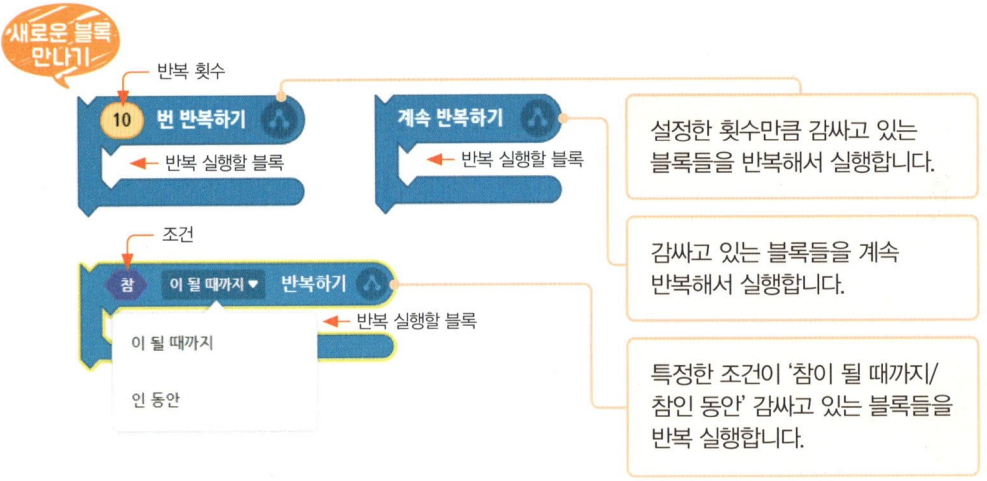

화면 끝에 닿으면 튕기기

실행화면의 끝을 '화면 끝'이라 합니다. 오브젝트가 화면 끝에 닿았을 때 튕겨 나오는 효과를 내려면 `화면 끝에 닿으면 튕기기` 블록을 사용할 수 있습니다.

해당 오브젝트가 화면 끝에 닿으면 튕겨 나옵니다.

화면 양끝을 계속해서 왔다 갔다 합니다.

CHAPTER 5 벌을 만난 곰

위치 이동

오브젝트를 특정한 위치로 이동시키고 싶을 때는 `마우스포인터 ▼ 위치로 이동하기` 블록을 사용할 수 있습니다.

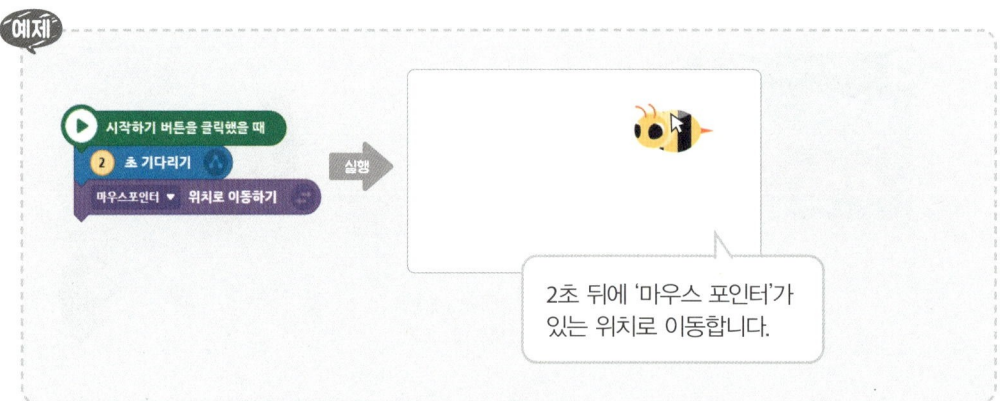

해당 오브젝트가 마우스 포인터의 위치나 다른 오브젝트의 위치로 이동합니다.

2초 뒤에 '마우스 포인터'가 있는 위치로 이동합니다.

5.4 알고리즘 만들기

지금까지 배운 내용을 토대로 알고리즘을 만들어 보겠습니다. 오브젝트의 행동을 순서대로 생각해 보면서 '블록 모음'에서 알맞은 블록을 골라 순서에 맞게 물음표를 채워 보세요.
(정답은 56쪽 '검토하기'에 있습니다.)

CHAPTER 5 벌을 만난 곰

5.5 프로그래밍하기

자, 이제 실전입니다. 앞에서 만든 알고리즘을 토대로 '벌을 만난 곰' 이야기를 완성해 볼까요?

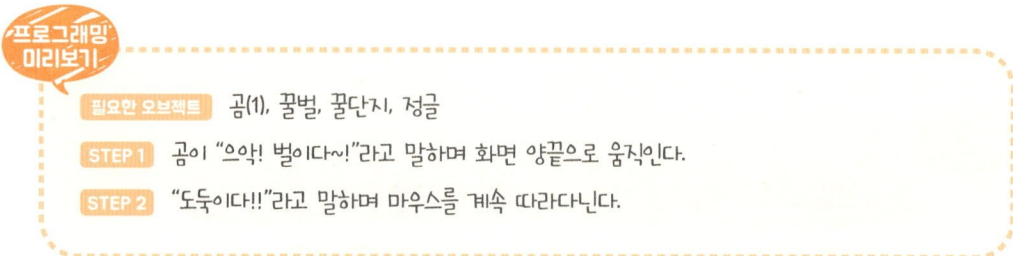

STEP 1 곰이 "으악! 벌이다~!"라고 말하며 화면 양끝으로 움직인다.

1 오브젝트 목록 창에서 '엔트리봇' 오브젝트를 삭제하고, **곰(1), 꿀벌, 꿀단지, 정글** 오브젝트를 추가합니다.

> TIP
> 꿀벌은 '동물-하늘'에 있습니다.

2 오브젝트의 위치를 다음과 같이 옮기고 크기도 변경합니다.

> TIP
> **오브젝트가 다른 오브젝트에 가려졌을 때**
> 처음에 오브젝트를 추가하면 여러 오브젝트가 모두 겹쳐 있는 걸 볼 수 있습니다. 이처럼 오브젝트는 오브젝트 목록 순서대로 실행화면에 나타납니다. 오브젝트 목록에서 가장 위에 있으면 실행화면에서도 가장 위에 보이는 거죠. 이때는 오브젝트 목록 창에서 오브젝트 이미지를 누른 상태로 오브젝트를 끌어 옮겨 순서를 바꾸면, 실행화면에 나타나는 오브젝트의 순서도 바뀐답니다.

5.5 프로그래밍하기

3 이제 곰이 "으악! 벌이다~!"라고 말하도록 프로그래밍해 볼까요? 우선 **곰(1)** 오브젝트를 클릭하고, `시작` 에서 `시작하기 버튼을 클릭했을 때` 블록을 블록조립소로 옮깁니다. `생김새` 에서 `안녕! 을(를) 말하기` 블록을 가져와 연결하고 '안녕!'을 '으악! 벌이다~!'로 바꿉니다.

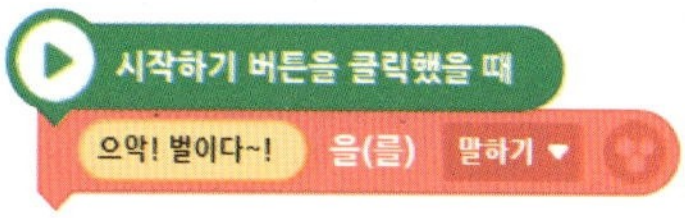

> **TIP** 곰의 행동을 프로그래밍하려면 반드시 곰 오브젝트를 선택한 뒤에 블록들을 조립해야 합니다.

4 이제 곰이 화면 양끝으로 계속해서 왔다 갔다 하도록 해 볼까요? '계속해서 왔다 갔다' 해야 하므로 `계속 반복하기` 블록을 사용해야겠죠? `흐름` 에서 `계속 반복하기` 블록을 가져와 반복할 내용을 이 블록 안에 넣어야 합니다. 다음 그림과 같이 블록을 조립해 보세요. 블록 안의 숫자도 고쳐야겠죠?

> **TIP** 곰이 걸어가는 것처럼 보이는 기능은 앞에서 이미 다루었습니다. 벌써 잊었다면 43쪽을 보세요!

5 ▶를 눌러 실행해 보니 곰이 앞으로 걸어가다 사라져 버렸습니다. 곰이 앞으로 가다가 화면 끝에 닿았을 때, 반대 방향으로 돌아가게 하려면 `움직임` 에서 `화면 끝에 닿으면 튕기기` 블록을 사용하면 됩니다.

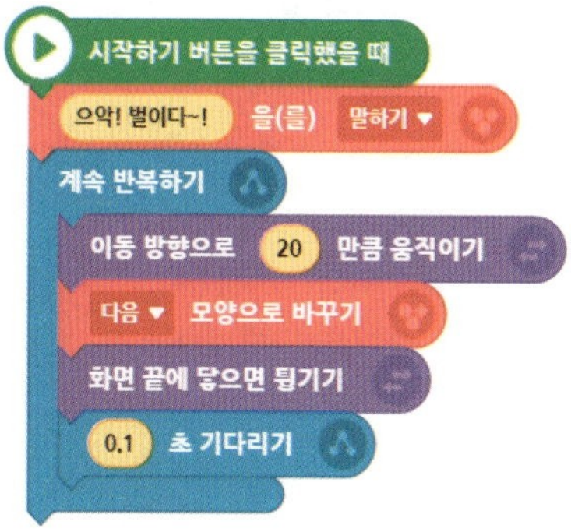

5.5 프로그래밍하기

6 다시 ▶를 눌러 실행해 보니 이번에는 곰이 거꾸로 뒤집힌 채 걸어갑니다. 이때는 오브젝트 목록 창에서 회전 방식을 좌우 회전(↔)으로 정하면 곰이 제대로 움직이는 것을 볼 수 있습니다.

참고

회전 방식은 오브젝트가 화면 끝에 닿았을 때 오브젝트의 방향을 결정하는 방식입니다. 엔트리에서는 다음의 세 가지 회전 방식을 제공하고 있습니다.

↻ 모든 방향 회전 — 오브젝트가 상하좌우 모든 방향으로 회전합니다.

↔ 좌우 회전 — 오브젝트의 방향이 좌우로만 회전합니다.

→ 회전하지 않음 — 오브젝트의 방향이 변하지 않습니다.

STEP 2 꿀벌이 "도둑이다!!"라고 말하며 마우스를 계속 따라다닌다.

7 이제 **꿀벌**을 프로그래밍해 볼까요? 먼저, 실행화면에서 꿀벌을 선택해야겠죠? 꿀벌이 "도둑이다!!"를 외치도록 하려면, ▶ 시작 의 〔시작하기 버튼을 클릭했을 때〕 블록과 ♥ 생김새 의 〔안녕! 을(를) 말하기▼〕 블록을 연결한 후 '안녕'을 '도둑이다!!'로 바꿉니다.

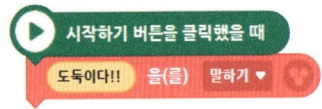

8 이제 마우스를 계속 따라다니게 해 볼까요? 오브젝트를 다른 위치로 이동하게 해 주는 블록을 움직임 에서 가져와 7 에서 만든 블록에 연결합니다. '꿀벌'이라고 써 있는 드롭다운 버튼(꿀벌▼)을 눌러 '마우스포인터'를 선택합니다.

9 ▶ 를 눌러 실행해 보세요. 제대로 동작하나요? 꿀벌이 처음에 한 번만 마우스포인터 위치로 이동하고 더 이상 움직이지 않습니다. 마우스포인터▼ 위치로 이동하기 블록을 한 번만 사용했기 때문이죠. 우리가 원하는 것은 벌이 마우스를 '계속' 따라다니는 것입니다. 같은 행동을 계속 반복하려면 계속 반복하기 블록이 필요합니다. 이 블록을 사용하여 다음과 같이 블록을 조립해 보세요.

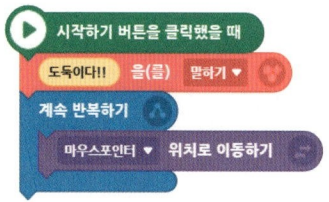

10 다시 ▶ 를 눌러 실행해 보세요. 곰은 말을 하면서 화면 양끝을 왔다 갔다 하고, 벌은 말을 하면서 마우스포인터 위치를 따라다니는 것을 볼 수 있습니다.

5.6 검토하기

완성된 코드를 검토해 볼까요? http://bit.ly/entrysong05c 에 접속하면 전체 코드를 볼 수 있습니다. 놓친 부분은 없는지 천천히 살펴보세요.

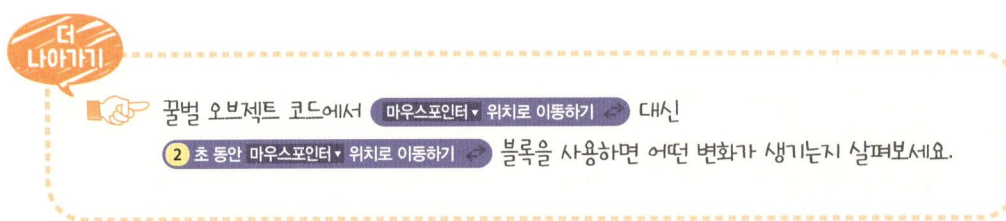

CHAPTER 6

이야기 만들기
벌에 쏘인 곰

학습목표

선택 개념을 이용하여 간단한 애니메이션 만들기

프로그래밍 개념 ▶ ★선택 순차 반복

새로 등장하는 엔트리 블록 ▶ 만일 참 이라면 / 색깔 효과를 10 만큼 주기 / 크기를 10 만큼 바꾸기 / 마우스포인터 ▼ 에 닿았는가?

★ 표시는 이 장에서 새로 배우는 프로그래밍 개념을 의미합니다.

6.1 생각하기

▶ http://bit.ly/entrysong06 에 접속하여 작품을 실행해 보세요.

QR 코드를 찍어 보세요!

▶ 여러 번 실행하면서 곰과 벌의 행동을 자세히 살펴보세요.

▶ 마우스를 움직여서 벌이 곰에 닿게 해 보세요.

6.2 생각다듬기

이 작품을 만드는 데 필요한 오브젝트를 나열하고, 각 오브젝트의 행동을 순서대로 생각해 보세요. (빈칸에 어떤 내용이 들어갈지 생각해 보고, 괄호 안에 있는 두 가지 행동 중 어떤 행동이 맞을지 동그라미로 표시해 보세요.)

6.3 개념 다지기

선택 ⚙ 흐름 ✓ 판단

오브젝트가 상황에 따라 다른 행동을 하게 하려면 어떻게 해야 할까요? 이번 작품에서는 곰과 벌이 마주치는 특정한 상황에서 각각의 오브젝트가 서로 다른 행동을 하는 것을 배울 겁니다. 이때 '곰과 벌이 마주치는 상황'을 조건이라 합니다. 조건은 '참'과 '거짓'으로 확실하게 구분할 수 있어야 합니다. 이런 조건에 따라 명령을 선택적으로 수행하는 것을 **선택**이라 합니다. 조건 블록을 사용하면 조건(상황)에 따라 오브젝트가 다른 행동을 하도록 할 수 있습니다. 다음과 같이 조건 블록은 '조건 블록'과 '조건이 참(사실)일 경우 실행될 블록'으로 이루어져 있습니다. 또한, 조건 블록의 '참' 부분에 다양한 판단 블록을 넣어서 상황에 따라 다른 행동을 하게 할 수 있습니다.

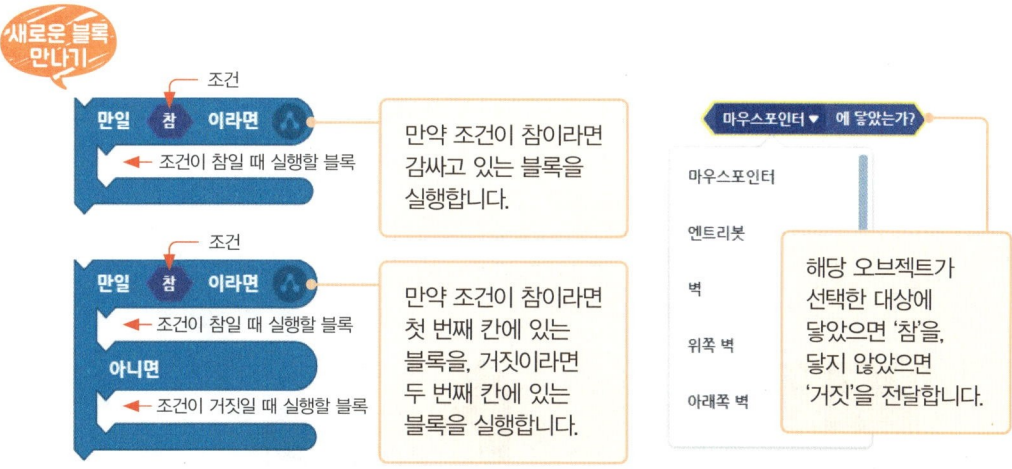

곰이 꿀단지에 닿았으면 "아이쿠!"를 말합니다.

CHAPTER 6 벌에 쏘인 곰

생김새

오브젝트의 색깔과 크기 등 생김새에 변화를 주려면 생김새 카테고리에서 원하는 블록을 선택할 수 있습니다.

6.4 알고리즘 만들기

지금까지 배운 내용을 토대로 알고리즘을 만들어 보겠습니다. 각 오브젝트의 행동을 순서대로 생각해 보면서 '블록 모음'에서 알맞은 블록을 골라 순서에 맞게 물음표를 채워 보세요.
(정답은 66쪽 '검토하기'에 있습니다.)

6.5 프로그래밍하기

자, 이제 실전입니다. 앞에서 만든 알고리즘을 토대로 '벌에 쏘인 곰' 이야기를 완성해 볼까요?

'프로그래밍' 미리보기

- **필요한 오브젝트** 곰(1), 꿀벌, 꿀단지, 정글
- **STEP 1** 곰이 "으악! 벌이다~!"라고 외치며 화면 양끝으로 움직인다.
- **STEP 2** 곰이 벌에 닿으면 색깔과 크기가 변한다.
- **STEP 3** 벌이 "도둑이다!!"라고 외치며 마우스를 계속 따라다닌다.
- **STEP 4** 벌이 곰에 닿으면 "내 침을 받아랏!"이라고 외치며 모양이 바뀐다.

STEP 1 곰이 "으악! 벌이다~!"라고 외치며 화면 양끝으로 움직인다.

1 먼저 '엔트리봇' 오브젝트를 삭제하고, **곰(1), 꿀벌, 꿀단지, 정글** 오브젝트를 추가합니다. 그리고 다음과 같이 오브젝트의 위치와 크기를 변경해 보세요. (여기는 이제 익숙하죠? 기억이 안 나면 42쪽과 52쪽을 참고하세요.)

2 앞에서 배운 것처럼 "으악! 벌이다~!"를 외치며 곰을 왔다 갔다 걸어 다니게 해 보세요. 먼저, 실행화면에서 **곰(1)**을 선택해야겠죠? 그리고 다음과 같이 블록을 조립합니다.

> **TIP** 이 블록을 보고 조립하기보다는 여러분 스스로 조립할 줄 알아야 합니다.

6.5 프로그래밍하기

STEP 2 곰이 벌에 닿으면 색깔과 크기가 변한다.

3 곰이 조건(상황)에 따라 다른 행동을 하게 하려면 `만일 참 이라면` 블록이 필요합니다. 다음 그림처럼 이 블록을 **2**의 `계속 반복하기` 블록 안에 조립합니다.

> **TIP** `만일 참 이라면` 블록이 `계속 반복하기` 블록 바깥에 조립되면 제대로 동작하지 않게 됩니다. `계속 반복하기` 블록은 그 안에 있는 블록만 계속해서 반복 실행하기 때문입니다.

4 먼저 조건을 정해야겠죠? 우리는 '곰이 벌에 닿았는지' 판단하여 다음 행동을 하도록 할 겁니다. `판단`에서 `마우스포인터에 닿았는가?` 블록을 가져와 드롭다운 버튼을 눌러 마우스포인터를 '꿀벌'로 바꿉니다. 그리고 `만일 참 이라면` 블록의 '참' 부분에 합칩니다.

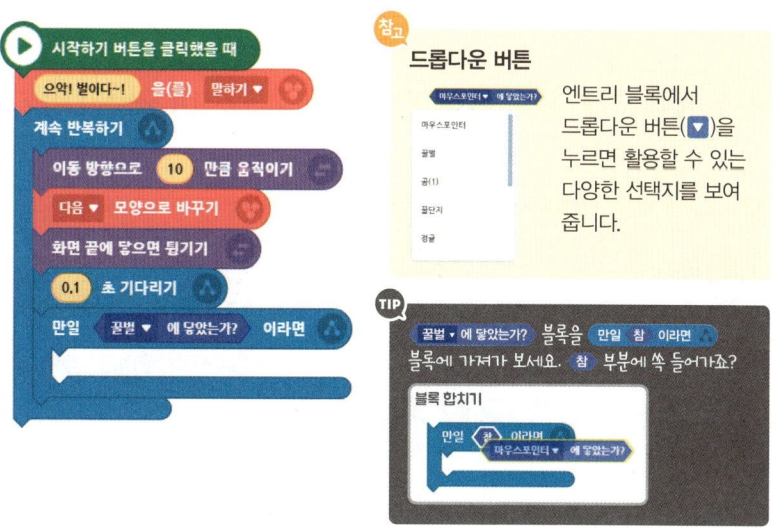

> **참고** **드롭다운 버튼**
> 엔트리 블록에서 드롭다운 버튼(▼)을 누르면 활용할 수 있는 다양한 선택지를 보여 줍니다.

> **TIP** `꿀벌에 닿았는가?` 블록을 `만일 참 이라면` 블록에 가져가 보세요. '참' 부분에 쏙 들어가죠?
> 블록 합치기

CHAPTER 6 벌에 쏘인 곰

6.5 프로그래밍하기

5 이제 곰이 꿀벌에 닿으면 색깔과 크기가 바뀌도록 해 볼까요? `생김새` 에서 `색깔▼ 효과를 10 만큼 주기` 블록과 `크기를 10 만큼 바꾸기` 블록을 가져와 **4** 의 `만일 꿀벌▼ 에 닿았는가? 이라면` 블록에 연결합니다. 그리고 `크기를 10 만큼 바꾸기` 블록의 '10'을 '1'로 바꿔 주세요.

```
▶ 시작하기 버튼을 클릭했을 때
  으악! 벌이다~! 을(를) 말하기 ▼
  계속 반복하기
    이동 방향으로 10 만큼 움직이기
    다음 ▼ 모양으로 바꾸기
    화면 끝에 닿으면 튕기기
    0.1 초 기다리기
    만일 꿀벌 ▼ 에 닿았는가? 이라면
      색깔 ▼ 효과를 10 만큼 주기
      크기를 1 만큼 바꾸기
```

STEP 3 벌이 "도둑이다!!"라고 외치며 마우스를 계속 따라다닌다.

6 이제 꿀벌을 프로그래밍할 차례입니다. 먼저, 실행화면에서 **꿀벌**을 선택해야겠죠? 앞에서 배운 것처럼, 벌이 "도둑이다!!"라고 외치며 마우스를 계속 따라다니도록 다음과 같이 블록을 연결합니다.

```
▶ 시작하기 버튼을 클릭했을 때
  계속 반복하기
    도둑이다!! 을(를) 말하기 ▼
    마우스포인터 ▼ 위치로 이동하기
```

STEP 4 벌이 곰에 닿으면 "내 침을 받아랏!"이라고 외치며 모양이 바뀐다.

7 이번에는 벌이 '곰에 닿은' 상황에서 다른 행동을 하게 해야 합니다. 곰과 마찬가지로 `흐름` 의 `만일 참 이라면` 블록을 사용하여 다음과 같이 블록을 연결해 보세요. 이번에는 `마우스포인터 ▼ 에 닿았는가?` 블록을 `곰(1) ▼ 에 닿았는가?` 로 바꿔야겠죠?

```
▶ 시작하기 버튼을 클릭했을 때
  계속 반복하기
    도둑이다!! 을(를) 말하기 ▼
    마우스포인터 ▼ 위치로 이동하기
    만일 곰(1) ▼ 에 닿았는가? 이라면
```

8 이제 벌이 곰에 닿으면 "내 침을 받아랏!"이라고 외치며, 침을 놓는 모양으로 바뀌게 할 겁니다. `생김새`에서 `안녕! 을(를) 말하기` 블록과 `꿀벌_1 모양으로 바꾸기` 블록을 가져와 7 의 `만일 곰(1) 에 닿았는가? 이라면` 블록에 연결합니다. 그리고 '안녕'을 '내 침을 받아랏!'으로 바꾸고, '꿀벌_1'은 '꿀벌_2'로 바꿔 줍니다.

9 그럼 ▶를 눌러서 작품이 제대로 동작하는지 확인해 봅니다. 벌이 곰에 닿으면 모양이 바뀌지만, 곰에 닿지 않았을 때도 원래대로 돌아오지 않습니다. 왜 그럴까요? 다시 '꿀벌_1' 모양으로 돌아오는 블록이 없기 때문입니다. 어디에 이 블록을 넣으면 될까요?

10 `생김새`에서 `꿀벌_1 모양으로 바꾸기` 블록을 가져와 `계속 반복하기` 블록의 처음에 넣어 줍니다. 다시 작품을 실행해 보세요. 제대로 동작하는 것을 볼 수 있죠?

CHAPTER 6 벌에 쏘인 곰 65

6.6 검토하기

완성된 코드를 검토해 볼까요? http://bit.ly/entrysong06c 에 접속하면 전체 코드를 볼 수 있습니다. 놓친 부분은 없는지 천천히 살펴보세요.

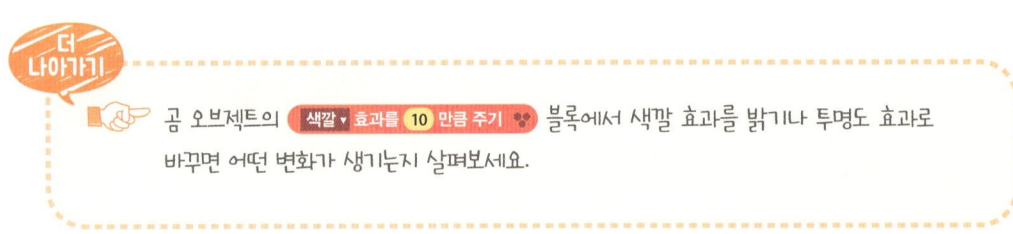

곰 오브젝트의 `색깔▼ 효과를 10 만큼 주기` 블록에서 색깔 효과를 밝기나 투명도 효과로 바꾸면 어떤 변화가 생기는지 살펴보세요.

CHAPTER 7

게임 만들기

상어 피하기

학 습 목 표

이벤트 개념을 사용하여 키보드로 조작하는 간단한 게임 만들기

- 프로그래밍 개념 ▶ ★ 이벤트   순차   반복   선택
- 새로 등장하는 엔트리 블록 ▶ `x 좌표를 10 만큼 바꾸기`   `마우스포인터 쪽 바라보기`
  `2 초 동안 엔트리봇 위치로 이동하기`   `0 부터 10 사이의 무작위 수`
  `처음부터 다시 실행하기`   `q 키를 눌렀을 때`

★ 표시는 이 장에서 새로 배우는 프로그래밍 개념을 의미합니다.

7.1  생각하기

▶ http://bit.ly/entrysong07에 접속하여 작품을 실행해 보세요.

QR 코드를 찍어 보세요!

▶ 여러 번 실행하면서 상어의 움직임을 자세히 살펴보세요.

▶ 키보드 화살표 키를 누를 때 물고기가 어떻게 움직이는지 살펴보세요.
물고기가 상어에 닿으면 어떻게 되나요?

7.2 생각다듬기

새로운 오브젝트들이 등장했습니다. 이 작품을 만드는 데 필요한 오브젝트를 나열하고, 각 오브젝트의 행동을 순서대로 생각해 보세요. (빈칸에 어떤 내용이 들어갈지 생각해 보고, 괄호 안에 있는 두 가지 행동 중 어떤 행동이 맞을지 동그라미로 표시해 보세요.)

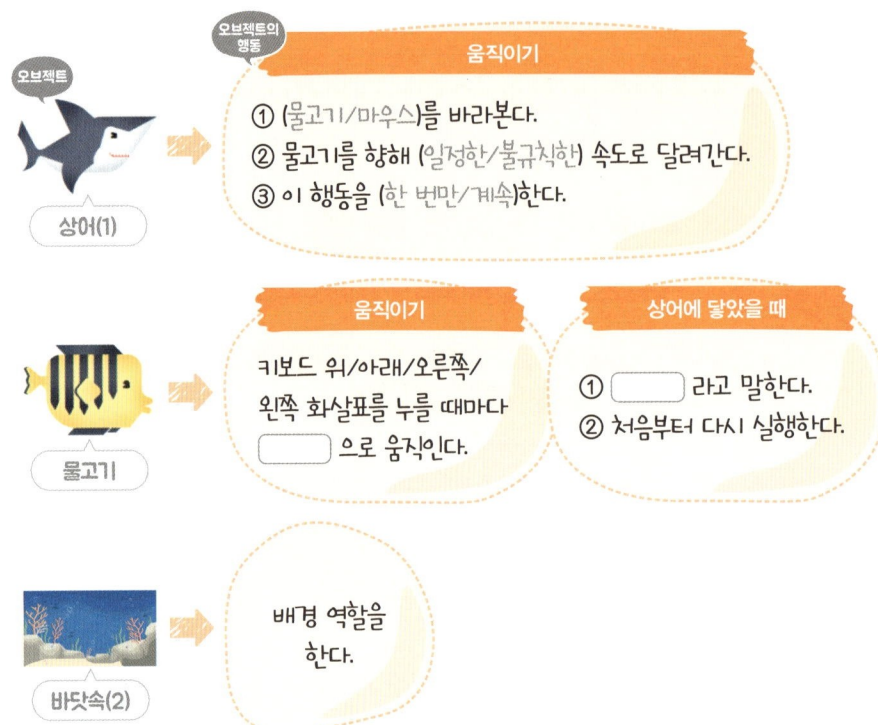

7.3 개념다지기

이벤트 ▶ 시작

이벤트란, 특정 상황에서 정해진 일을 하도록 하는 것을 말합니다. 키보드를 누르거나 마우스를 클릭하는 것처럼 특정 상황이 오면, 오브젝트에 정해진 일을 시킬 수 있는 겁니다. 이벤트와 관련된 블록은 ▶시작 에 있습니다. 이벤트 블록에 적힌 일이 일어날 때마다 그 아래에 연결된 블록이 실행됩니다.

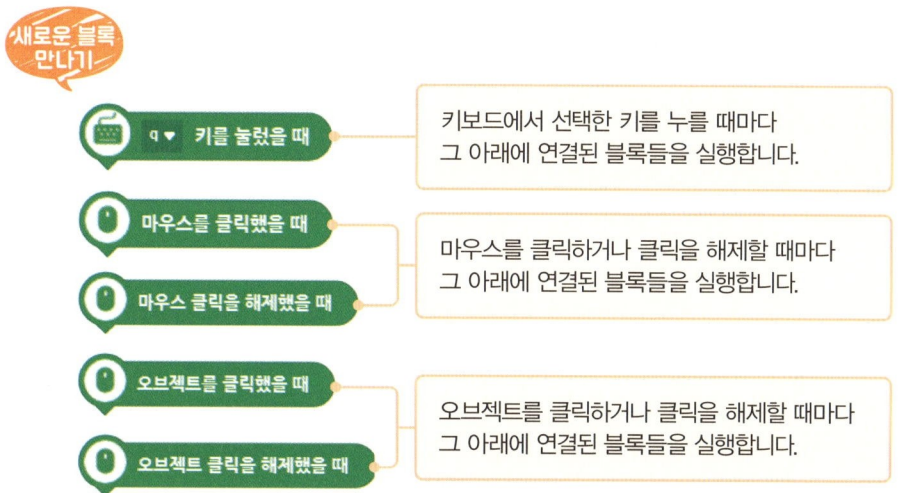

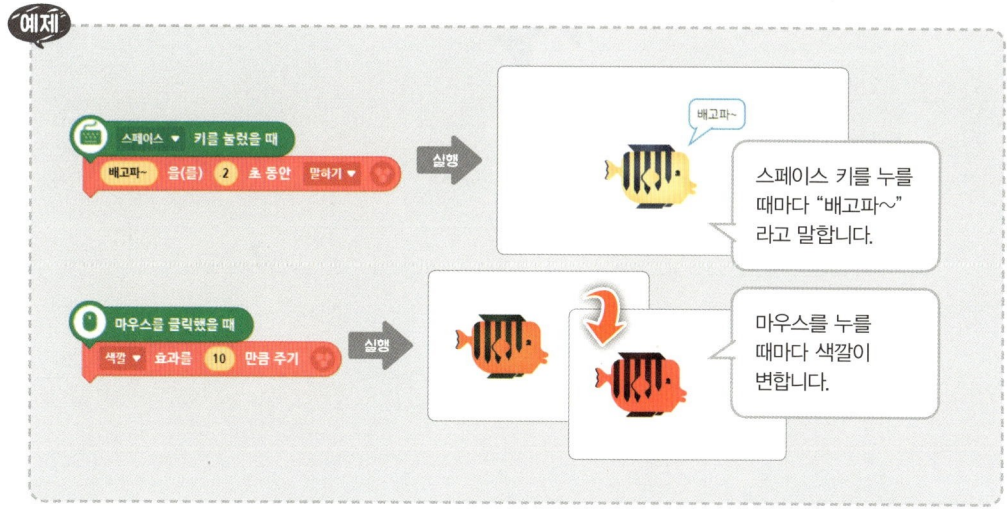

CHAPTER 7 상어 피하기

좌표 ⇄ 움직임

실행화면에 있는 오브젝트의 위치는 다양한 방법으로 설명할 수 있습니다. "화면 오른쪽 위에 있다"나 "구석에 있다"처럼 말로 나타낼 수도 있고, "맨 아래의 맨 왼쪽에서 오른쪽으로 3cm, 위쪽으로 3cm에 있다"처럼 말과 숫자를 섞어서 나타낼 수도 있습니다. 하지만 이렇게 나타내면 말이 매우 길어지므로 컴퓨터는 '좌표'라는 약속으로 오브젝트의 위치를 나타냅니다. 좌표에는 x, y 값이 있는데, x는 오브젝트의 가로 위치를, y는 오브젝트의 세로 위치를 나타냅니다. x 값을 변경하면 오브젝트가 좌우로 움직이고, y 값을 변경하면 위아래로 움직입니다.

엔트리의 실행화면은 x 좌표가 –240~240, y 좌표가 –135~135로 이루어져 있습니다. 마우스를 움직이면 실행화면 위쪽에 x, y 좌표가 나타납니다. 또한, 실행화면 위에 있는 모눈종이 아이콘(⊞)을 클릭하면 모눈종이를 표시할 수 있습니다.

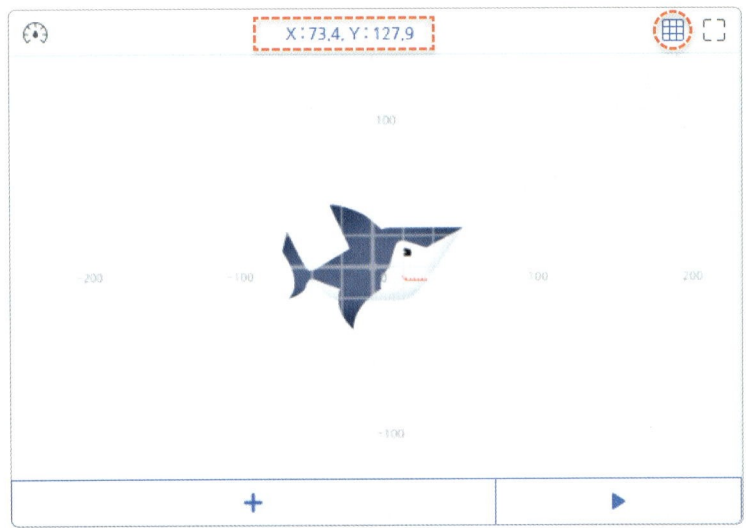

입력한 값만큼 x 좌표를 바꿉니다.

입력한 값만큼 y 좌표를 바꿉니다.

입력한 x 좌표로 이동합니다.

입력한 y 좌표로 이동합니다.

입력한 시간 동안 선택한 위치로 자연스럽게 이동합니다. 드롭다운 버튼을 사용하여 마우스포인터나 다른 오브젝트를 선택할 수 있습니다.

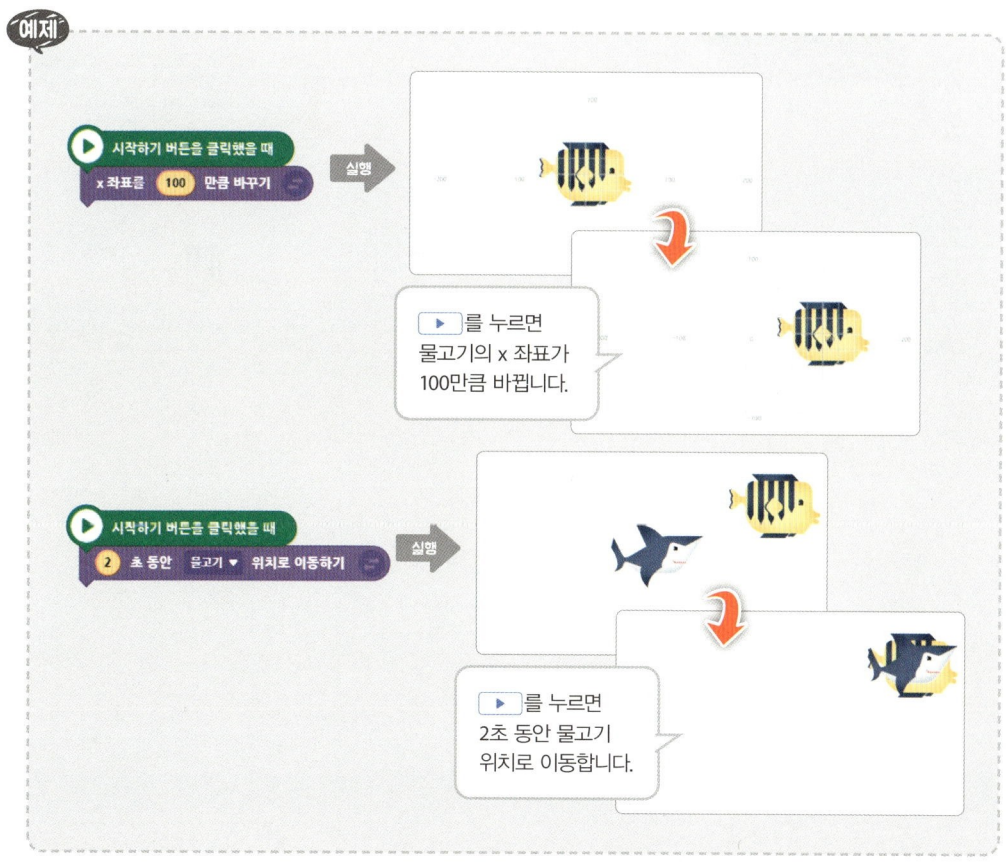

▶를 누르면 물고기의 x 좌표가 100만큼 바뀝니다.

▶를 누르면 2초 동안 물고기 위치로 이동합니다.

CHAPTER 7 상어 피하기

바라보기

오브젝트가 특정한 방향을 보게 하려면 `마우스포인터 ▼ 쪽 바라보기` 블록을 사용할 수 있습니다.

새로운 블록 만나기

`마우스포인터 ▼ 쪽 바라보기`

해당 오브젝트가 마우스포인터 쪽을 바라봅니다.
드롭다운 버튼을 사용하여 다른 오브젝트를 선택할 수 있습니다.

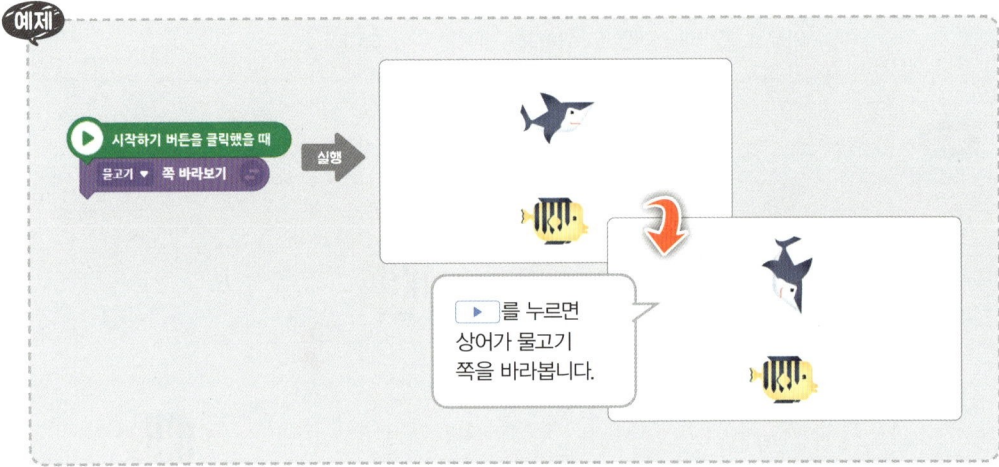

무작위 수  계산

컴퓨터가 숫자를 무작위로 선택하게 하려면 (0 부터 10 사이의 무작위 수) 블록을 사용할 수 있습니다.

새로운 블록 만나기

(0 부터 10 사이의 무작위 수)

입력한 두 수 사이에서 무작위로 수를 선택하여 나타냅니다.

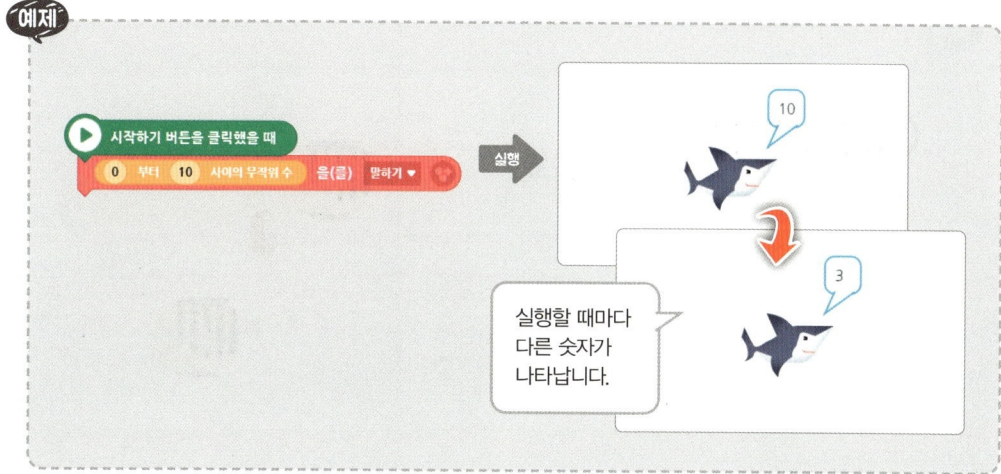

실행할 때마다 다른 숫자가 나타납니다.

다시 실행하기 🔺 흐름

작품을 다시 시작하려면 `처음부터 다시 실행하기` 를 사용할 수 있습니다.

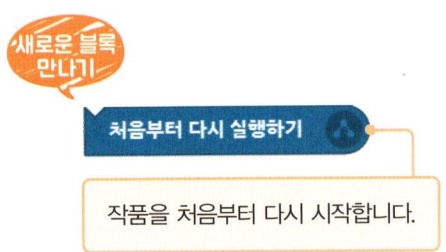

작품을 처음부터 다시 시작합니다.

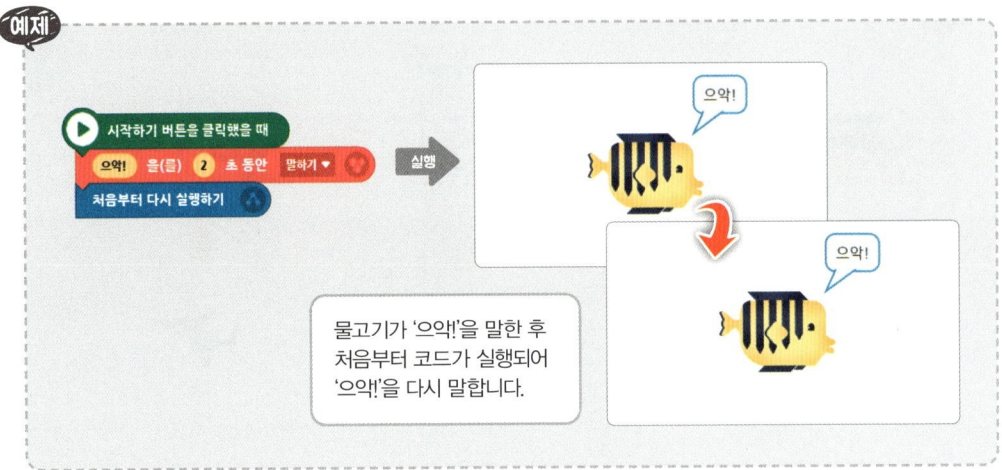

물고기가 '으악!'을 말한 후 처음부터 코드가 실행되어 '으악!'을 다시 말합니다.

7.4 알고리즘 만들기

지금까지 배운 내용을 토대로 알고리즘을 만들어 보겠습니다. 각 오브젝트의 행동을 순서대로 생각해 보면서 '블록 모음'에서 알맞은 블록을 골라 순서에 맞게 물음표를 채워 보세요.
(정답은 80쪽 '검토하기'에 있습니다.)

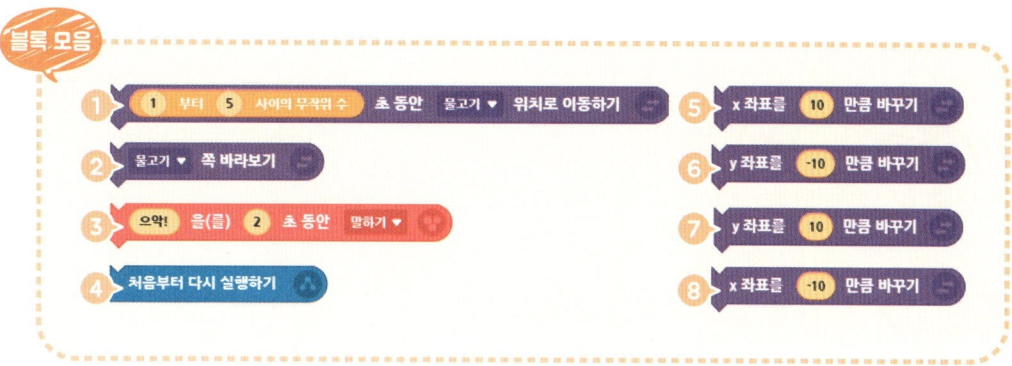

CHAPTER 7 상어 피하기 75

7.5 프로그래밍하기

자, 이제 실전입니다. 앞에서 만든 알고리즘을 토대로 '상어 피하기' 게임을 완성해 볼까요?

> **프로그래밍 미리보기**
>
> **필요한 오브젝트** 상어(1), 물고기, 바닷속(2)
> **STEP 1** 상어가 물고기 쪽으로 달려간다.
> **STEP 2** 키보드를 누르면 물고기가 해당 방향으로 움직인다.
> **STEP 3** 물고기가 상어에 닿으면 "으악!"이라고 말한다.

STEP 1 　상어가 물고기 쪽으로 달려간다.

1 먼저, 작품에 필요한 오브젝트를 추가합니다. 엔트리봇을 삭제하고, **물고기**, **상어(1)**, **바닷속(2)** 오브젝트를 추가한 다음, 오브젝트의 위치와 크기를 다음과 같이 만듭니다.

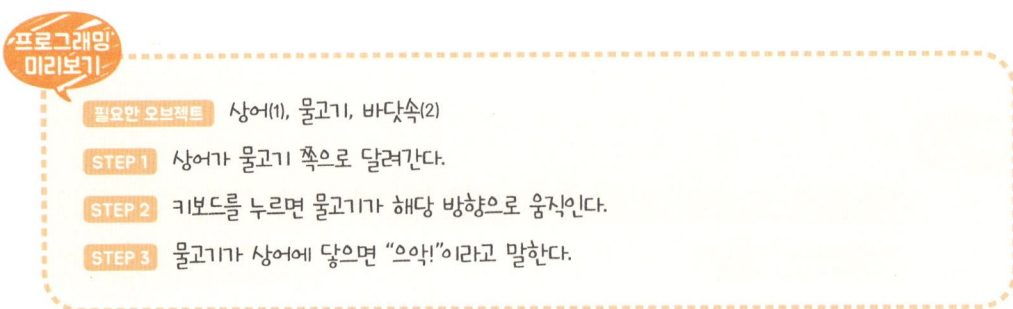

> TIP
> 물고기와 상어는 '동물-물'에, 바닷속(2)는 '배경-자연'에 있습니다.

2 **상어(1)**이 물고기를 향해 달려가게 해 볼까요? 먼저, 물고기를 바라보고 이동하게 하려면,  에서 `물고기▼ 쪽 바라보기` 블록과 `2 초 동안 물고기▼ 위치로 이동하기` 블록을 가져와 연결합니다.

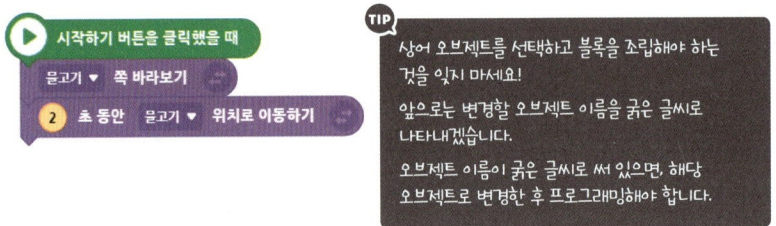

> TIP
> 상어 오브젝트를 선택하고 블록을 조립해야 하는 것을 잊지 마세요!
> 앞으로는 변경할 오브젝트 이름을 굵은 글씨로 나타내겠습니다.
> 오브젝트 이름이 굵은 글씨로 써 있으면, 해당 오브젝트로 변경한 후 프로그래밍해야 합니다.

7.5 프로그래밍하기

3 여기서 중요한 게 하나 빠졌습니다.
바로 `계속 반복하기` 블록입니다. 이 블록이 없으면 물고기의 위치가 바뀌면 물고기를 향해 달려가지 못합니다. **2**의 블록을 다음과 같이 고쳐 주세요.

4 물고기를 향해 이동하는 속도를 매번 다르게 해 볼까요? `계산`에서
`0 부터 10 사이의 무작위 수` 블록을 가져와 '0'과 '10'을 '1'과 '5'로 바꾼 뒤 다음과 같이 **3**의 블록과 합쳐 보세요.

STEP 2 키보드를 누르면 물고기가 해당 방향으로 움직인다.

5 자, 이제 **물고기** 차례입니다. 키보드 화살표를 누르면 그 방향으로 물고기가 움직이게 해 볼까요? 먼저, 위쪽 화살표를 누르면 물고기가 위로 움직이게 해 보겠습니다.
실행화면에서 물고기를 누른 다음, `시작`에서 `q 키를 눌렀을 때` 블록을 가져 옵니다.
'q' 부분을 마우스로 클릭하고, 선택지에서 위쪽 화살표를 선택해 보세요.
블록이 `위쪽 화살표 키를 눌렀을 때`로 변하죠?

CHAPTER 7 상어 피하기　77

7.5 프로그래밍하기

6 이제 위쪽 화살표 키를 누를 때마다 물고기가 위쪽으로 가게 하려면 y 좌표를 사용해야 합니다.  블록을 가져와 위쪽 화살표▼ 키를 눌렀을 때 블록에 연결합니다.

7 이번에는 아래쪽 화살표를 누를 때마다 물고기가 아래쪽으로 움직이게 해 보세요. **5**, **6**에서 배운 방법대로 하면 됩니다. 다만, 아래쪽으로 이동해야 하므로 숫자를 –10으로 해야겠죠?

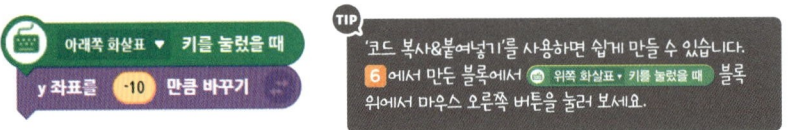

8 같은 방법으로 오른쪽과 왼쪽 화살표를 누를 때마다 물고기가 각각 오른쪽, 왼쪽으로 움직이게 해 보세요. 여기서는 좌우로 움직여야 하므로 x 좌표를 사용해야 합니다. 다음과 같이 블록을 만들어 보세요.

STEP 3 물고기가 상어에 닿으면 "으악!"이라고 말한다.

9 물고기가 상어에 닿으면 "으악!"이라고 외치도록 해 볼까요? 앞에서 배운 만일 참 이라면 블록과 마우스포인터▼ 에 닿았는가? 블록이 필요하겠죠? (기억이 안 나면 63쪽을 참고하세요.)

10 상어에 부딪히면 게임을 다시 시작하도록 해 볼까요? 흐름 에서 처음부터 다시 실행하기 블록을 가져와 다음과 같이 **9** 의 블록에 연결해 보세요. 작품이 잘 실행되나요?

7.6 검토하기

완성된 코드를 검토해 볼까요? http://bit.ly/entrysong07c에 접속하면 전체 코드를 볼 수 있습니다. 놓친 부분은 없는지 천천히 살펴보세요.

CHAPTER 8

게임 만들기

늘어나는 상어

> **학 습 목 표**
>
> 신호, 변수, 복제 개념을 사용하여 점수가 있는 간단한 게임 만들기
>
> 프로그래밍 개념 ▶ ★ 변수   ★ 신호 보내기   순차   반복   선택   이벤트
>
> 새로 등장하는 엔트리 블록 ▶ 자신▼ 의 복제본 만들기   복제본이 처음 생성되었을때   대상없음▼ 신호 보내기   대상없음▼ 신호를 받았을 때   모양 보이기   모양 숨기기   변수▼ 에 10 만큼 더하기   x: 0 y: 0 위치로 이동하기

★ 표시는 이 장에서 새로 배우는 프로그래밍 개념을 의미합니다.

8.1 생각하기

▶ http://bit.ly/entrysong08 에 접속하여 작품을 실행해 보세요.

QR 코드를 찍어 보세요!

▶ 시간이 지나면 상어가 어떻게 되는지 자세히 살펴보세요.

▶ 키보드 화살표 키로 물고기를 움직여 별에 닿게 해 보세요.

8.2 생각다듬기

이 작품을 만드는 데 필요한 오브젝트를 나열하고, 각 오브젝트의 행동을 순서대로 생각해 보세요. (빈칸에 어떤 내용이 들어갈지 생각해 보고, 괄호 안에 있는 두 가지 행동 중 어떤 행동이 맞을지 동그라미로 표시해 보세요.)

8.3 개념다지기

복제하기 흐름

복제하기를 사용하면 자신과 똑같은 모습의 오브젝트를 만들 수 있습니다. 또 복제된 오브젝트에는 따로 명령을 내릴 수 있습니다.

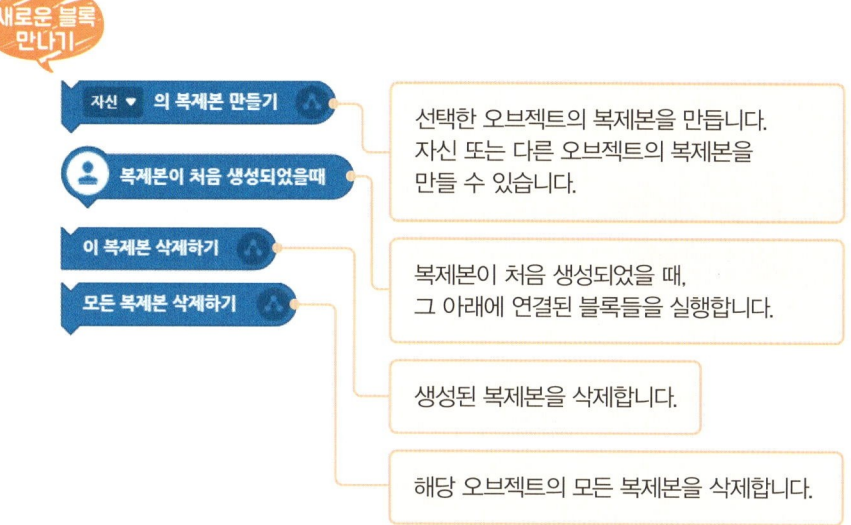

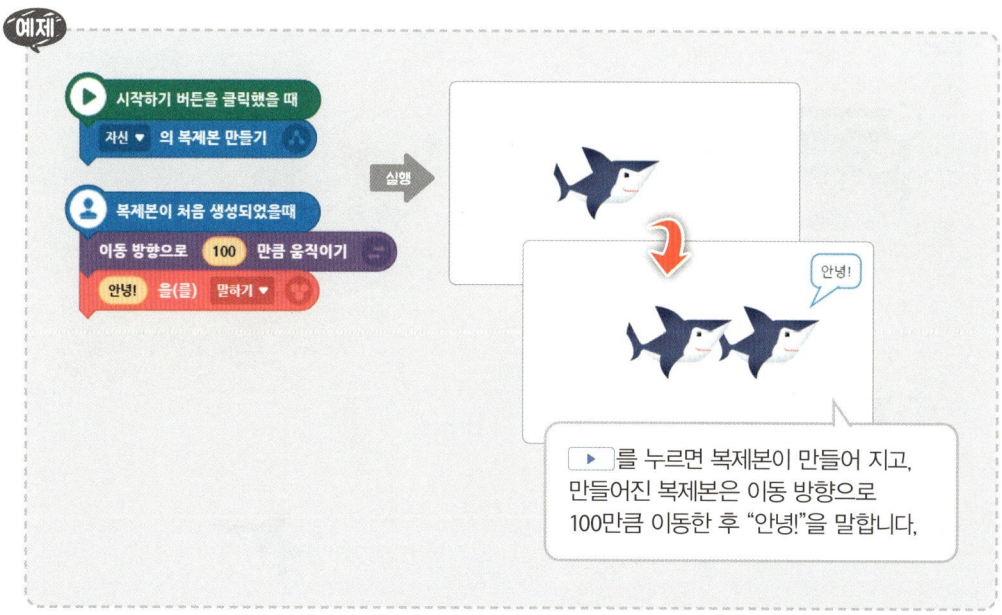

변수 ? 자료

사람은 숫자와 문자 같은 정보를 뇌가 기억하고 있습니다. 컴퓨터가 정보를 기억하고 사용하게 하려면 변수를 만들어야 합니다. **변수**는 정보를 담고 있는 그릇이라 할 수 있습니다. 변수에는 하나의 정보만 넣을 수 있으며, 변수에 들어 있는 값을 바꾸거나 불러와서 사용할 수 있습니다.

모양 보이기/숨기기

오브젝트를 보이거나 숨기려면 모양 보이기 와 모양 숨기기 블록을 사용할 수 있습니다.

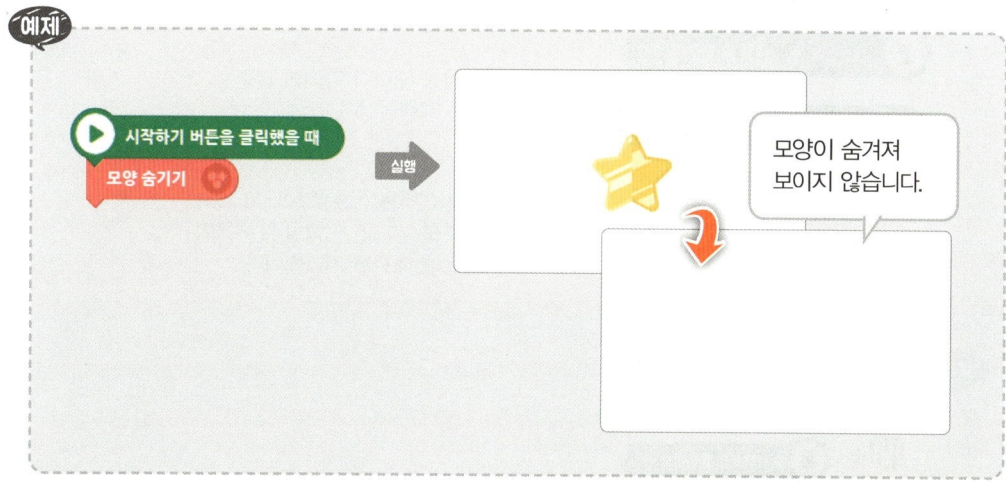

신호 보내기

신호 보내기는 자신의 명령어로 다른 오브젝트에 변화를 줄 때 주로 사용합니다. 신호를 만들면 `대상없음▼ 신호 보내기` 블록과 `대상없음▼ 신호를 받았을 때` 블록을 사용할 수 있습니다. 한 오브젝트에서는 `대상없음▼ 신호 보내기` 블록을 사용하여 신호를 보내고, 다른 오브젝트에서는 `대상없음▼ 신호를 받았을 때` 블록으로 신호를 받을 때마다 특정한 행동을 할 수 있습니다.

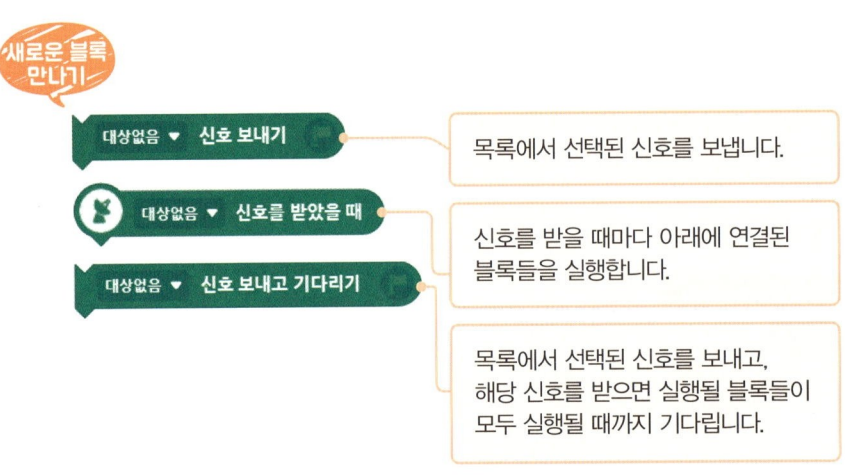

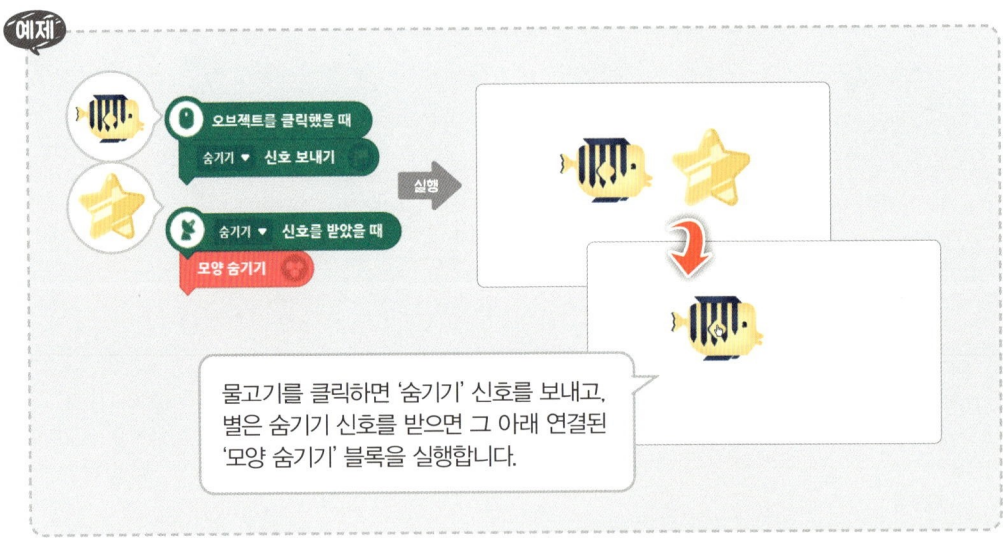

물고기를 클릭하면 '숨기기' 신호를 보내고, 별은 숨기기 신호를 받으면 그 아래 연결된 '모양 숨기기' 블록을 실행합니다.

8.4 알고리즘 만들기

지금까지 배운 내용을 토대로 알고리즘을 만들어 보겠습니다. 각 오브젝트의 행동을 순서대로 생각해 보면서 '블록 모음'에서 알맞은 블록을 골라 순서에 맞게 물음표를 채워 보세요. 참고로, 한 번 사용한 블록도 다시 사용할 수 있답니다. (정답은 94쪽 '검토하기'에 있습니다.)

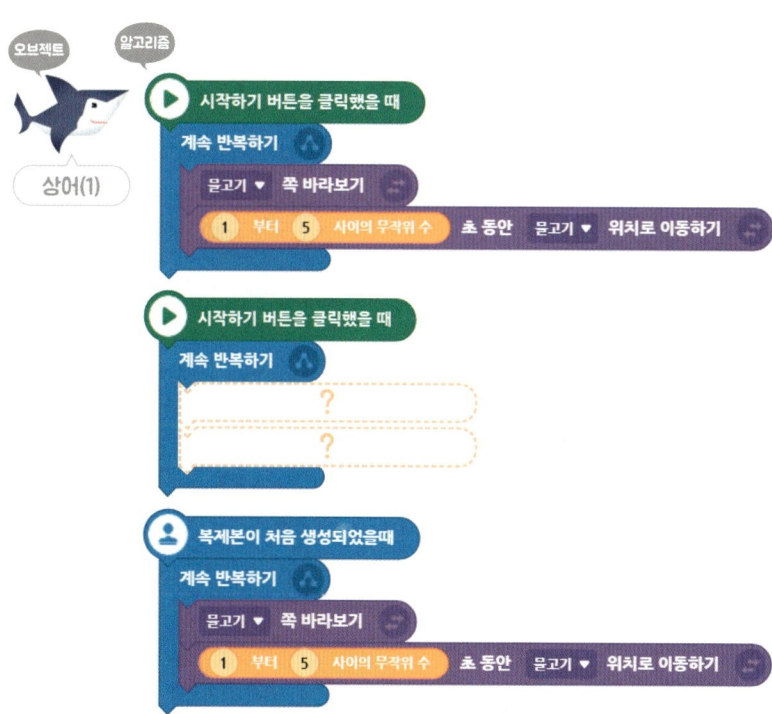

8.4 알고리즘 만들기

8.5 프로그래밍하기

자, 이제 실전입니다. 앞에서 만든 알고리즘을 토대로 '늘어나는 상어' 게임을 완성해 볼까요?

> **'프로그래밍' 미리보기**
>
> **필요한 오브젝트** 상어(1), 물고기, 큰별(노랑), 바닷속(2)
> **STEP 1** 상어가 물고기를 향해 달려가고, 시간이 지나면 상어가 점점 많아진다.
> **STEP 2** 키보드를 눌러 물고기를 움직이고, 상어나 별과 만났을 때 특별한 행동을 한다.
> **STEP 3** 물고기가 별에 닿으면 점수가 올라가고, 별이 사라졌다가 나타난다.

STEP 1 상어가 물고기를 향해 달려가고, 시간이 지나면 상어가 점점 많아진다.

1 '엔트리봇' 오브젝트를 삭제하고, **큰별(노랑), 물고기, 상어(1), 바닷속(2)** 오브젝트를 추가한 다음, 오브젝트의 위치와 크기를 다음과 같이 만듭니다.

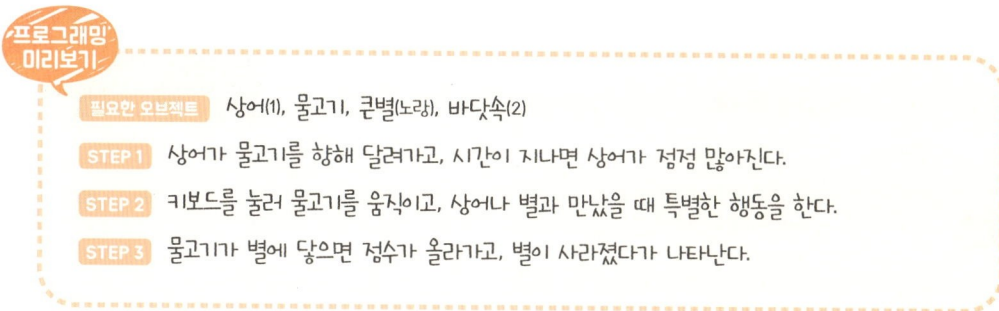

TIP: '큰별(노랑)'은 '인터페이스'에 있습니다.

2 상어가 물고기를 향해 달려가는 부분은 7장에서 이미 다루었습니다. 실행화면에서 **상어(1)**을 클릭한 후 다음과 같이 코드를 만듭니다.

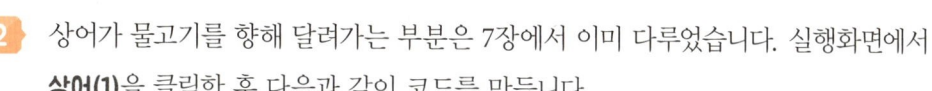

CHAPTER 8 늘어나는 상어

8.5 프로그래밍하기

3 이제 3초마다 상어가 하나씩 복제되도록 해 볼까요? `자신▼의 복제본 만들기` 블록을 사용해야겠죠? 3초마다 '계속' 상어가 복제되어야 하므로 `계속 반복하기` 블록도 필요합니다. 그리고 `2 초 기다리기` 블록을 연결하고 '2'를 '3'초로 바꿔 줍니다.

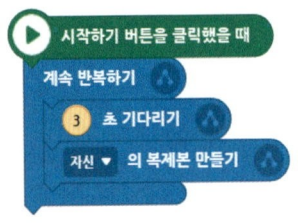

4 ▶를 눌러 실행해 보세요. 상어가 3초마다 복제되지만 아무런 행동도 하지 않습니다. 복제된 상어도 물고기를 향해 달려가게 해 보세요. **2**의 코드를 '코드 복사 & 붙여넣기'하고, `시작하기 버튼을 클릭했을 때` 블록 대신 `흐름`에 있는 `복제본이 처음 생성되었을때` 블록을 사용하면 됩니다. 다음과 같이 블록을 추가하고, 다시 프로그램을 실행해 보세요.

TIP 상어가 복제되지 않는다고요? 처음에 실행했을 때 상어가 복제되지 않는 것처럼 보일 수 있습니다. 이것은 실제로 상어가 복제되지 않는 것이 아니라 상어에 겹쳐 있기 때문에 보이지 않는 것입니다. 이때는 `1 부터 5 사이의 무작위 수` 블록을 다른 숫자로 고쳐보세요.

STEP 2 키보드를 누르면 물고기가 움직이고, 상어나 별과 만났을 때 특별한 행동을 한다.

5 키보드 화살표로 물고기를 움직이는 내용은 7장에서 다뤘습니다. 실행화면에서 **물고기**를 클릭하고, 다음과 같이 코드를 만들어 보세요.

6 이번에는 물고기가 상어에 닿았을 때 "으악!"이라 말하고, 처음부터 다시 실행하도록 해 보세요. 앞에서 한 것처럼 다음과 같이 코드를 만듭니다. 이 단계도 7장에서 배웠죠?

7 물고기가 별에 닿았을 때 신호를 보내도록 해 볼까요? 우선, 신호를 만들어 보겠습니다. 신호는 블록꾸러미의 [속성]에서 만들 수 있습니다. [신호]를 선택하고 [신호 추가하기]를 누른 뒤 '획득'을 입력하고 [확인]을 누릅니다.

TIP 신호 이름은 '획득'입니다. 우리가 흔히 "별을 먹었다"고 하죠? 별을 얻었으니 획득이라고 정했습니다. 여러분은 다른 이름으로 정해도 됩니다.

8 이제 물고기가 '별에 닿으면 획득 신호를 보내도록 코드를 만들어 볼까요? `만일 참 이라면` 블록과 `획득 신호 보내기` 블록을 사용해야겠죠? 6 의 코드에 두 블록을 연결하고, `마우스포인터 에 닿았는가?` 블록을 '참'과 바꿉니다. '마우스포인터'를 '큰별(노랑)'로 바꾸는 것도 잊지 마세요.

TIP 아직은 신호를 받아도 어떠한 일도 일어나지 않습니다. 다음 단계에서 신호를 받으면 어떤 행동을 할지 프로그래밍할 거예요.

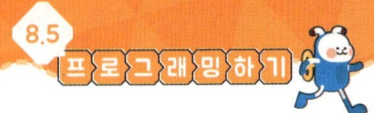

STEP 3 물고기가 별에 닿으면 점수가 올라가고, 별이 사라졌다가 나타난다.

9 자, 이제 **큰별(노랑)**이 획득 신호를 받으면 점수가 올라가도록 프로그래밍해 볼까요? 그런데 점수는 어떻게 나타낼 수 있을까요? 점수는 '변수'를 통해 나타낼 수 있습니다. 블록꾸러미에서 [속성] ➡ [변수] ➡ [변수 추가하기]를 누르고 변수 이름을 '점수'로 정한 뒤 [확인]을 누릅니다. 실행화면에 나타난 점수 창이 보이나요?

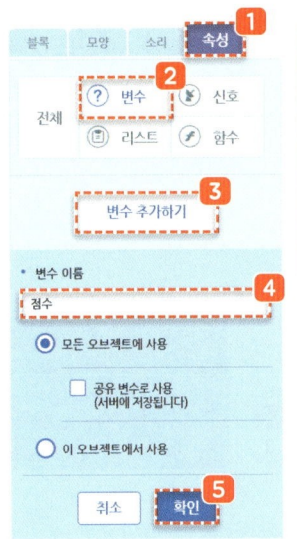

10 그럼, 별이 획득 신호를 받았을 때 점수가 10점 증가하도록 해 볼까요? 획득 신호를 받았을 때 블록과 자료 의 점수에 10 만큼 더하기 블록을 사용할 수 있습니다. 두 블록을 다음과 같이 연결해 보세요.

11 ▶를 눌러 물고기가 별에 닿도록 화살표 키를 움직여 보세요. 점수가 어떻게 되나요? 물고기가 별에 닿아 있는 동안 점수가 빠르게 올라갑니다. 저는 순식간에 500점이 됐습니다. 이렇게 되면 게임을 계속 진행할 수가 없습니다. 이런 일을 방지하려면 어떻게 해야 할까요?

12 **11**과 같은 일을 막기 위해 물고기가 별에 닿으면 사라졌다가 다른 위치로 이동하여 다시 나타나도록 하겠습니다. 그러니까 별이 획득 신호를 받으면 점수를 10점 올리고, 모양을 숨겼다가, 무작위 위치로 옮겨가 다시 모양을 보이는 겁니다.

생김새 의 모양 보이기 와 모양 보이기 블록을 사용하면 되겠죠? 이제는 여러분 스스로 블록을 연결할 수 있어야 합니다. 혹시 여러분 스스로 다음 블록처럼 연결했다면 그것만으로도 아주 훌륭합니다.

```
획득▼ 신호를 받았을 때
점수▼ 에 10 만큼 더하기
모양 숨기기
x: 0 y: 0 위치로 이동하기
모양 보이기
```

13 **12**의 코드를 실행해 보세요. 계속 같은 곳에 별이 생기죠? 별이 실행화면 안에서 무작위로 나타나게 하려면 `0 부터 10 사이의 무작위 수` 블록이 필요합니다. **12**의 코드에서 x, y 좌표를 다음과 같이 고쳐 보세요. 이제 프로그램이 제대로 작동하죠?

```
획득▼ 신호를 받았을 때
점수▼ 에 10 만큼 더하기
모양 숨기기
x: -240 부터 240 사이의 무작위 수  y: -135 부터 135 사이의 무작위 수 위치로 이동하기
모양 보이기
```

> **TIP** 실행화면의 크기는 가로 -240~240, 세로 -135~135랍니다.

8.6 검토하기

완성된 코드를 검토해 볼까요? http://bit.ly/entrysong08c 에 접속하면 전체 코드를 볼 수 있습니다. 놓친 부분은 없는지 천천히 살펴보세요.

8.6 검토하기

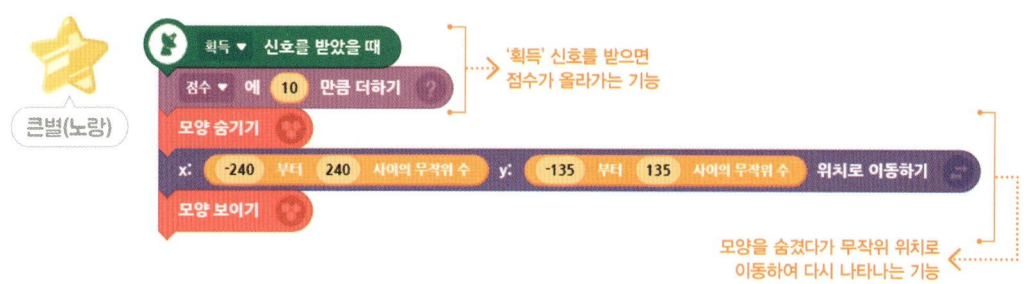

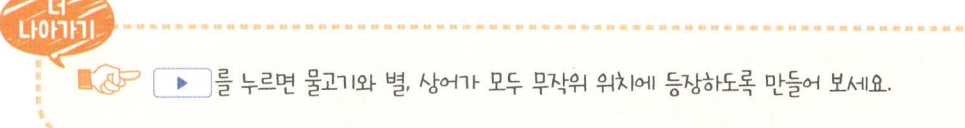

를 누르면 물고기와 별, 상어가 모두 무작위 위치에 등장하도록 만들어 보세요.

CHAPTER 9

게임 만들기

상어 피하기 게임 완성하기

학습목표

엔트리의 '장면', '글상자' 기능을 이용하여 장면이 여러 개인 게임 만들기

프로그래밍 개념 ▶ ★ 비교/논리연산 · 순차 · 반복 · 선택 · 이벤트 · 변수

새로 등장하는 엔트리 블록 ▶
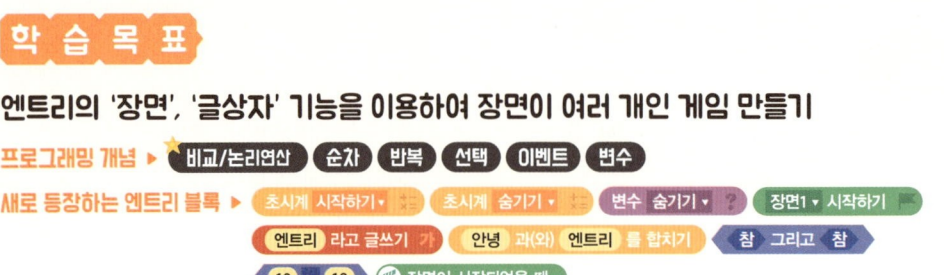

★ 표시는 이 장에서 새로 배우는 프로그래밍 개념을 의미합니다.

9.1 생각하기

▶ http://bit.ly/entrysong09 에 접속하여 작품을 실행해 보세요.

QR 코드를 찍어 보세요!

▶ 키보드 화살표 키로 물고기를 움직여 상어나 벽에 닿게 해 보세요.

▶ 물고기가 10초 동안 상어나 벽에 닿지 않도록 움직여 보세요.

9.2 생각다듬기

이 작품을 만드는 데 필요한 오브젝트를 나열하고, 각 오브젝트의 행동을 순서대로 생각해 보세요. 또한 이 작품에는 여러 장면이 등장합니다. 장면에 따라 새로 등장하는 오브젝트에 대해서도 정리를 해야겠죠? (빈칸에 어떤 내용이 들어갈지 생각해 보고, 괄호 안에 있는 두 가지 행동 중 어떤 행동이 맞을지 동그라미로 표시해 보세요.)

9.3 개념다지기

초시계 ✚ 계산

작품을 실행하면서 시간을 재고 싶을 때는 '초시계' 블록을 사용할 수 있습니다.

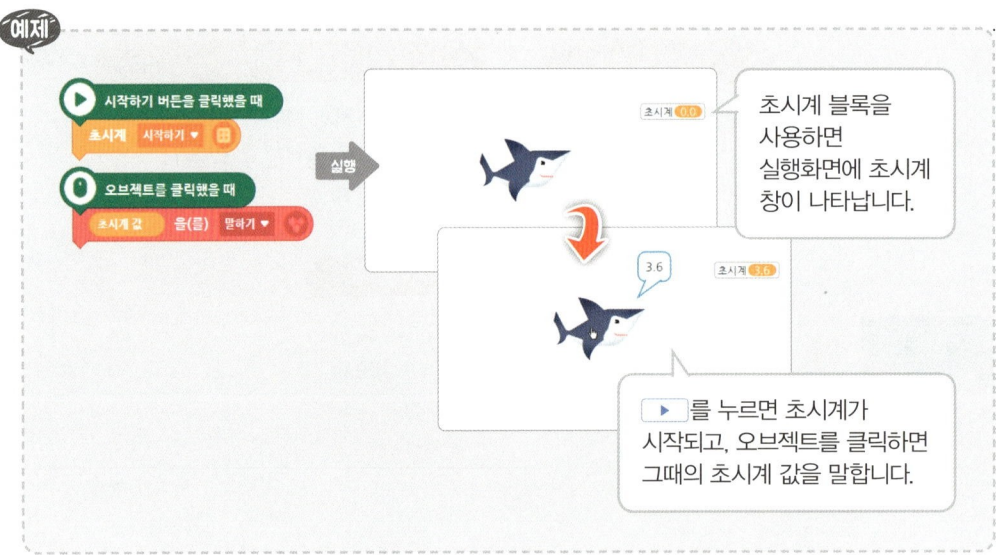

비교/논리연산 ✔ 판단

앞서 조건 블록에 대해서 배웠습니다. `만일 참 이라면` 조건 블록에는 `마우스를 클릭했는가?`, `q 키가 눌러져 있는가?` 같은 판단 조건이 들어갑니다. 만약 조건이 '참'이라면 그 조건 블록이 감싸고 있는 블록이 실행되었습니다. 이번에는 다양한 조건을 만드는 방법을 살펴보겠습니다. 첫째는 '비교연산' 블록입니다. **비교연산** 블록은 왼쪽과 오른쪽 값을 비교하여 참과 거짓을 나타내 줍니다. 둘째는 '논리연산' 블록입니다. **논리연산** 블록은 다른 판단 조건 블록들을 합쳐서 참과 거짓을 나타내 줍니다.

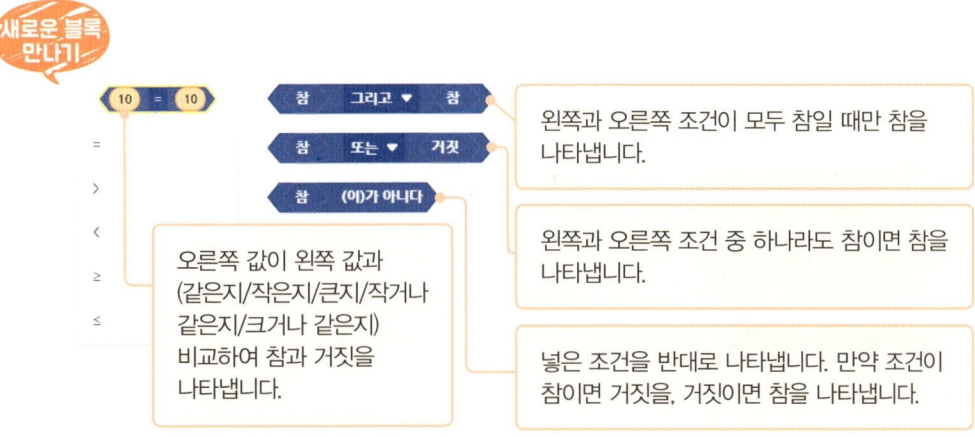

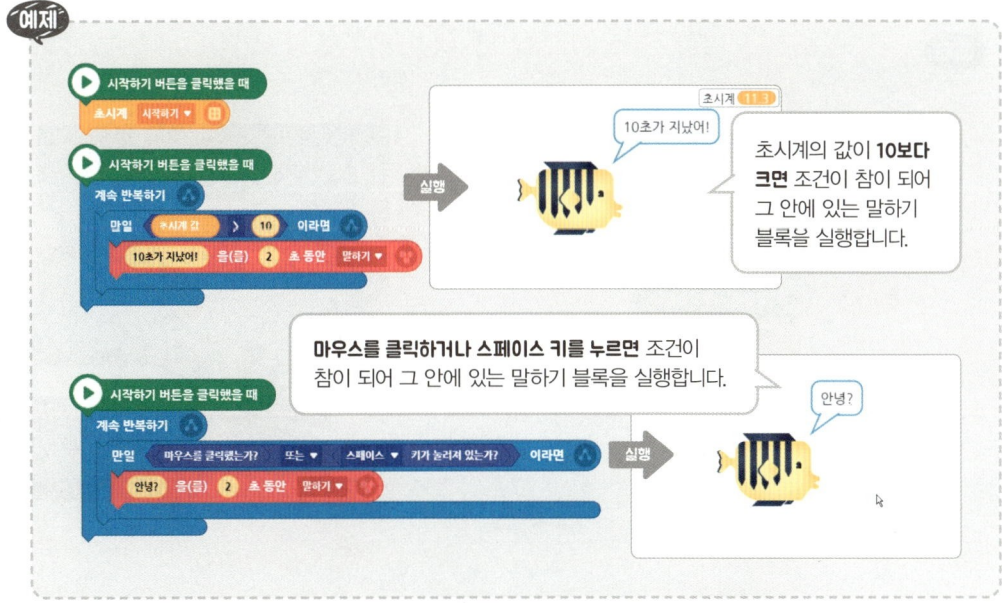

9.3 개념다지기

장면 🚩 시작

우리는 지금까지 하나의 장면만 만들어 사용했습니다. 엔트리에서는 장면을 여러 개로 만들 수 있고 장면끼리 연결할 수도 있습니다. 다음 그림과 같이, 장면마다 각각의 오브젝트와 코드를 가지고 있습니다. 이러한 장면 기능을 이용하면 긴 이야기나 단계가 많은 게임을 쉽게 만들 수 있습니다.

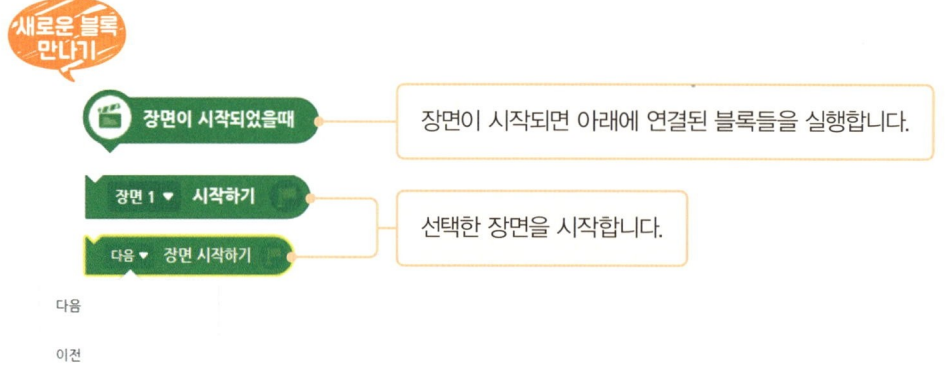

다음

이전

글상자 가 글상자

글상자는 글을 쓸 수 있는 오브젝트입니다. 글상자를 사용하면 다양한 이야기를 통해 좀 더 풍성한 작품을 만들 수 있습니다.

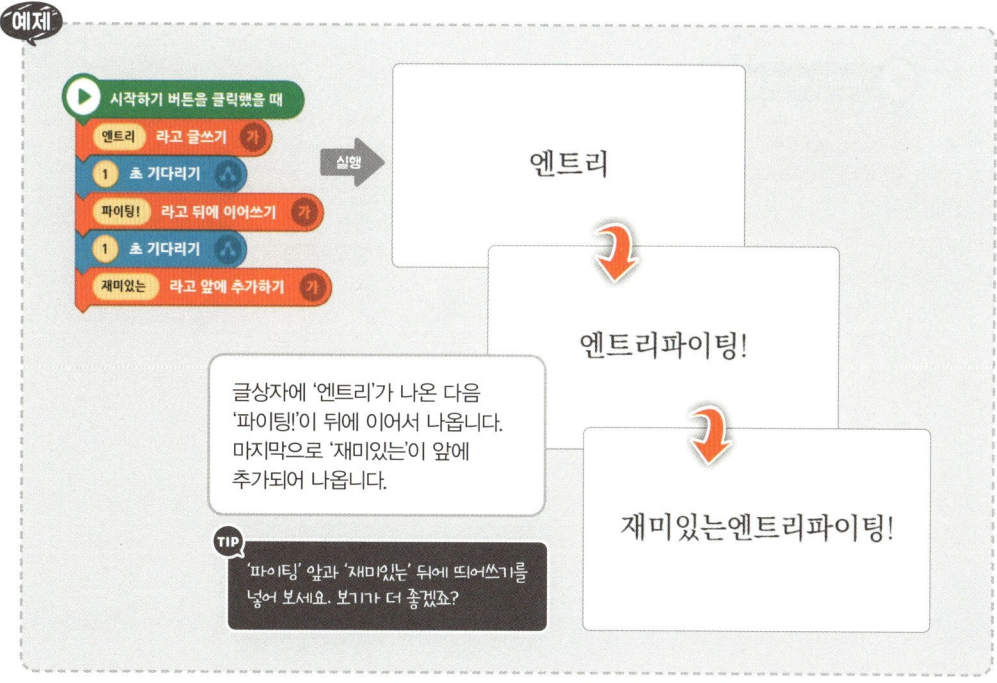

합치기

문자, 숫자 등 정보를 이어서 표현하려면 합치기 블록을 사용할 수 있습니다.

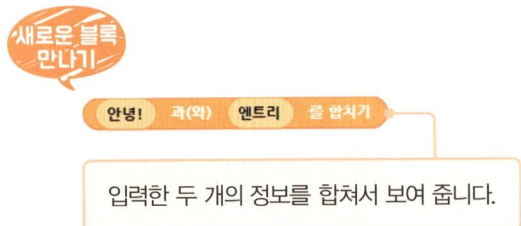

입력한 두 개의 정보를 합쳐서 보여 줍니다.

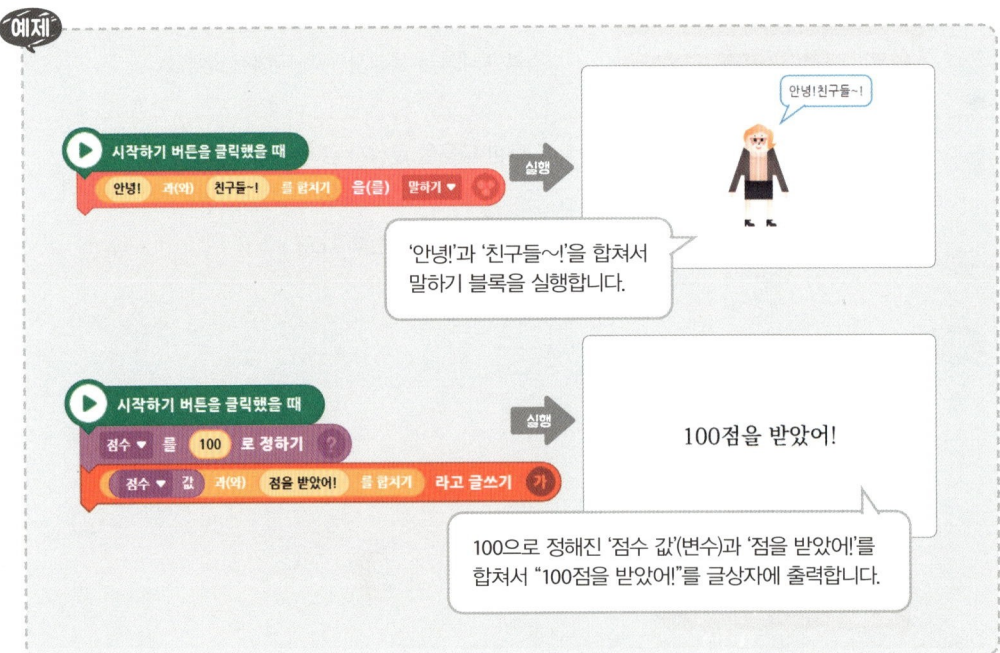

'안녕!'과 '친구들~!'을 합쳐서 말하기 블록을 실행합니다.

100으로 정해진 '점수 값'(변수)과 '점을 받았어'를 합쳐서 "100점을 받았어!"를 글상자에 출력합니다.

9.4 알고리즘 만들기

지금까지 배운 내용을 토대로 알고리즘을 만들어 보겠습니다. 여기서는 장면별로 오브젝트를 나누어 생각해야 합니다. 그리고 '블록 모음'에서 알맞은 블록을 골라 순서에 맞게 물음표를 채워 보세요. 참고로, 한 번 사용한 블록도 다시 사용할 수 있답니다. (정답은 115쪽 '검토하기'에 있습니다.)

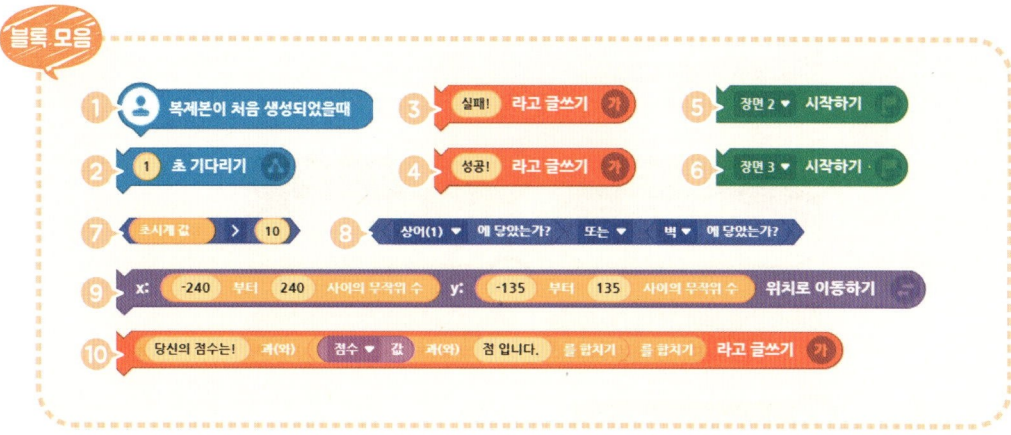

9.4 알고리즘 만들기

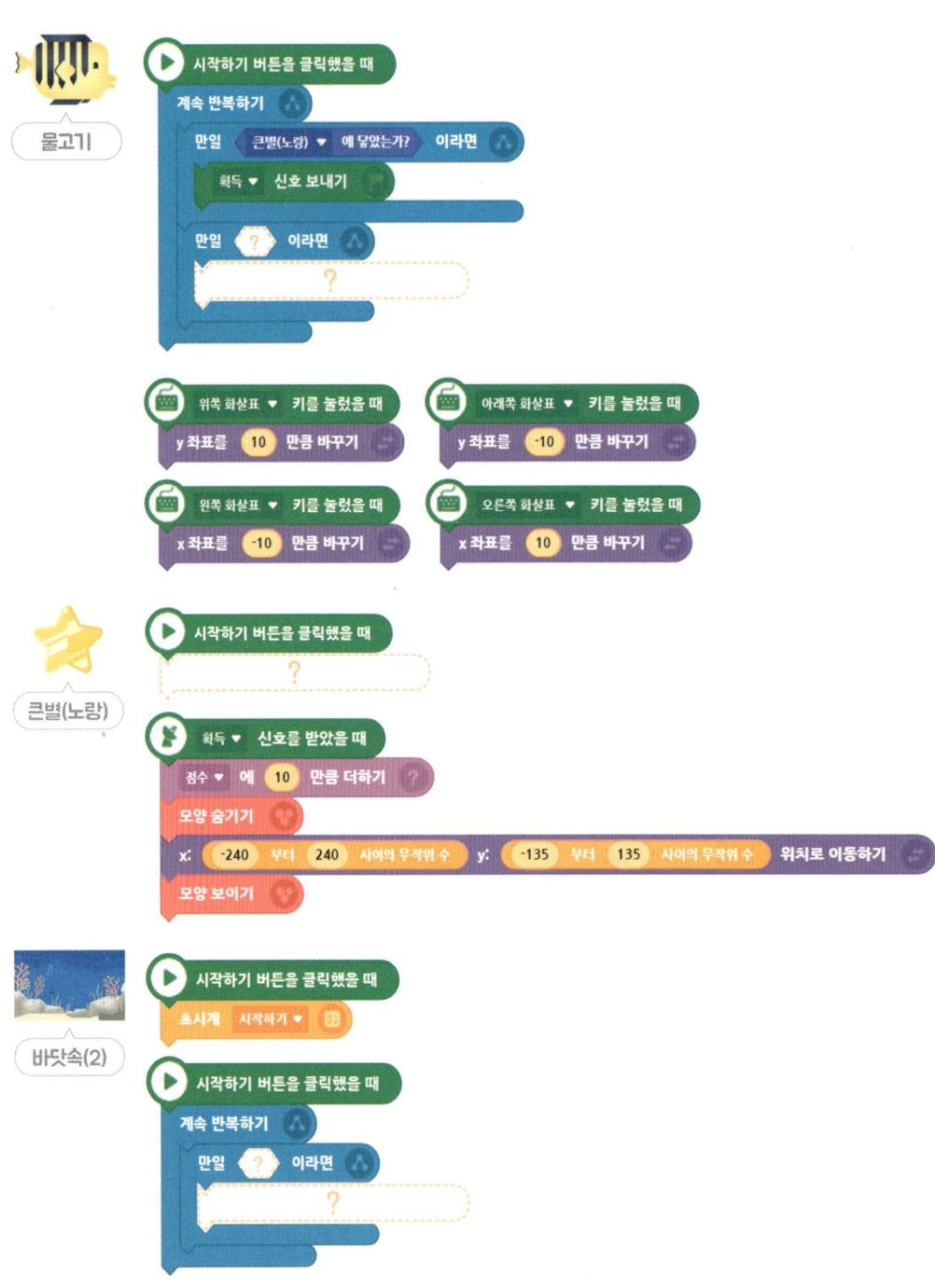

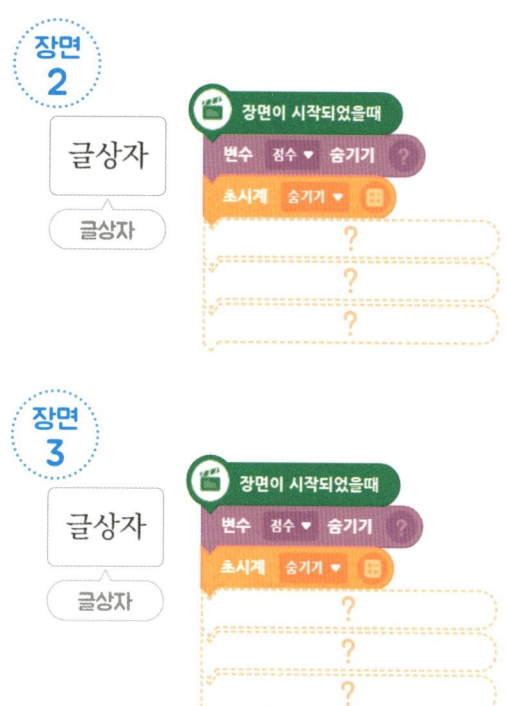

9.5 프로그래밍하기

자, 이제 실전입니다. 앞에서 만든 알고리즘을 토대로 '상어 피하기 게임'을 완성하는 프로그램을 만들어 볼까요?

> **프로그래밍 미리보기**
>
> **필요한 오브젝트** 상어(1), 물고기, 큰별(노랑), 바닷속(2), 글상자
>
> **STEP 1** 물고기가 별에 닿으면 점수를 올리고, 상어나 벽에 닿으면 장면 2로, 상어나 벽에 닿지 않고 10초를 버티면 장면 3으로 이동한다.
>
> **STEP 2** 물고기가 상어에 닿으면 '실패!'했다는 글과 함께 점수를 보여준다.
>
> **STEP 3** 물고기가 상어나 벽에 닿지 않고 10초를 버티면 '성공!'했다는 글과 함께 점수를 보여 준다.

STEP 1) 물고기가 별에 닿으면 점수를 올리고, 상어나 벽에 닿으면 장면 2로, 상어나 벽에 닿지 않고 10초를 버티면 장면 3으로 이동한다.

1 엔트리봇 오브젝트를 삭제하고 **큰별(노랑), 물고기, 상어(1), 바닷속(2)** 오브젝트를 추가한 후, 다음 그림처럼 보이도록 오브젝트의 위치와 크기를 조정해 보세요.

> **TIP** 상어가 너무 크면 물고기가 상어를 피하기 너무 어렵겠죠?

2 상어가 물고기를 향해 달려가는 부분은 7, 8장에서 이미 다루었습니다. 실행화면에서 **상어(1)**을 클릭한 후 다음과 같이 코드를 만듭니다.

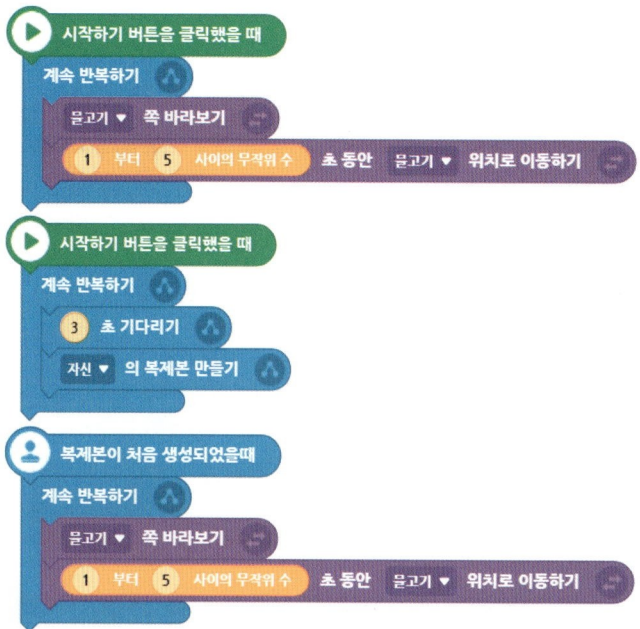

3 키보드 화살표로 물고기를 움직이는 것과 물고기가 별에 닿으면 획득 신호를 보내는 내용도 앞에서 다뤘습니다. 실행화면에서 **물고기**를 클릭하고 다음과 같이 코드를 만들어 보세요.

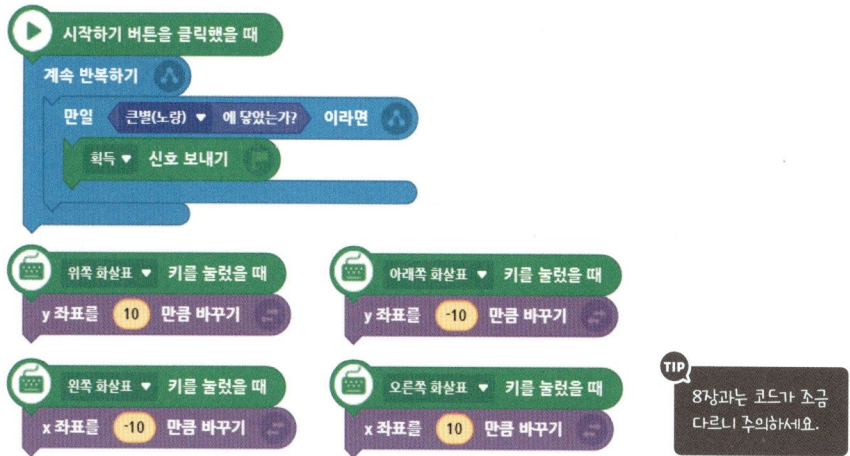

TIP 8장과는 코드가 조금 다르니 주의하세요.

9.5 프로그래밍하기

4 이제 큰별(노랑) 오브젝트를 눌러 보세요. 게임이 시작되면 별이 무작위 위치로 이동하도록 만들 거예요. 무작위 위치, 기억나죠? (생각이 안 나면 93쪽을 참고하세요.) 실행화면 안에서 별이 무작위로 나타나도록 다음과 같이 블록을 연결해 보세요.

5 그리고 8장에서 배운 것처럼 획득 신호를 받으면 점수를 10점 올린 다음, 모양을 숨겼다가 다시 무작위 위치에 나타나도록 해 보세요.

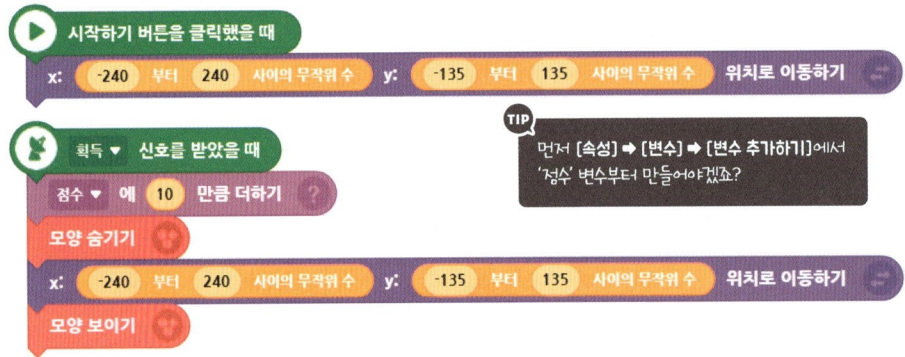

TIP
먼저 [속성] ➡ [변수] ➡ [변수 추가하기]에서 '점수' 변수부터 만들어야겠죠?

6 이제 **물고기**가 상어에 닿으면 '장면 2'로 넘어가게 해 볼까요? 먼저, 장면 추가하기(+)를 눌러 새로운 장면을 만듭니다.

7 물고기가 상어에 닿으면 '장면 2'로 이동하는 것은 **3** 에서 별에 닿으면 획득 신호를 보내는 것과 비슷한 내용입니다. 장면 1에서 물고기를 선택한 후, 만일 참 이라면 블록과 시작 의 장면 1▼ 시작하기 블록을 사용하여 다음과 같이 **3** 의 코드에 이어서 블록을 연결하면 되겠죠?

8 이번에는 물고기가 '벽'에 닿았을 때 '장면 2'로 넘어가게 해 보세요. **5** 의 과정과 동일한 방법으로 만들 수 있습니다.

9.5 프로그래밍하기

9 그런데 **7**, **8** 에서는 비슷한 작업을 반복하고 있습니다. 이럴 때는 <참 또는▼ 참> 블록을 사용하면 동일한 블록을 반복해서 만들지 않아도 됩니다. 이 블록에 <상어(1)▼ 에 닿았는가?> 블록과 <벽▼ 에 닿았는가?> 블록을 연결하여 새로운 조건 블록을 만들어 보세요.

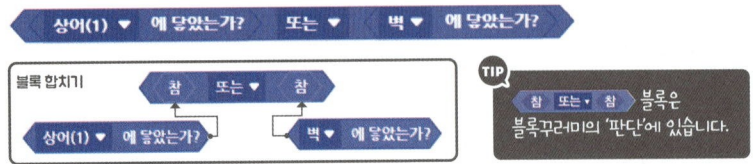

TIP <참 또는▼ 참> 블록은 블록꾸러미의 '판단'에 있습니다.

10 **9** 에서 만든 블록을 이용하여 **8** 의 블록을 다음과 같이 바꿔 보세요.
8 과 마찬가지로, 물고기가 상어나 벽에 닿으면 장면 2로 넘어갑니다.
▶ 를 눌러 올바르게 작동되는지 확인해 보세요!

```
시작하기 버튼을 클릭했을 때
계속 반복하기
    만일 큰별(노랑)▼ 에 닿았는가? 이라면
        획득 신호 보내기
    만일 상어(1)▼ 에 닿았는가? 또는▼ 벽▼ 에 닿았는가? 이라면
        장면 2▼ 시작하기
```

11 다음은 **바닷속(2)** 오브젝트 차례입니다. 게임을 시작하고 10초가 지나면 장면이 바뀌도록 해 볼까요? 우선, 초를 세려면 초시계가 필요하겠죠? 초시계는 계산 에 있습니다. 다음과 같이 코드를 만들면 실행화면에 초시계가 나타납니다.

TIP 실행화면에서 초시계를 클릭한 채 끌어 옮기면 위치를 옮길 수 있어요!

12 먼저, 10초가 지나면 바뀔 장면을 만들어야겠죠? 장면 추가하기(＋)를 눌러 '장면 3'을 만듭니다.

13 다시 장면 1로 돌아와 **바닷속(2)** 오브젝트를 선택합니다. 여기서는 10초가 지났는지 판단해 줄 조건을 만들 겁니다. 계산 의 초시계 값 블록과 판단 의 10 > 10 블록을 이용하면 이 조건을 만들 수 있습니다. 다음과 같이 블록을 만들어 볼까요?

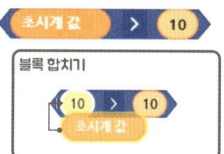

14 이제 10초가 지나면 장면 3이 시작되도록 블록을 연결해 보세요. 13에서 만든 조건과 만일 참 이라면 블록, 장면 1 ▼ 시작하기 블록을 사용하면 되겠죠?

CHAPTER 9 상어 피하기 게임 완성하기 **111**

STEP 2 물고기가 상어에 닿으면 '실패!'했다는 글과 함께 점수를 보여 준다.

15 이제 **장면 2**를 다룰 차례입니다. 물고기가 상어나 벽에 닿으면 장면 2로 넘어가도록 했었죠? 그러므로 장면 2가 시작되면 '실패'했다는 글과 함께 지금까지 얻은 점수를 보여 줄 겁니다. 우선, 장면 탭에서 '장면 2'를 선택합니다.

16 '실패'라는 글을 보여 주려면 **글상자**를 사용하면 됩니다. ＋ 를 클릭하고 **[글상자]**를 클릭합니다. 우선은 아무것도 쓰지 말고 **[적용하기]**를 클릭해 볼까요? 실행화면에 글상자가 나타났죠?

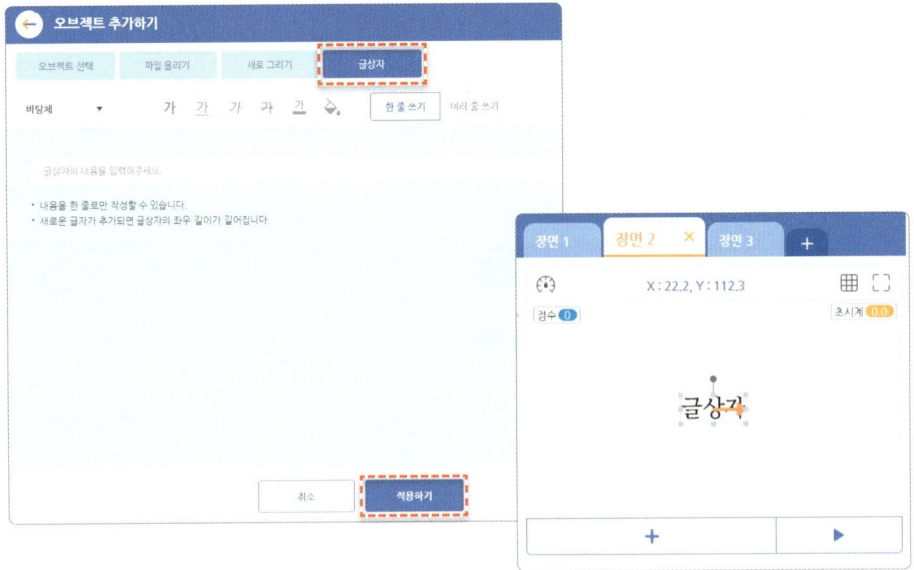

17 그런데 장면 2의 실행화면에 점수와 초시계가 남아 있습니다. 이들을 안 보이게 하려면 오른쪽과 같이 블록을 조립합니다.

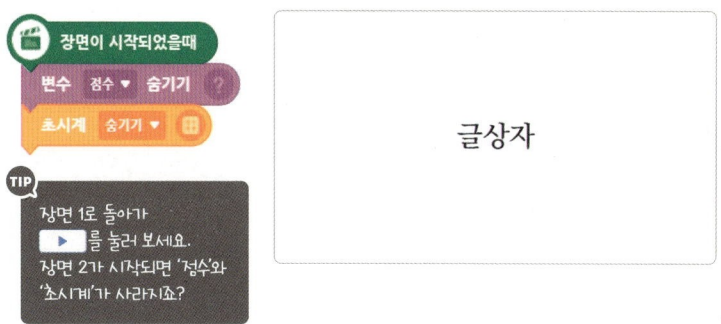

TIP
장면 1로 돌아가
▶를 눌러 보세요.
장면 2가 시작되면 '점수'와 '초시계'가 사라지죠?

18 이제 장면 2가 시작되면 '실패!'라고 나오게 해 볼까요?  에서 엔트리 라고 글쓰기 가 블록을 가져와 17 에서 만든 블록 뒤에 조립해 보세요. '엔트리'를 '실패!'로 고쳐 쓰면 되겠죠?

19 게임에는 실패했더라도 지금까지 얻은 점수는 알고 싶을 겁니다. '실패!' 글상자가 나오고 1초 뒤에 점수를 보여 주도록 글상자를 꾸며 보겠습니다. 점수는 ? 자료 에서 점수▼ 값 블록으로 나타낼 수 있습니다. 다음과 같이 엔트리 라고 글쓰기 가 블록에 점수▼ 값 블록을 끼워 넣어 보세요. 그리고 18 에서 만든 블록 뒤에 이 블록을 조립해 보세요. 1초 뒤에 점수가 나타나나요?

9.5 프로그래밍하기

20 그런데 큰 화면에 점수(숫자)만 나오니까 심심합니다. 앞뒤로 꾸미는 말을 넣어 볼까요? "당신의 점수는 00점 입니다."라고 써 보겠습니다. 그러려면 합치기 블록이 필요합니다. `안녕 과(와) 엔트리 를 합치기` 블록과 `엔트리 라고 글쓰기 가` 블록을 사용해 다음과 같이 조립해 보세요.

> **TIP** '당신의 점수는/점수 값/점 입니다!'로 세 번 나누어져 있으므로 합치기 블록이 두 번 필요합니다.

STEP 3 ▶ 물고기가 상어나 벽에 닿지 않고 10초를 버티면 '성공!'했다는 글과 함께 점수를 보여 준다.

21 이제 **장면 3**을 꾸며 보겠습니다. 장면 3은 장면 2와 비슷합니다. 물고기가 10초 동안 벽이나 상어에 부딪히지 않고 버티면 '성공!'을 보여 주고, 마찬가지로 1초 뒤에 점수를 보여 주겠습니다. 글상자 오브젝트를 추가하고, 다음과 같이 블록을 조립합니다.

> **TIP** 20의 코드와 아주 비슷하죠? 장면 2의 코드를 복사하여 붙여넣은 다음, '실패!'를 '성공!'으로 고치기만 하면 됩니다. 장면 3에 글상자 오브젝트를 추가하지 않으면 붙여넣기가 안 되므로 주의하세요!

9.6 검토하기

완성된 코드를 검토해 볼까요? http://bit.ly/entrysong09c 에 접속하면 전체 코드를 볼 수 있습니다. 놓친 부분은 없는지 천천히 살펴보세요.

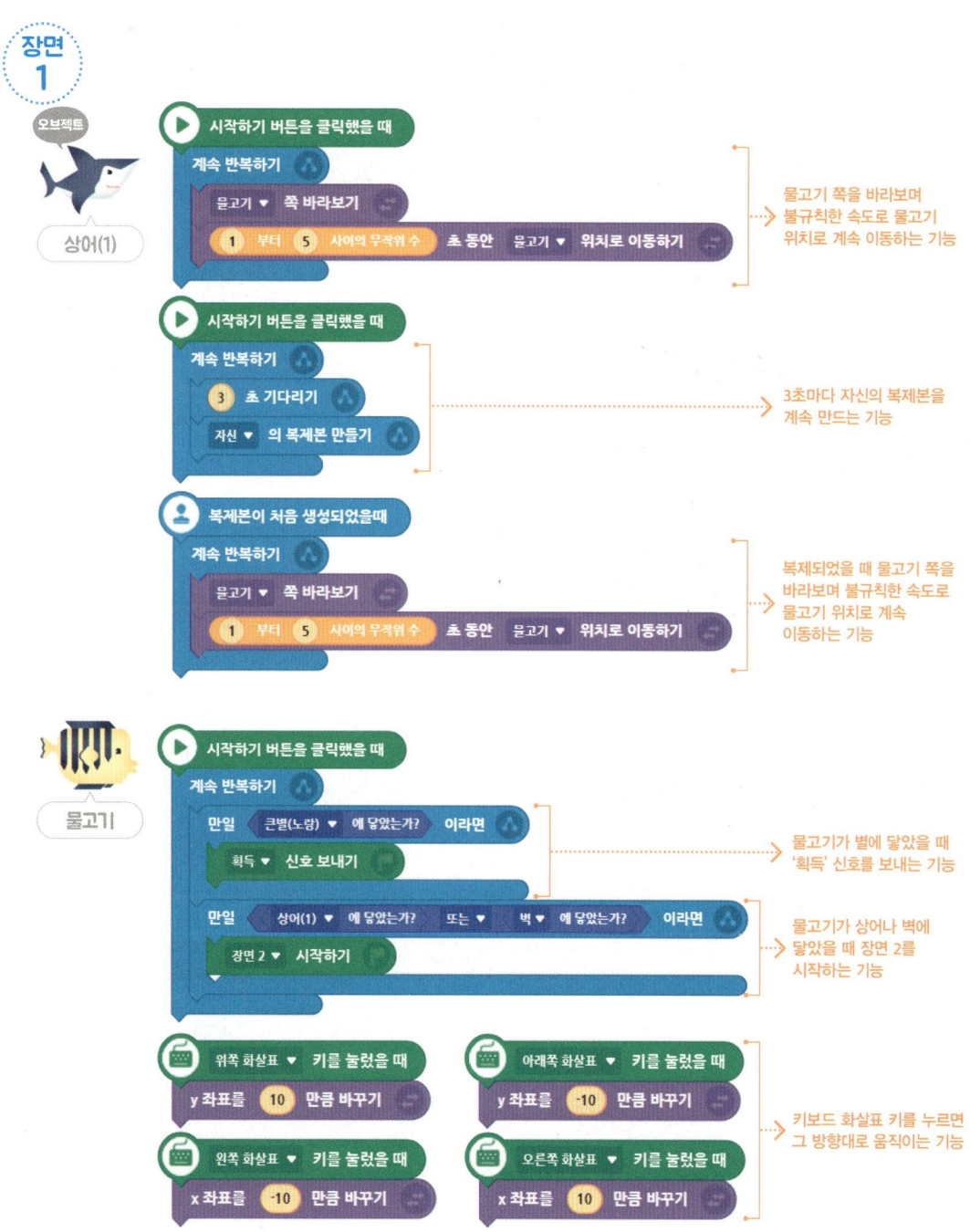

9.6 검토하기

큰별(노랑)

- 시작하기 버튼을 클릭했을 때
  - x: -240 부터 240 사이의 무작위 수 y: -135 부터 135 사이의 무작위 수 위치로 이동하기
  → 시작하기를 누르면 별이 무작위 위치로 이동하는 기능

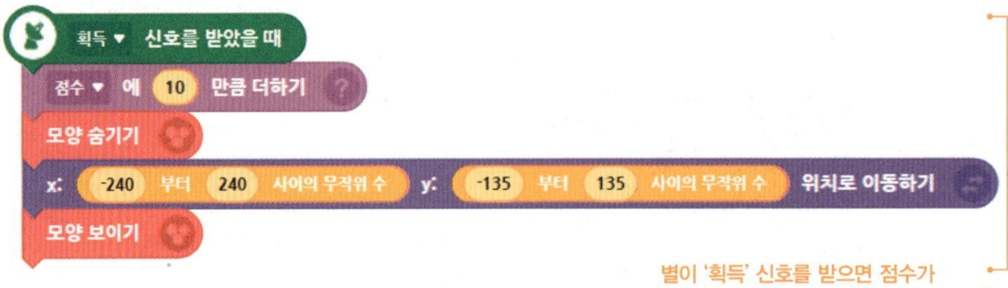

- 획득 ▼ 신호를 받았을 때
  - 점수 ▼ 에 10 만큼 더하기
  - 모양 숨기기
  - x: -240 부터 240 사이의 무작위 수 y: -135 부터 135 사이의 무작위 수 위치로 이동하기
  - 모양 보이기
  → 별이 '획득' 신호를 받으면 점수가 올라가고, 모양을 숨겼다가 무작위 위치로 이동하여 다시 보이게 하는 기능

바닷속(2)

- 시작하기 버튼을 클릭했을 때
  - 초시계 시작하기 ▼
  → 시작하기를 누르면 초시계를 시작하는 부분

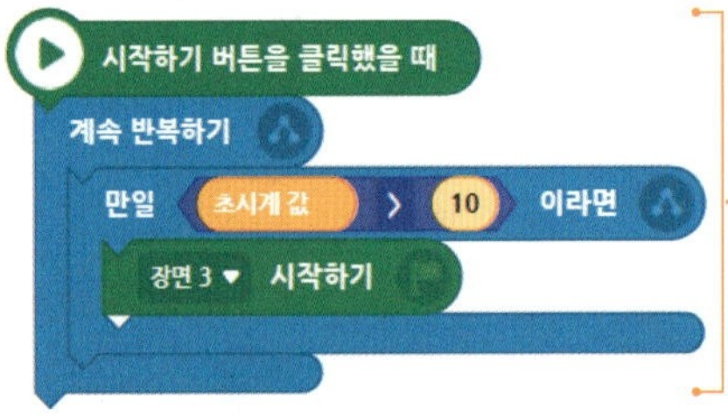

- 시작하기 버튼을 클릭했을 때
  - 계속 반복하기
    - 만일 초시계 값 > 10 이라면
      - 장면 3 ▼ 시작하기
  → 초시계 값이 10이 넘으면 장면 3을 시작하는 부분

장면 2

글상자

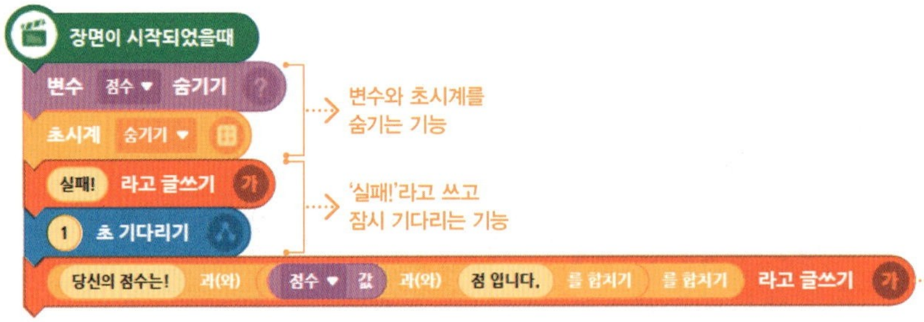

- 장면이 시작되었을때
  - 변수 점수 ▼ 숨기기
  - 초시계 숨기기 ▼
  → 변수와 초시계를 숨기는 기능
  - 실패! 라고 글쓰기
  - 1 초 기다리기
  → '실패!'라고 쓰고 잠시 기다리는 기능
  - 당신의 점수는! 과(와) 점수 ▼ 값 과(와) 점 입니다. 를 합치기 를 합치기 라고 글쓰기
  → 변수를 이용해서 자신의 점수를 보여 주는 기능

116 CHAPTER 9 상어 피하기 게임 완성하기

9.6 검토하기

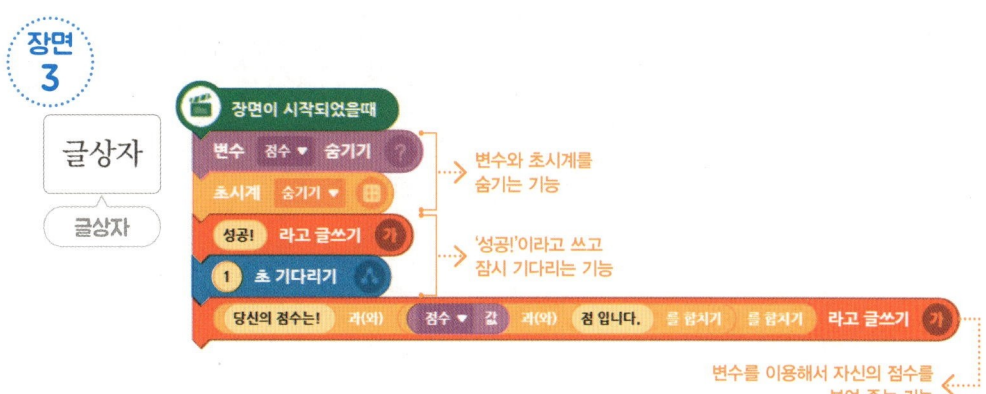

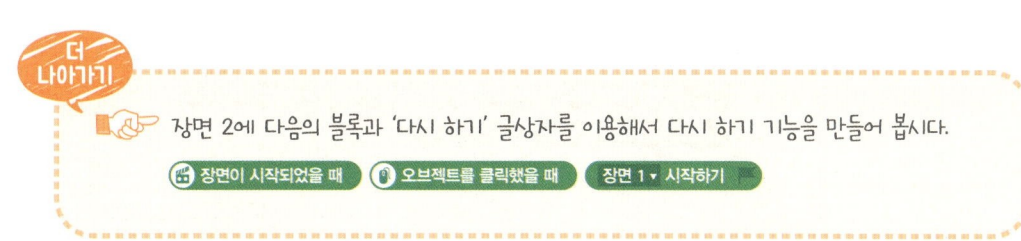

장면 2에 다음의 블록과 '다시 하기' 글상자를 이용해서 다시 하기 기능을 만들어 봅시다.

CHAPTER 9 상어 피하기 게임 완성하기

CHAPTER 10

응용 프로그램 만들기
선물 추첨 프로그램

학습목표

리스트를 사용하여 생일 선물을 추첨하는 응용 프로그램 만들기

프로그래밍 개념 ▶ ★ 리스트) 순차) 반복) 이벤트

새로 등장하는 엔트리 블록 ▶ 안녕! 을(를) 묻고 대답 기다리기 ?) (10 항목을 발표자▼ 에 추가하기)
오브젝트를 클릭했을 때) (누가▼ 의 1 번째 항목)

★ 표시는 이 장에서 새로 배우는 프로그래밍 개념을 의미합니다.

10.1 생각하기

 ▶ http://bit.ly/entrysong10 에 접속하여 작품을 실행해 보세요.

QR 코드를 찍어 보세요!

▶ 선물 개수(숫자)와 선물을 입력해 보세요.

▶ 남자아이를 마우스로 클릭해 보세요. 무슨 일이 일어나나요?

10.2 생각다듬기

이 작품을 만드는 데 필요한 오브젝트를 나열하고, 각 오브젝트의 행동을 순서대로 생각해 보세요. (빈칸에 어떤 내용이 들어갈지 생각해 보고, 괄호 안에 있는 두 가지 행동 중 어떤 행동이 맞을지 동그라미로 표시해 보세요.)

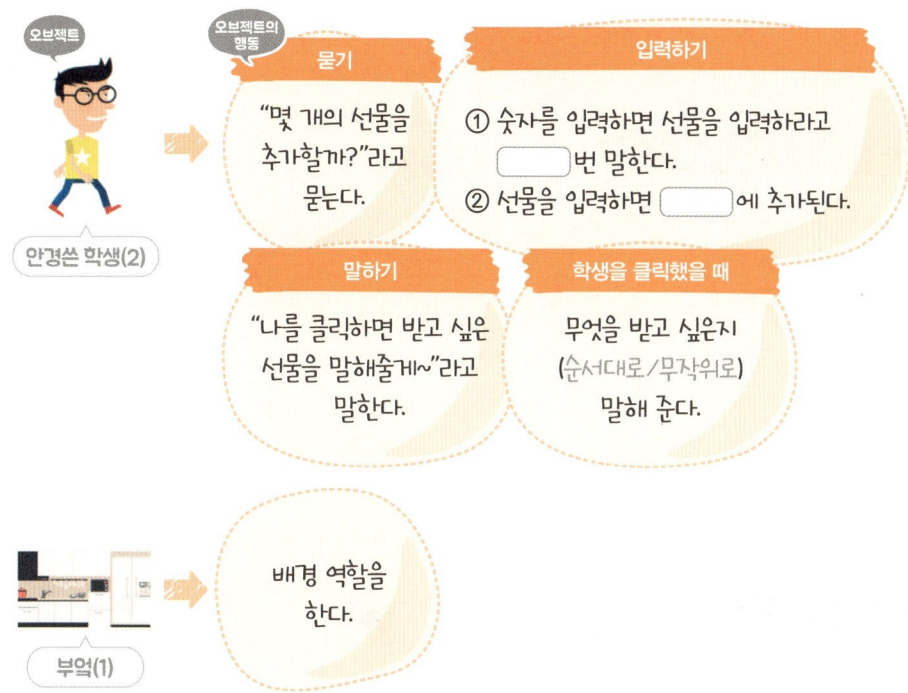

10.3 개념다지기

묻고 대답 기다리기 ? 자료

작품에서 사용자의 입력을 받고 싶을 때 '묻고 대답 기다리기' 블록을 사용할 수 있습니다. 이 블록을 사용하면 말풍선과 입력 창이 나타나며, '대답'에 사용자가 입력한 값이 저장됩니다.

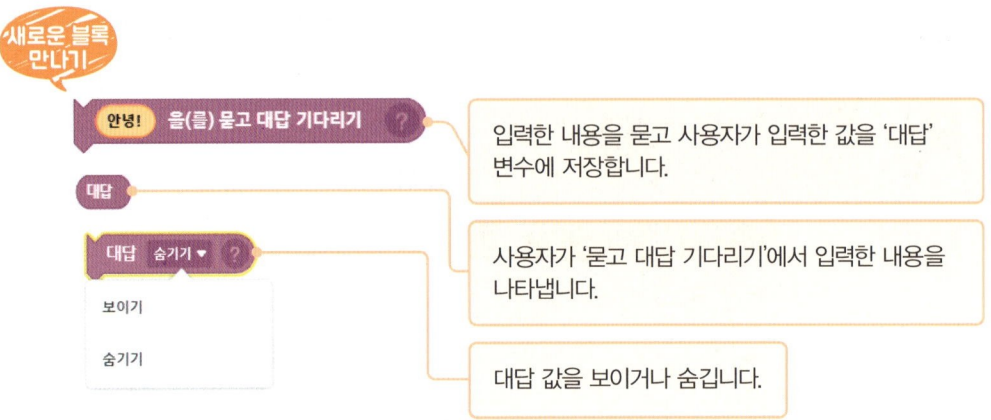

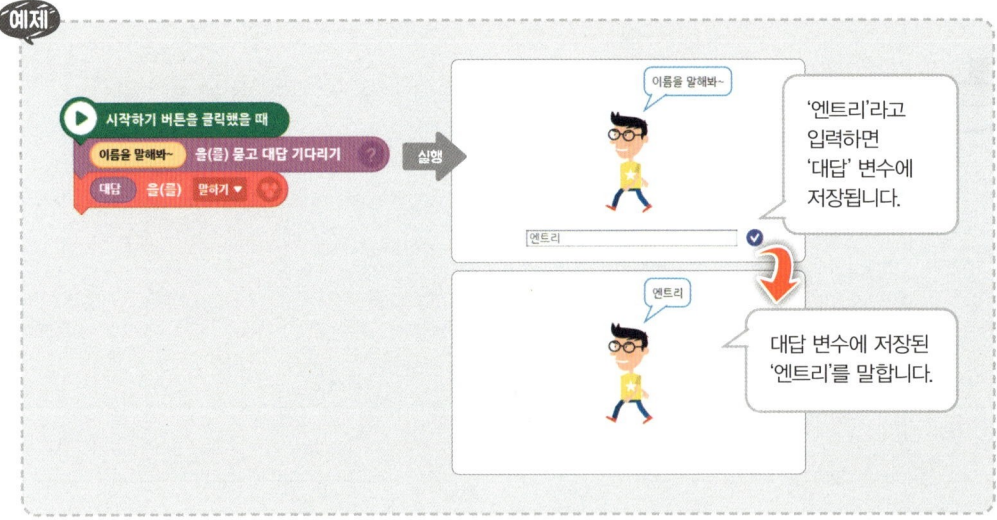

120 CHAPTER 10 선물 추첨 프로그램

리스트 ? 자료

앞에서 정보를 저장하고 사용하기 위해서 변수를 만들었습니다. 만약에 300명의 평균 나이를 구하는 프로그램을 만들어야 한다면 300개의 변수를 만들어야 합니다. 더구나 300개의 변수에 하나씩 값을 저장하려면 시간이 많이 걸립니다. 이럴 때 사용하는 것이 바로 '리스트'입니다. 리스트는 같은 종류의 자료를 모아 놓은 것을 말합니다. 리스트는 하나의 이름 안에 여러 정보를 항목의 번호로 나타냅니다. 리스트를 하나 만들면 그 아래에 여러 정보를 저장하고 사용할 수 있어 많은 양의 정보를 다룰 때 효과적입니다.

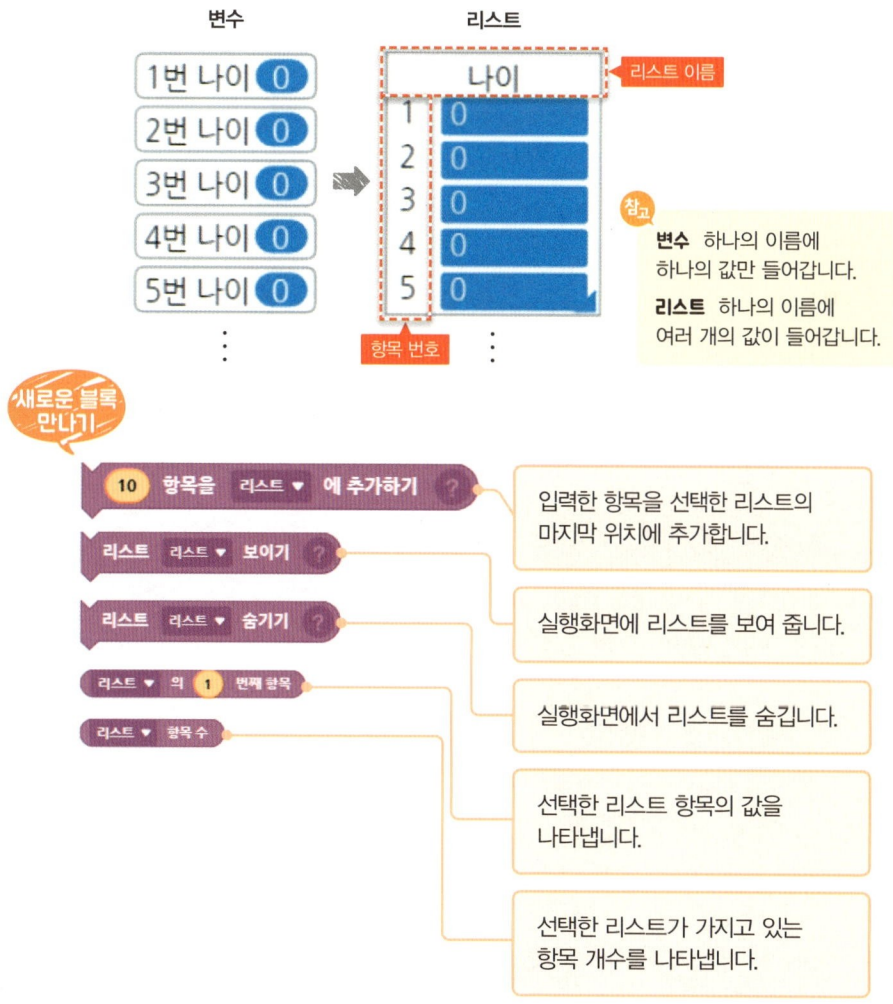

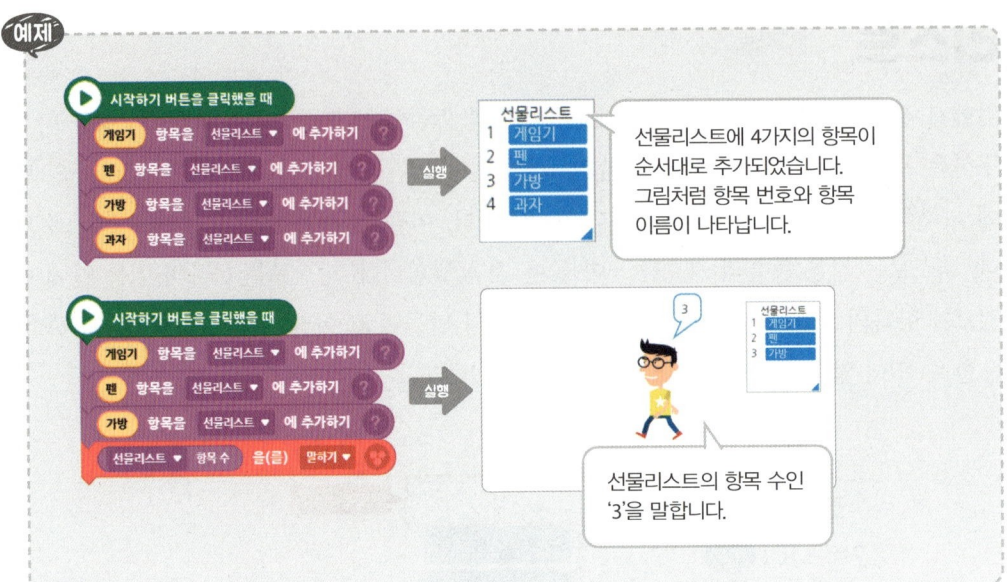

10.4 알고리즘 만들기

지금까지 배운 내용을 토대로 알고리즘을 만들어 보겠습니다. 오브젝트의 행동을 순서대로 생각해 보면서 '블록 모음'에서 알맞은 블록을 골라 순서에 맞게 물음표를 채워 보세요.
(정답은 128쪽 '검토하기'에 있습니다.)

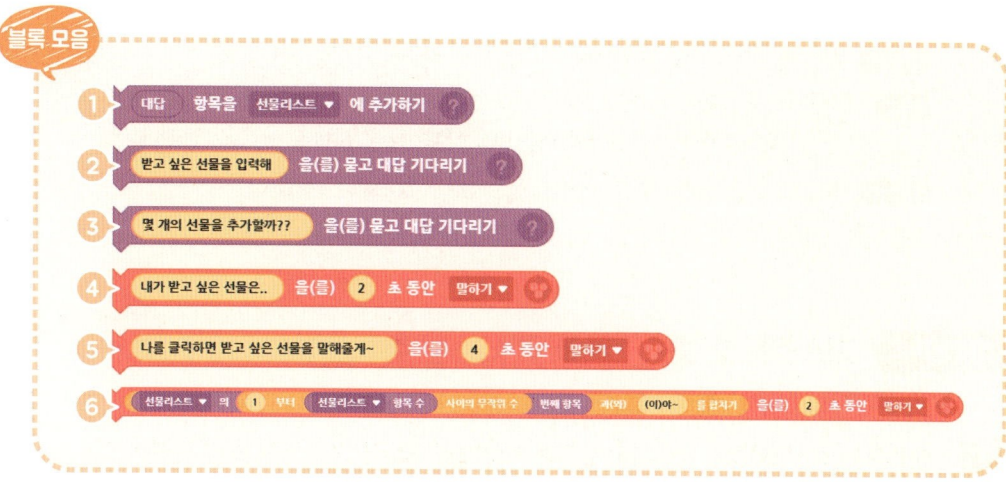

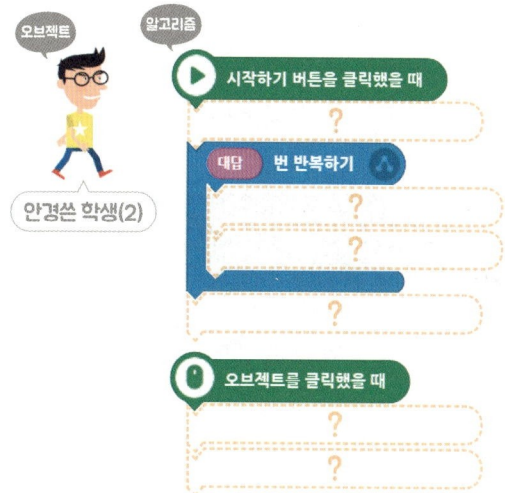

CHAPTER 10 선물 추첨 프로그램 123

10.5 프로그래밍하기

자, 이제 실전입니다. 앞에서 만든 알고리즘을 토대로 '선물 추첨 프로그램'을 완성해 볼까요?

> **프로그래밍 미리보기**
>
> **필요한 오브젝트** 안경쓴 학생(2), 부엌
>
> **STEP 1** 리스트를 만들고 "몇 개의 선물을 추가할까??"라고 묻는다.
>
> **STEP 2** 선물 개수를 입력하면 "받고 싶은 선물을 입력해"라고 말하고, 선물이 모두 추가되면 "나를 클릭하면 받고 싶은 선물을 말해 줄게~"라고 말한다.
>
> **STEP 3** 오브젝트를 클릭하면 사용자가 받고 싶은 선물을 무작위로 말한다.

STEP 1 리스트를 만들고 "몇 개의 선물을 추가할까??"라고 묻는다.

1 엔트리봇 오브젝트를 삭제하고 **안경쓴 학생(2), 부엌(1)** 오브젝트를 추가한 다음, 오브젝트의 위치와 크기를 다음과 같이 만듭니다.

> **TIP** 안경쓴 학생(2)은 '사람'에, 부엌은 '배경-실내'에 있습니다.

2 사용자가 입력할 선물을 저장하기 위해 '리스트'를 만들어 볼까요? 리스트는 신호와 변수처럼 [속성]에 있습니다. [속성] ➡ [리스트] ➡ [리스트 추가하기]를 차례대로 클릭하고, 리스트 이름을 '선물리스트'로 정한 후 [확인]을 누릅니다. 리스트가 만들어지면 실행화면 오른쪽에 선물리스트 창이 나타납니다. 창을 마우스로 끌어서 다음과 같이 옮겨 보세요.

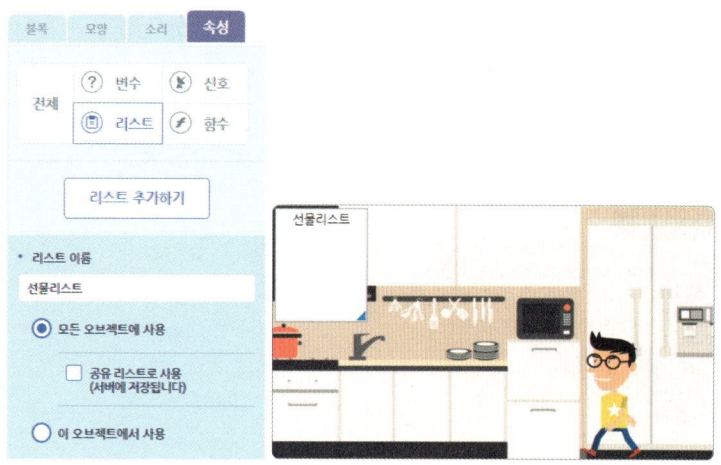

3 이제 몇 개의 선물을 추가할지 묻도록 코드를 만들어 볼까요? 앞에서 '말하기' 블록을 사용한 것과는 달리, '질문'을 할 때는  블록을 사용합니다. **안경쓴 학생(2)** 오브젝트를 클릭하고 다음과 같이 코드를 만들어 보세요.

STEP 2 선물 개수를 입력하면 "받고 싶은 선물을 입력해"라고 말하고, 선물이 모두 추가되면 "나를 클릭하면 받고 싶은 선물을 말해 줄게~"라고 말한다.

4 사용자가 받고 싶은 선물 개수를 입력하면 `대답`에 그 값이 저장됩니다. 그럼 어떤 선물을 받고 싶은지 대답에 저장된 횟수만큼 묻도록 해 볼까요?

`10 번 반복하기` 블록에 숫자 대신 `대답` 블록을 넣으면 됩니다. 다음과 같이 **3**에서 만든 블록에 이어 조립해 보세요.

10.5 프로그래밍하기

5 그리고 사용자가 입력한 선물들을 리스트에 저장(추가)해야겠죠?

`10 항목을 선물리스트▼ 에 추가하기` 블록의 '10' 대신 `대답` 을 넣어 다음과 같이 코드를 만들어 보세요.

```
시작하기 버튼을 클릭했을 때
  몇 개의 선물을 추가할까?? 을(를) 묻고 대답 기다리기
  대답 번 반복하기
    받고 싶은 선물을 입력해 을(를) 묻고 대답 기다리기
    대답 항목을 선물리스트▼ 에 추가하기
```

6 선물을 모두 입력하면 "나를 클릭하면 받고 싶은 선물을 말해 줄게~"라고 말하도록 해 볼까요? 이때는 `안녕! 을(를) 4 초 동안 말하기▼` 블록을 사용하면 됩니다. 다음과 같이 블록을 연결해 보세요.

```
시작하기 버튼을 클릭했을 때
  몇 개의 선물을 추가할까?? 을(를) 묻고 대답 기다리기
  대답 번 반복하기
    받고 싶은 선물을 입력해 을(를) 묻고 대답 기다리기
    대답 항목을 선물리스트▼ 에 추가하기
  나를 클릭하면 받고 싶은 선물을 말해줄게~ 을(를) 4 초 동안 말하기▼
```

STEP 3 오브젝트를 클릭하면 사용자가 받고 싶은 선물을 무작위로 말한다.

7 오브젝트를 클릭했을 때 특정 행동을 하게 하려면 `오브젝트를 클릭했을 때` 블록을 사용합니다. 여기서는 "내가 받고 싶은 선물은.."이라고 말한 다음, 선물리스트에서 무작위로 선물을 말하도록 하려고 합니다. 우선, 다음과 같이 블록을 작성해 볼까요?

```
오브젝트를 클릭했을 때
  내가 받고 싶은 선물은.. 을(를) 2 초 동안 말하기▼
```

8 선물리스트의 항목 중에서 무작위로 선물을 선택하려면 어떻게 해야 할까요?
선물리스트의 항목 중에서 선물을 골라야 하므로 `선물리스트▼의 1 번째 항목` 블록이
필요합니다. 그리고 이제는 익숙한 `0 부터 10 사이의 무작위 수` 블록이 필요하겠죠? 그러면
'0'과 '10'에는 어떤 블록을 넣어야 할까요? 선물리스트의 첫 번째부터 마지막까지가
되도록 하려면 '0'은 '1'로 바꾸고, '10'은 `선물리스트▼ 항목 수` 블록으로 바꾸면 됩니다.
다음과 같이 블록을 만들어 보세요.

9 이제 무작위 항목을 말하도록 해 보세요. 문장을 "내가 받고 싶은 선물은.."으로
시작했으니, 선물 이름 뒤에 "(이)야~"를 넣으면 어떨까요? 8 에서 만든 블록과
`안녕 과(와) 엔트리 를 합치기` 블록을 사용하여 다음과 같이 블록을 만들어 보세요.

10 ▶를 눌러 원하는 선물 개수와 선물 이름을 입력해 보세요.
작품이 잘 동작하나요?

10.6 검토하기

완성된 코드를 검토해 볼까요? http://bit.ly/entrysong10c에 접속하면 전체 코드를 볼 수 있습니다. 놓친 부분은 없는지 천천히 살펴보세요.

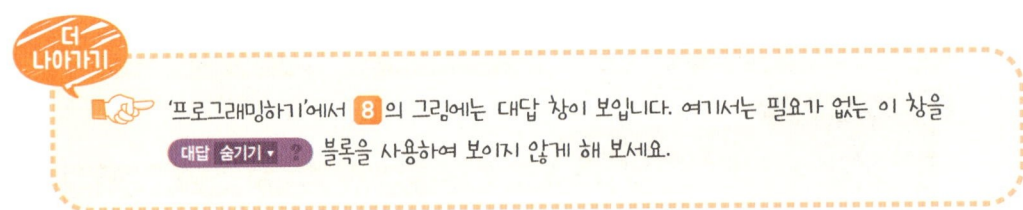

'프로그래밍하기'에서 8의 그림에는 대답 창이 보입니다. 여기서는 필요가 없는 이 창을 `대답 숨기기` 블록을 사용하여 보이지 않게 해 보세요.

CHAPTER 11
응용 프로그램 만들기
발표자 추첨 프로그램

학습목표

리스트를 사용하여 발표자를 뽑는 응용 프로그램 만들기

프로그래밍 개념 ▶ 순차 반복 이벤트 변수 리스트

새로 등장하는 엔트리 블록 ▶ 1 번째 항목을 발표자▼ 에서 삭제하기   변수▼ 를 10 로 정하기

11.1 생각하기

▶ http://bit.ly/entrysong11 에 접속하여 작품을 실행해 보세요.

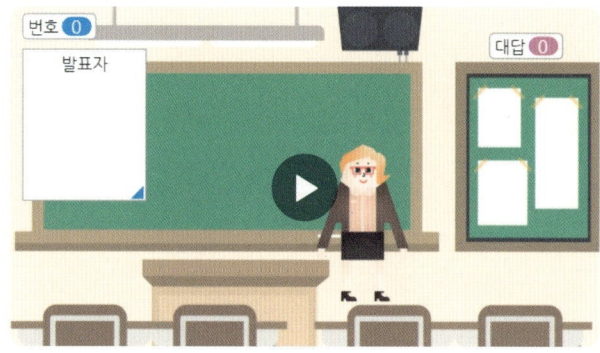

QR 코드를 찍어 보세요!

▶ 빈칸에 학생 수와 학생의 이름을 자유롭게 입력해 보세요.

▶ 그리고 선생님을 마우스로 클릭해 보세요. 무슨 일이 일어나나요?

11.2 생각다듬기

이 작품을 만드는 데 필요한 오브젝트를 나열하고, 각 오브젝트의 행동을 순서대로 생각해 보세요. (빈칸에 어떤 내용이 들어갈지 생각해 보고, 괄호 안에 있는 두 가지 행동 중 어떤 행동이 맞을지 동그라미로 표시해 보세요.)

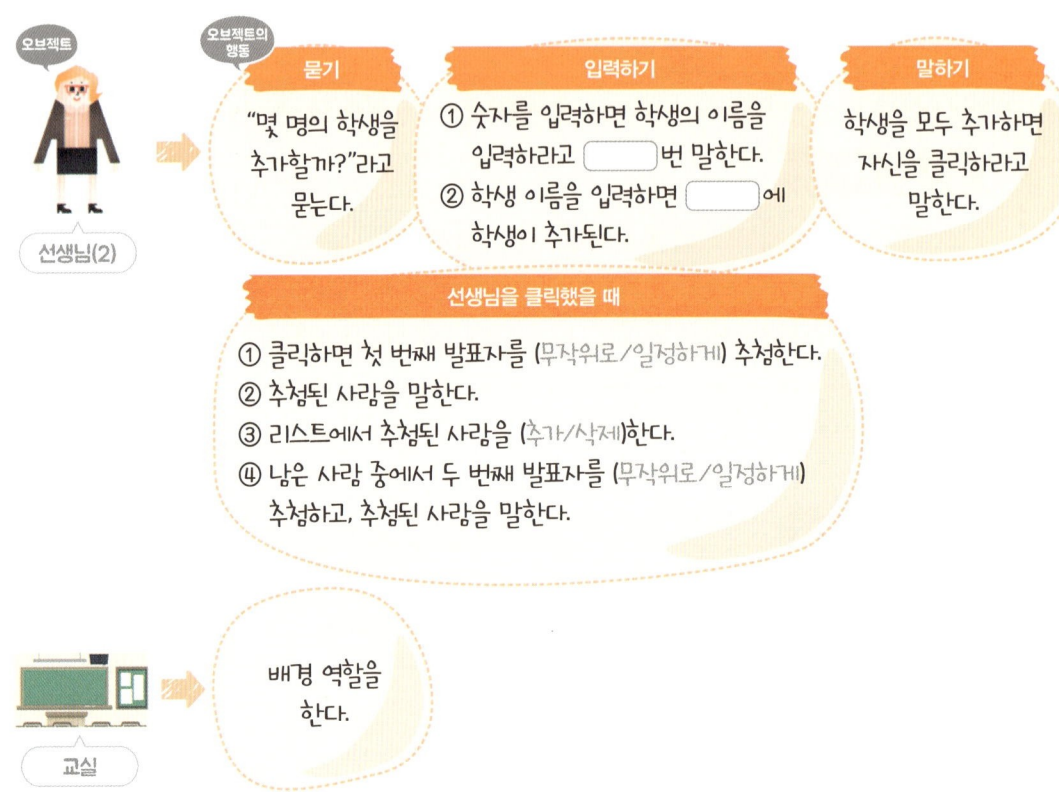

선생님(2)

- **묻기**: "몇 명의 학생을 추가할까?"라고 묻는다.
- **입력하기**:
  ① 숫자를 입력하면 학생의 이름을 입력하라고 ☐ 번 말한다.
  ② 학생 이름을 입력하면 ☐ 에 학생이 추가된다.
- **말하기**: 학생을 모두 추가하면 자신을 클릭하라고 말한다.

선생님을 클릭했을 때
① 클릭하면 첫 번째 발표자를 (무작위로/일정하게) 추첨한다.
② 추첨된 사람을 말한다.
③ 리스트에서 추첨된 사람을 (추가/삭제)한다.
④ 남은 사람 중에서 두 번째 발표자를 (무작위로/일정하게) 추첨하고, 추첨된 사람을 말한다.

교실: 배경 역할을 한다.

11.3 개념 다지기

리스트 ? 자료

10장에서 리스트 관련 블록을 배웠습니다. 여기서는 리스트와 관련된 블록들을 좀 더 알아볼까요?

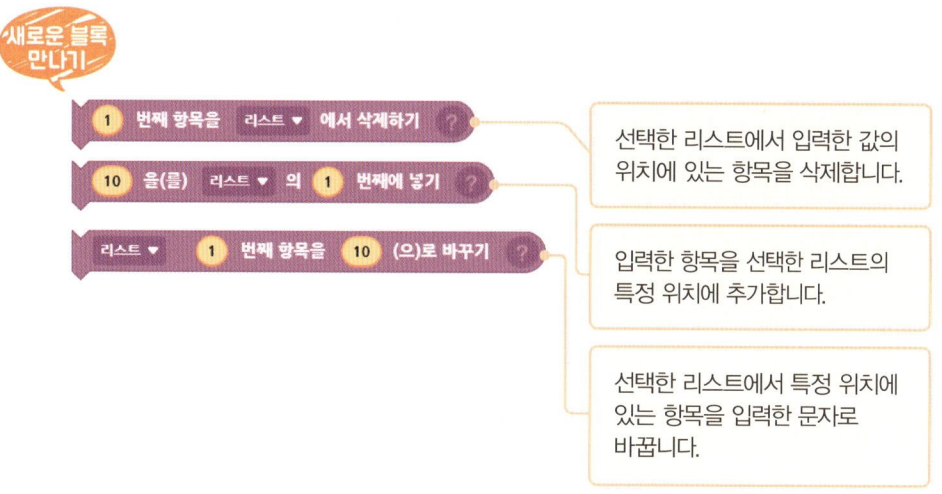

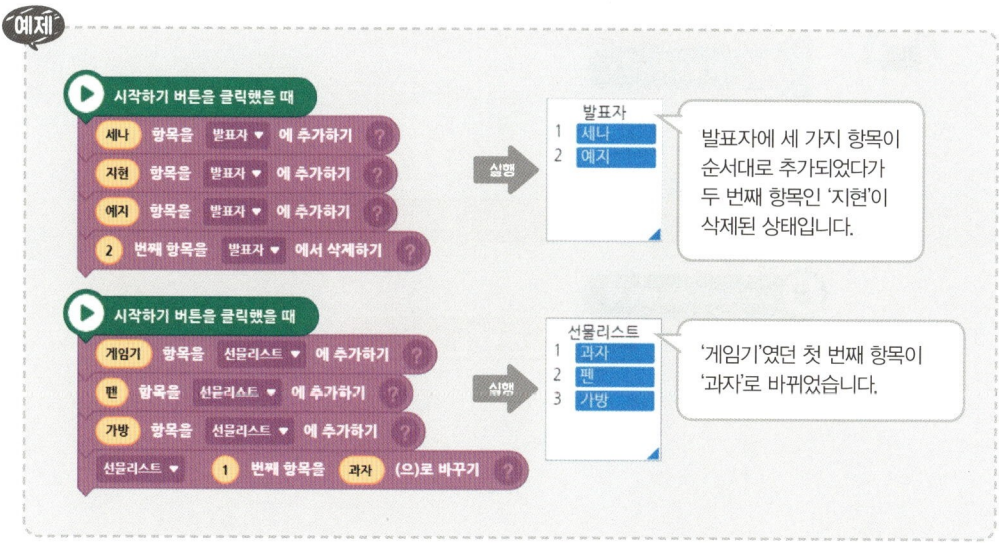

11.4 알고리즘 만들기

지금까지 배운 내용을 토대로 알고리즘을 만들어 보겠습니다. 오브젝트의 행동을 순서대로 생각해 보면서 '블록 모음'에서 알맞은 블록을 골라 순서에 맞게 물음표를 채워 보세요. 참고로, 한 번 사용한 블록도 다시 사용할 수 있답니다. (정답은 138쪽 '검토하기'에 있습니다.)

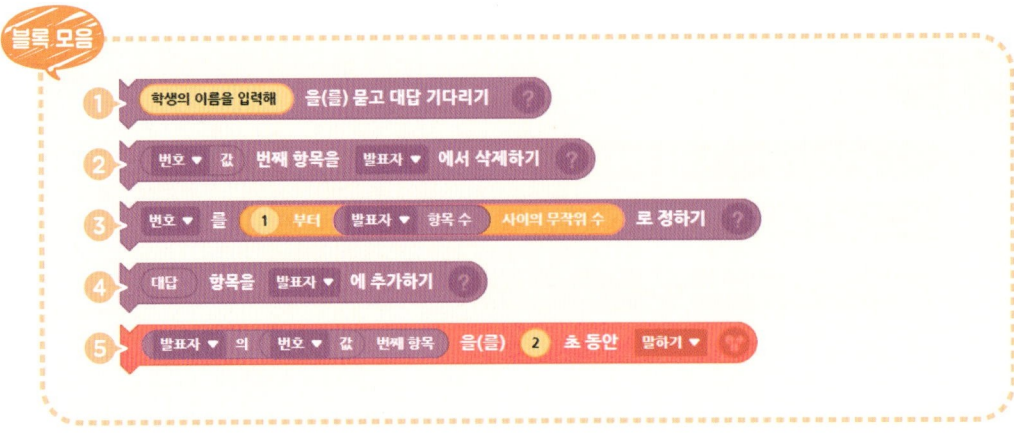

11.5 프로그래밍하기

자, 이제 실전입니다. 앞에서 만든 알고리즘을 토대로 '발표자 추첨 프로그램'을 완성해 볼까요?

> **'프로그래밍' 미리보기**
>
> **필요한 오브젝트** 선생님(2), 교실
>
> **STEP 1** 리스트를 만들고 "몇 명의 학생을 추가할까?"라고 묻는다.
> **STEP 2** 학생 수를 입력하면 "학생의 이름을 입력해"라고 말하고,
> 모두 추가하면 "나를 클릭하면 발표자를 뽑을 수 있어"라고 말한다.
> **STEP 3** 오브젝트를 클릭하면 오늘의 발표자 두 명을 차례대로 말한다.

STEP 1 리스트를 만들고 "몇 명의 학생을 추가할까?"라고 묻는다.

1 엔트리봇 오브젝트를 삭제하고 **선생님(2)**, **교실** 오브젝트를 추가한 다음, 오브젝트의 위치와 크기를 다음과 같이 만듭니다.

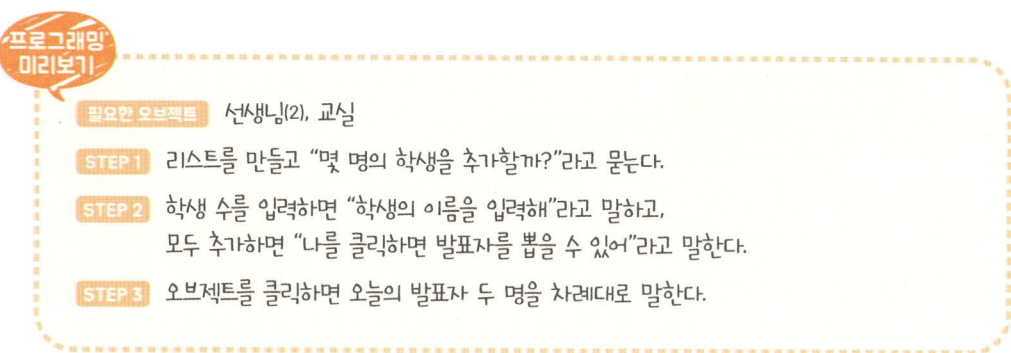

TIP 선생님(2)는 '사람'에, 교실은 '배경-실내'에 있습니다.

2 먼저, 발표자 리스트를 만들어 볼까요? 리스트 만들기는 앞에서 이미 배웠으니 스스로 만들 수 있겠죠? 리스트 이름을 '발표자'로 정하고 **[확인]**을 누릅니다. 리스트가 만들어지면 실행화면에 리스트 창이 나타납니다.

TIP 실행화면에서 리스트 창을 클릭하여 끌어 옮기면 원하는 곳에 놓을 수 있습니다.

CHAPTER 11 발표자 추첨 프로그램

11.5 프로그래밍하기

3 ▶를 누르면, "몇 명의 학생을 추가할까?"라고 묻고 대답을 기다리도록 코드를 만들어 보세요.

```
[시작하기 버튼을 클릭했을 때]
  [몇 명의 학생을 추가할까?] 을(를) 묻고 대답 기다리기
```

STEP 2 학생 수를 입력하면 "학생의 이름을 입력해"라고 말하고, 모두 추가하면 "나를 클릭하면 발표자를 뽑을 수 있어"라고 말한다.

4 3에서 여러분이 학생의 수를 입력하면 (대답)에 그 값이 저장됩니다. 여러분이 입력한 수만큼 학생 이름을 추가하도록 해 볼까요? (10 번 반복하기) 블록이 필요하겠죠? (기억이 안 나면 125쪽을 참고하세요.) 3에서처럼 (10 을(를) 묻고 대답 기다리기) 블록을 사용하여 다음과 같이 코드를 만들어 줍니다.

```
[시작하기 버튼을 클릭했을 때]
  [몇 명의 학생을 추가할까?] 을(를) 묻고 대답 기다리기
  [대답] 번 반복하기
    [학생의 이름을 입력해] 을(를) 묻고 대답 기다리기
```

5 그리고 여러분이 입력한 학생의 이름을 발표자 리스트에 나타나도록 해야 합니다. (10 항목을 발표자▼에 추가하기) 블록과 (대답) 블록으로 다음과 같이 코드를 만들어 보세요. 그림을 보지 말고 스스로 만들어 보세요.

```
[시작하기 버튼을 클릭했을 때]
  [몇 명의 학생을 추가할까?] 을(를) 묻고 대답 기다리기
  [대답] 번 반복하기
    [학생의 이름을 입력해] 을(를) 묻고 대답 기다리기
    [대답] 항목을 [발표자▼]에 추가하기
```

6 이제, 학생의 이름을 모두 입력하면 "나를 클릭하면 발표자를 뽑을 수 있어"라고 말하도록 해 보세요.  블록을 사용해야겠죠?

STEP 3 오브젝트를 클릭하면 오늘의 발표자 두 명을 차례대로 말한다.

7 먼저, 선생님 오브젝트를 클릭하면 "오늘의 발표자 2명은.."이라고 말하도록 해 볼까요?

8 이제 오늘의 발표자를 무작위로 추첨해 볼까요? 학생의 이름을 무작위로 뽑으려면 '번호' 변수가 필요합니다. 번호 변수를 사용하여 리스트 항목 수 내에서 번호를 무작위로 정한 다음, 리스트에서 해당 번호의 항목을 말하도록 하는 거죠. 이해가 되나요? 그럼 우선 번호 변수를 만들어 볼까요? (변수를 만드는 내용은 앞에서 다루었습니다. 기억이 안 나면 92쪽을 참고하세요.)

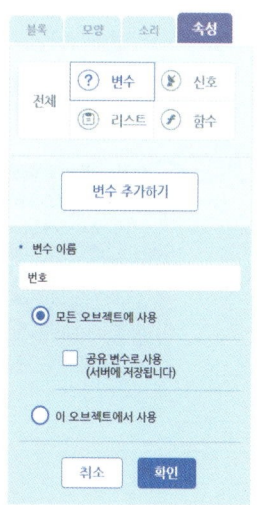

11.5 프로그래밍하기

9 이제 번호를 리스트 항목 수 내에서 무작위로 정해야 합니다. `번호▼ 를 10 로 정하기` 블록과 `0 부터 10 사이의 무작위 수` 블록, `발표자▼ 항목 수` 블록이 필요하겠죠? 다음과 같이 블록을 만들어 보세요.

```
오브젝트를 클릭했을 때
  오늘의 발표자 2명은.. 을(를) 2 초 동안 말하기▼
  번호▼ 를 1 부터 발표자▼ 항목 수 사이의 무작위 수 로 정하기
```

10 이제 무작위로 뽑힌 번호에 해당하는 리스트 항목을 말하도록 해 볼까요? `안녕! 을(를) 4 초 동안 말하기▼` 블록과 `발표자▼ 의 1 번째 항목` 블록, `번호▼ 값` 블록으로 코드를 만들어 보세요. 그림을 보지 않고도 코드를 작성할 수 있나요?

```
오브젝트를 클릭했을 때
  오늘의 발표자 2명은.. 을(를) 2 초 동안 말하기▼
  번호▼ 를 1 부터 발표자▼ 항목 수 사이의 무작위 수 로 정하기
  발표자▼ 의 번호▼ 값 번째 항목 을(를) 2 초 동안 말하기▼
```

11 자, 이제 나머지 한 명을 더 추첨해야 합니다. **9**~**10**에서 만든 코드를 한 번 더 만들면 됩니다. 하지만 이렇게 만들면 발표자가 중복되는 일이 생깁니다. 그래서 이미 뽑힌 발표자를 리스트에서 삭제하여 발표자가 중복되지 않도록 해야 합니다. `1 번째 항목을 발표자▼ 에서 삭제하기` 블록을 사용하여 다음과 같이 코드를 만들어 보세요.

```
오브젝트를 클릭했을 때
  오늘의 발표자 2명은.. 을(를) 2 초 동안 말하기▼
  번호▼ 를 1 부터 발표자▼ 항목 수 사이의 무작위 수 로 정하기
  발표자▼ 의 번호▼ 값 번째 항목 을(를) 2 초 동안 말하기▼
  번호▼ 값 번째 항목을 발표자▼ 에서 삭제하기
```

12 이제 앞에서 뽑힌 발표자는 리스트에서 사라졌습니다. 새로운 발표자를 뽑으려면 9~10에서 만든 코드를 한 번 더 조립합니다.

```
오브젝트를 클릭했을 때
오늘의 발표자 2명은.. 을(를) 2 초 동안 말하기
번호▼ 를 1 부터 발표자▼ 항목 수 사이의 무작위 수 로 정하기
발표자▼ 의 번호▼ 값 번째 항목 을(를) 2 초 동안 말하기
번호▼ 값 번째 항목을 발표자▼ 에서 삭제하기
번호▼ 를 1 부터 발표자▼ 항목 수 사이의 무작위 수 로 정하기
발표자▼ 의 번호▼ 값 번째 항목 을(를) 2 초 동안 말하기
```

13 ▶를 눌러 작품이 잘 동작하는지 살펴보세요. 원하는 학생 수와 이름을 자유롭게 입력하고, 중복 없이 발표자가 추첨되는지 확인해 보세요.

TIP 빈칸에 학생 수나 이름을 입력한 다음, '엔터'나 ✓를 누르면 다음 항목을 입력할 수 있습니다.

11.6 검토하기

완성된 코드를 검토해 볼까요? http://bit.ly/entrysong11c에 접속하면 전체 코드를 볼 수 있습니다. 놓친 부분은 없는지 천천히 살펴보세요.

앞에서는 발표자를 두 명만 뽑았습니다. 발표자를 몇 명 뽑을지 물어서 입력한 수대로 뽑는 기능을 만들어 보세요.

CHAPTER 12

응용 프로그램 만들기
이야기를 만드는 프로그램

학습목표

리스트를 사용하여 간단한 이야기를 만드는 응용 프로그램 만들기

프로그래밍 개념 ▶ 순차 반복 이벤트 리스트

12.1 생각하기

▶ http://bit.ly/entrysong12 에 접속하여 작품을 실행해 보세요.

QR 코드를 찍어 보세요!

▶ 여학생을 마우스로 클릭하고 '누가, 언제, 어디서, 무엇을'에 어울리는 내용을 각각 3개씩 떠오르는 대로 입력해 보세요.

▶ 남학생을 마우스로 클릭해 보세요. 어떤 이야기가 만들어졌나요?

▶ 를 누르고 다시 ▶를 누른 다음 내용을 더 입력해 봅니다. 이전에 입력한 내용들이 남아 있나요?

12.2 생각다듬기

이 작품을 만드는 데 필요한 오브젝트를 나열하고, 각 오브젝트의 행동을 순서대로 생각해 보세요. (빈칸에 어떤 내용이 들어갈지 생각해 보고, 괄호 안에 있는 두 가지 행동 중 어떤 행동이 맞을지 동그라미로 표시해 보세요.)

12.3 개념다지기

공유 변수와 공유 리스트

변수와 리스트는 작품이 종료되면 그 값이 없어집니다. 하지만 **공유 변수**와 **공유 리스트**를 사용하면 작품을 여러 번 실행하고 종료해도 그 값이 그대로 남아 있도록 할 수 있습니다. 공유 변수와 공유 리스트를 사용하면 사람들의 게임 점수를 저장하여 랭킹을 보여 주거나 온라인 방명록 같은 기능도 만들 수 있습니다.

공유 변수나 공유 리스트를 만드는 방법

변수나 리스트를 만드는 방법과 비슷합니다. 여기서는 공유 리스트를 만들어 볼까요? [속성]에서 [리스트] ➡ [리스트 추가하기]를 선택하고, 리스트 이름을 '점수'로 정합니다. 여기까지는 리스트 만들기와 똑같죠? 리스트를 공유 리스트로 하려면 **공유 리스트로 사용**에 체크 표시만 해 주면 됩니다. 아주 쉽죠? 공유 변수도 같은 방법으로 만들 수 있습니다.

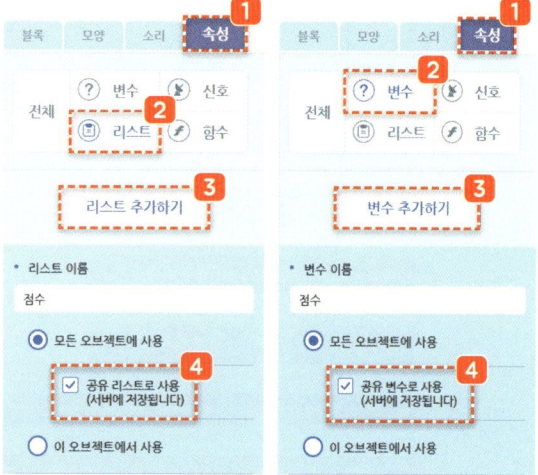

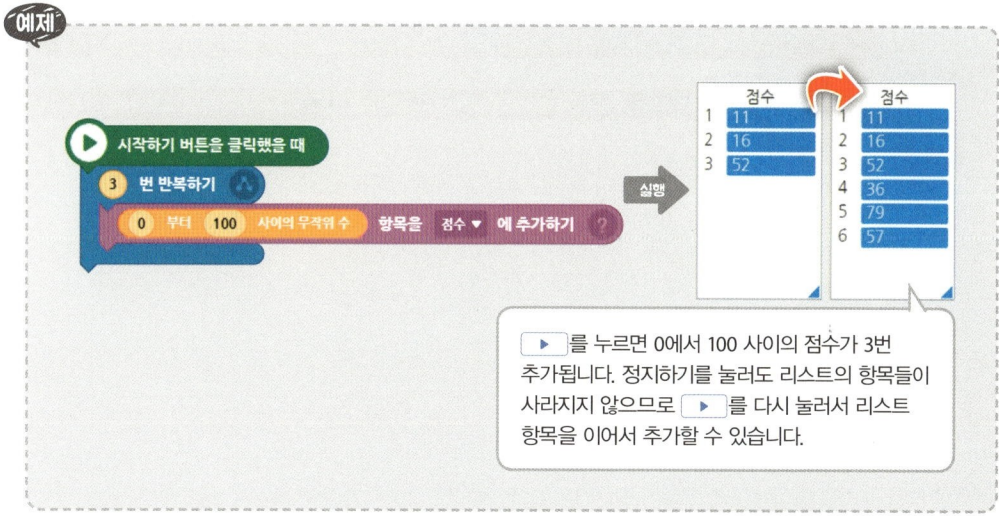

▶를 누르면 0에서 100 사이의 점수가 3번 추가됩니다. 정지하기를 눌러도 리스트의 항목들이 사라지지 않으므로 ▶를 다시 눌러서 리스트 항목을 이어서 추가할 수 있습니다.

12.4 알고리즘 만들기

지금까지 배운 내용을 토대로 알고리즘을 만들어 보겠습니다. 오브젝트의 행동을 순서대로 생각해 보면서 '블록 모음'에서 알맞은 블록을 골라 순서에 맞게 물음표를 채워 보세요. (정답은 149쪽 '검토하기'에 있습니다.)

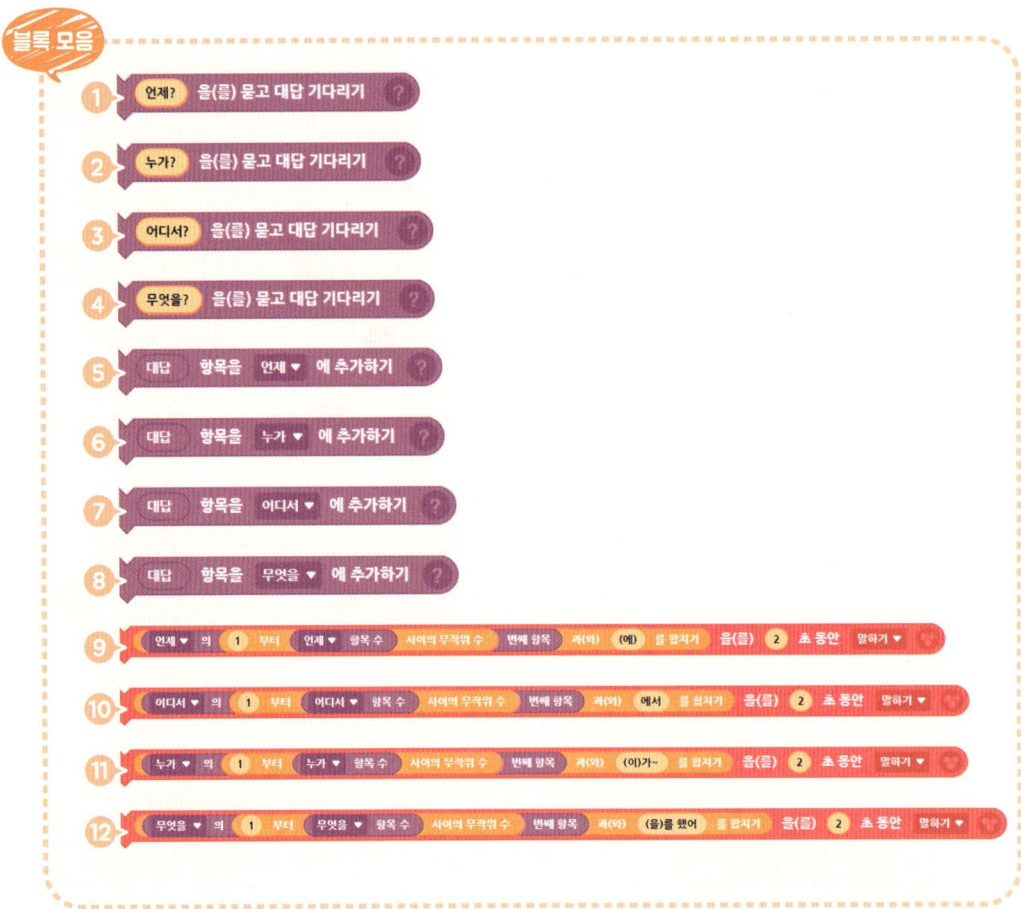

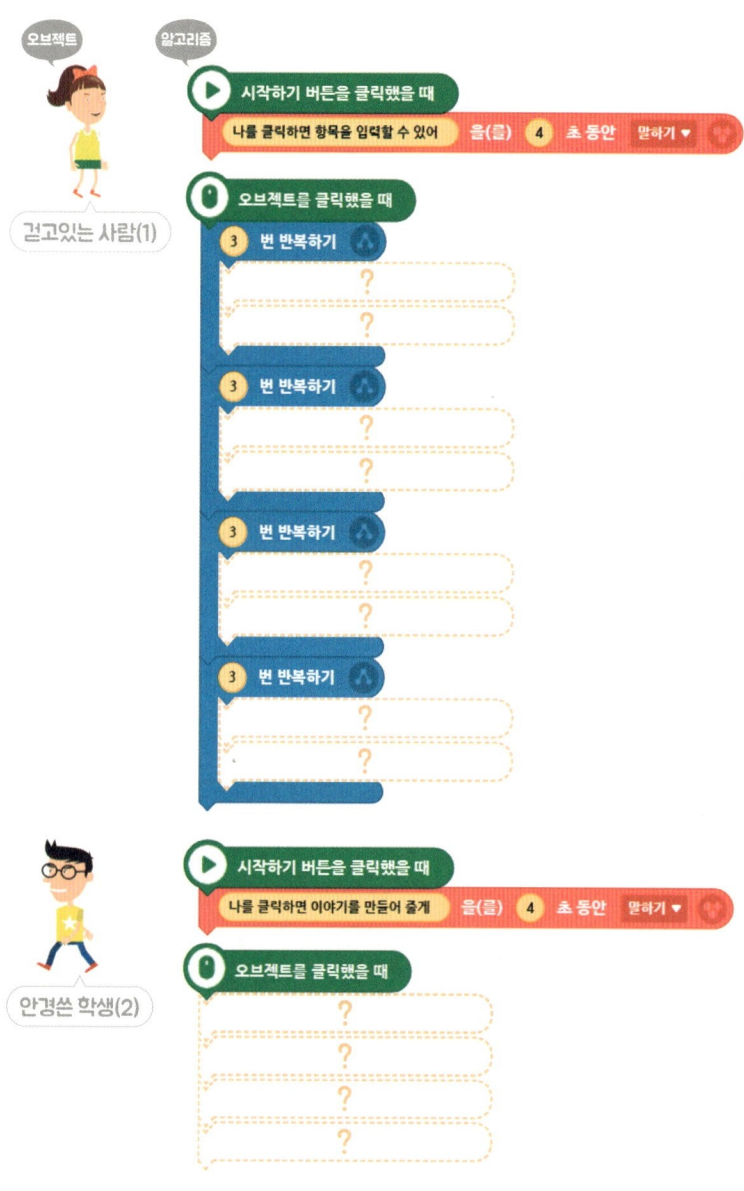

12.5 프로그래밍하기

자, 이제 실전입니다. 앞에서 만든 알고리즘을 토대로 '이야기를 만드는 프로그램'을 완성해 볼까요?

> **'프로그래밍' 미리보기**
>
> **필요한 오브젝트** 걷고있는 사람(1), 안경쓴 학생(2), 놀이터
>
> **STEP 1** 걷고있는 사람(1) 오브젝트를 클릭하면 '누가, 언제, 어디서, 무엇을'에 해당하는 내용을 각각 입력받아 리스트에 추가한다.
>
> **STEP 2** 안경쓴 학생(2)를 클릭하면 각 리스트에서 항목을 무작위로 뽑아 이야기를 만든다.

STEP 1 걷고있는 사람(1) 오브젝트를 클릭하면 '누가, 언제, 어디서, 무엇을'에 해당하는 내용을 각각 입력받아 리스트에 추가한다.

1 엔트리봇 오브젝트를 삭제하고 **걷고있는 사람(1), 안경쓴 학생(2), 놀이터** 오브젝트를 추가한 다음, 오브젝트의 위치와 크기를 다음과 같이 만듭니다.

> **TIP** 걷고있는 사람(1)과 안경쓴 학생(2)은 '사람'에, 놀이터는 '배경-실외'에 있습니다.

2 걷고있는 사람(1) 오브젝트를 선택한 후, ▶를 누르면 "나를 클릭하면 항목을 입력할 수 있어"라고 말하도록 해 보세요. 이제 이 정도는 익숙하죠?

3 오브젝트를 클릭했을 때 이야기를 구성할 각각의 항목을 입력받도록 해 봅시다. 먼저, 리스트를 만들어 보세요. **[속성]** 탭에서 **[리스트]** ➡ **[리스트 추가하기]**를 클릭하고 리스트 이름을 각각 '누가, 언제, 어디서, 무엇을'로 입력하여 4개의 리스트를 만듭니다. 이때 **공유 리스트로 사용**에 꼭 체크해 주세요. 그래야 입력한 값이 사라지지 않고 누적되게 할 수 있습니다.

TIP
리스트를 모두 만든 후에는 실행 화면에서 리스트 창을 끌어 옮겨 다음과 같이 만들어 보세요.

4 오브젝트를 클릭했을 때 각 리스트에 들어갈 항목을 세 번씩 묻고, 대답을 리스트에 추가해 보세요. '누가?'를 물었다면 당연히 대답을 '누가'에 추가해야겠죠?

12.5 프로그래밍하기

5 나머지 '언제, 어디서, 무엇을'도 **4** 와 같이 만듭니다.

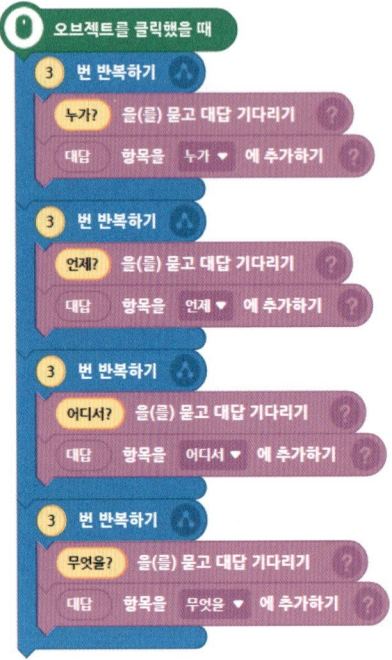

STEP 2 안경쓴 학생(2)를 클릭하면 각 리스트에서 항목을 무작위로 뽑아 이야기를 만든다.

6 **안경쓴 학생(2)** 오브젝트를 선택한 후, ▶ 를 누르면 "나를 클릭하면 이야기를 만들어줄게~"라고 말하도록 코드를 만듭니다.

7 이제 각각의 리스트에서 항목을 하나씩 뽑고 이를 모두 연결하여 이야기를 만들 겁니다. 우선 '누가' 리스트에서 무작위로 한 항목을 뽑는 코드를 만들어 볼까요? '누가' 리스트에서 한 항목을 뽑는 것이므로 `누가▼ 의 1 번째 항목` 블록이 필요하고, 무작위로 뽑아야 하므로 `0 부터 10 사이의 무작위 수` 블록도 필요합니다. 또한, 앞에서 배웠듯이 리스트에서 무작위수 블록의 범위를 지정할 때는 `누가▼ 항목 수` 블록도 필요합니다. 우선은 다음 그림을 보지 말고 여러분 스스로 블록을 연결해 보세요.
(기억이 안 나면 127쪽을 참고하세요.)

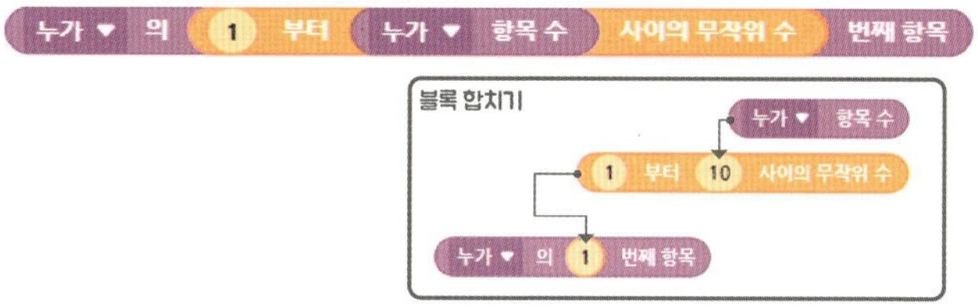

8 그런데 이야기를 만들려면 조사와 술어가 필요합니다. 예를 들어, '엔트리봇, 오후 1시, 학교, 공부'를 뽑았다면 '엔트리봇이 오후 1시에 학교에서 공부를 했어'처럼 이야기를 만들려면 '~이', '~에', '~에서', '~를 했어'처럼 조사와 술어가 필요합니다. 그럼 어떤 블록이 필요할까요? 바로, `안녕 과(와) 엔트리 를 합치기` 블록과 `안녕! 을(를) 4 초 동안 말하기▼` 블록입니다. **7**에서 만든 블록과 '~(이)가'를 합치고 2초 동안 말하도록 다음과 같이 코드를 만들어 보세요.

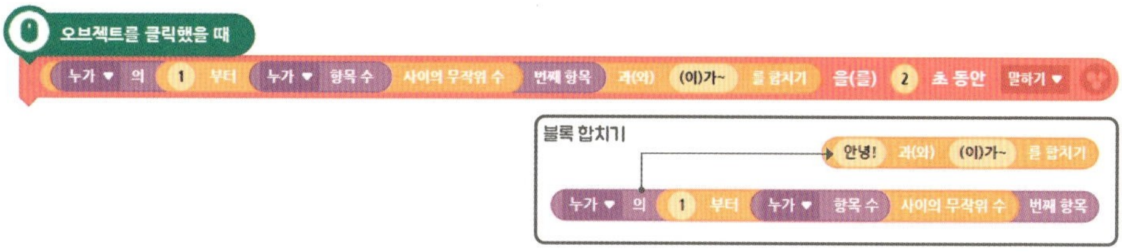

9 마찬가지로 '언제, 어디서, 무엇을' 코드도 다음과 같이 완성합니다.

12.5 프로그래밍하기

10 ▶를 눌러 작품이 잘 동작하는지 살펴보세요.

> TIP
> 대답 값 창은 꼭 볼 필요가 없으므로 작품이 실행되면 숨겨지도록 해 보세요.

11 ■를 클릭해도 방금 입력한 값이 저장되어 있는 것을 발견할 수 있습니다. 다시 ▶를 눌러서 값을 더 추가하거나 계속 이야기를 만들어 보세요.

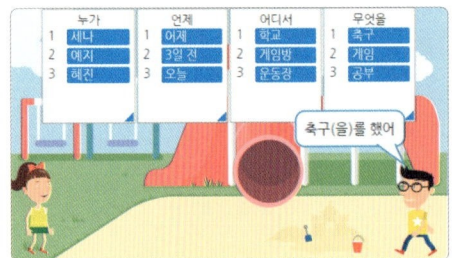

12.6 검토하기

완성된 코드를 검토해 볼까요? http://bit.ly/entrysong12c 에 접속하면 전체 코드를 볼 수 있습니다. 놓친 부분은 없는지 천천히 살펴보세요.

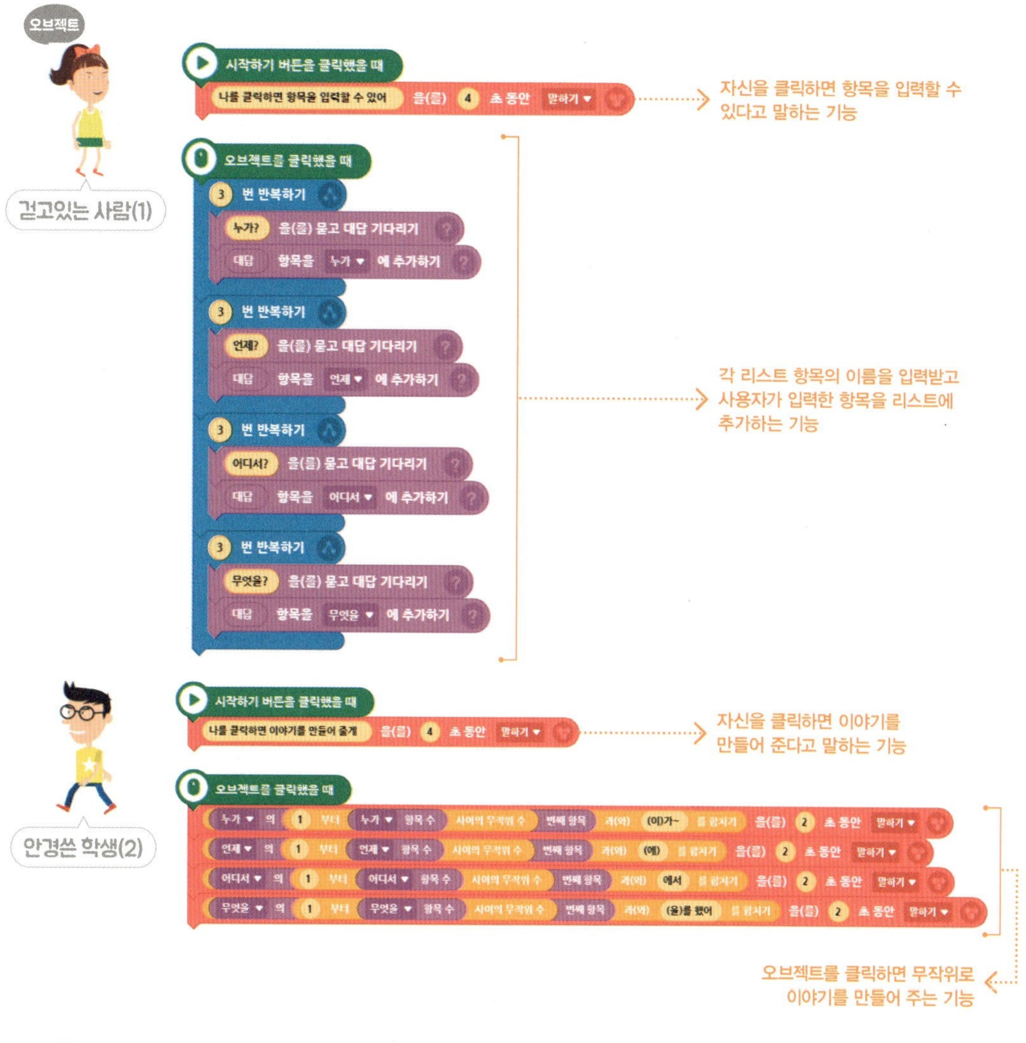

> 몇 개의 항목을 입력할지 묻고 입력한 수대로 항목을 입력받는 기능을 만들어 보세요.

CHAPTER 13 미디어 아트 만들기
다각형 그리기

학 습 목 표

그리기 기능을 사용하여 다각형 그리기

프로그래밍 개념 ▶ 순차 반복 이벤트

새로 등장하는 엔트리 블록 ▶ 도장 찍기 그리기 시작하기 모든 붓 지우기 방향을 90° 만큼 회전하기

▶ http://bit.ly/entrysong13 에 접속하여 작품을 실행해 보세요.

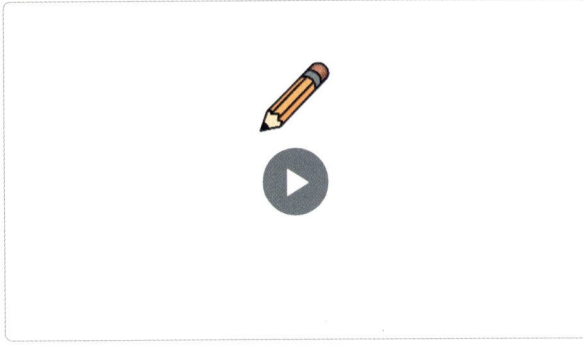

QR 코드를 찍어 보세요!

▶ 키보드에서 숫자 3, 4, 5를 차례대로 눌러 보세요.

13.2 생각다듬기

이 작품을 만드는 데 필요한 오브젝트를 나열하고, 각 오브젝트의 행동을 순서대로 생각해 보세요. (빈칸에 어떤 내용이 들어갈지 생각해 보세요.)

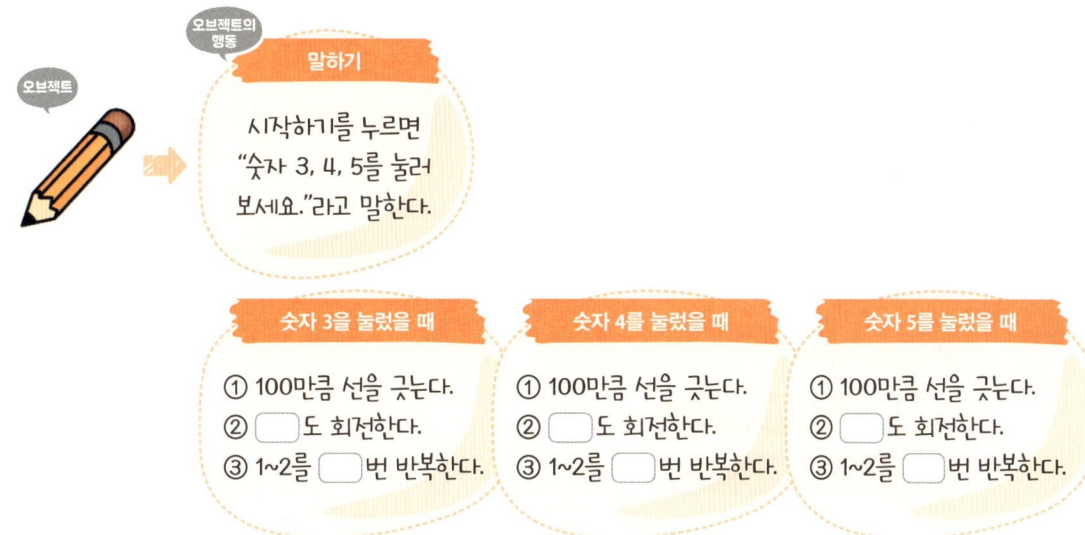

13.3 개념 다지기

그리기

그리기 기능을 사용하면 오브젝트가 이동하는 경로를 따라 실행화면에 그림을 그릴 수 있습니다. 그리기 기능을 사용하려면 반드시 `그리기 시작하기` 블록을 가장 먼저 사용해야 합니다. 그리기 기능을 사용하면 다양한 예술 작품을 손쉽게 만들 수 있습니다.

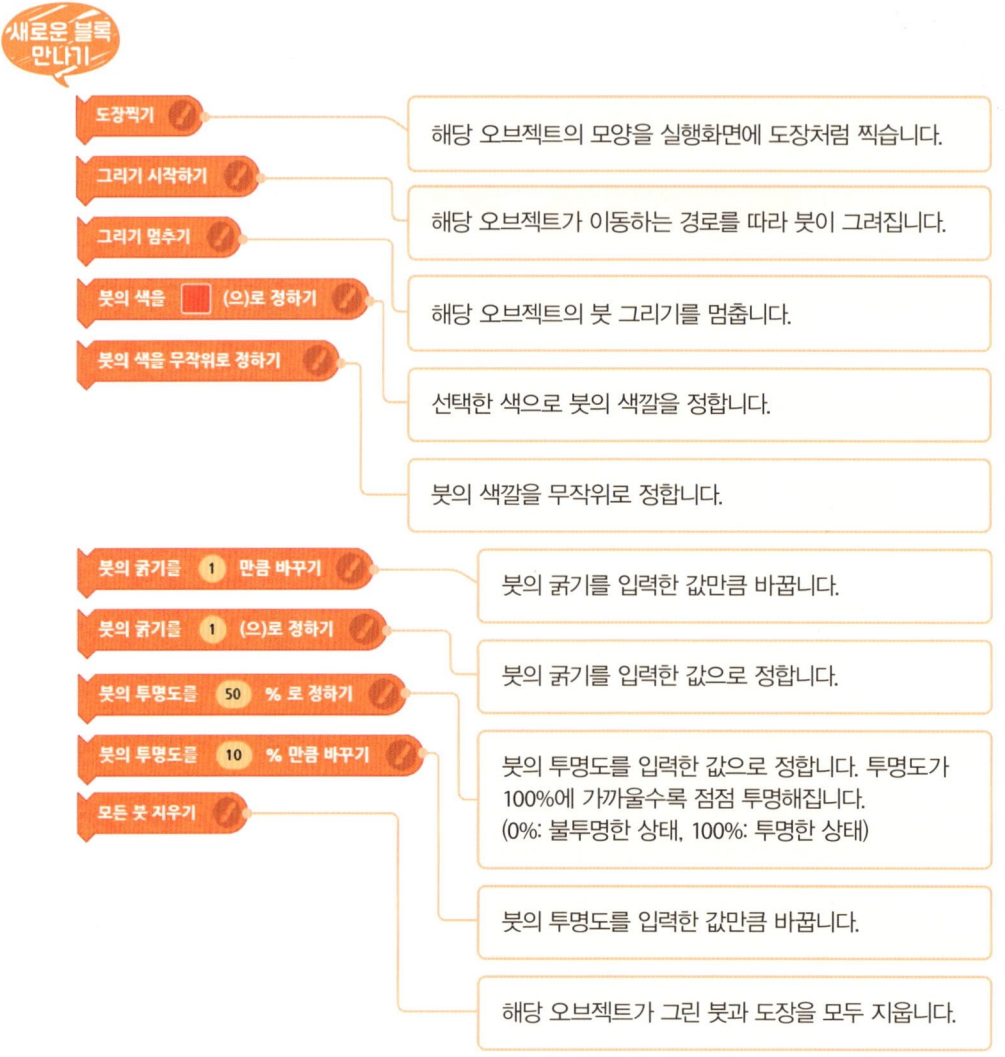

회전하기 ⇄ 움직임

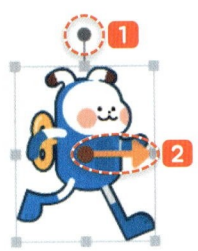

엔트리의 각 오브젝트에는 '방향'과 '이동 방향'이 있습니다. **방향**(1)은 오브젝트 모양의 회전 각도를 의미하며, 기본은 위쪽을 바라보는 0도로 되어 있습니다. **이동 방향**(2)은 오브젝트가 이동할 방향을 의미하며, 기본은 90도로 되어 있습니다. 이동 방향 값은 방향과 이동 방향의 각도 차로 구할 수 있습니다. 회전과 관련된 블록을 사용하면 오브젝트의 방향과 이동 방향을 수정할 수 있습니다.

방향: 0° 이동 방향: 90°

방향: 0° 이동 방향: 180°

방향: 90° 이동 방향: 90°

방향: 90° 이동 방향: 180°

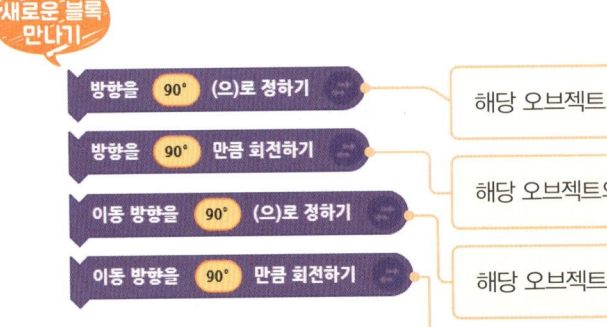

해당 오브젝트의 방향을 입력한 각도로 정합니다.

해당 오브젝트의 방향이 입력한 각도만큼 회전합니다.

해당 오브젝트의 이동 방향을 입력한 각도로 정합니다.

해당 오브젝트의 이동 방향이 입력한 각도만큼 회전합니다.

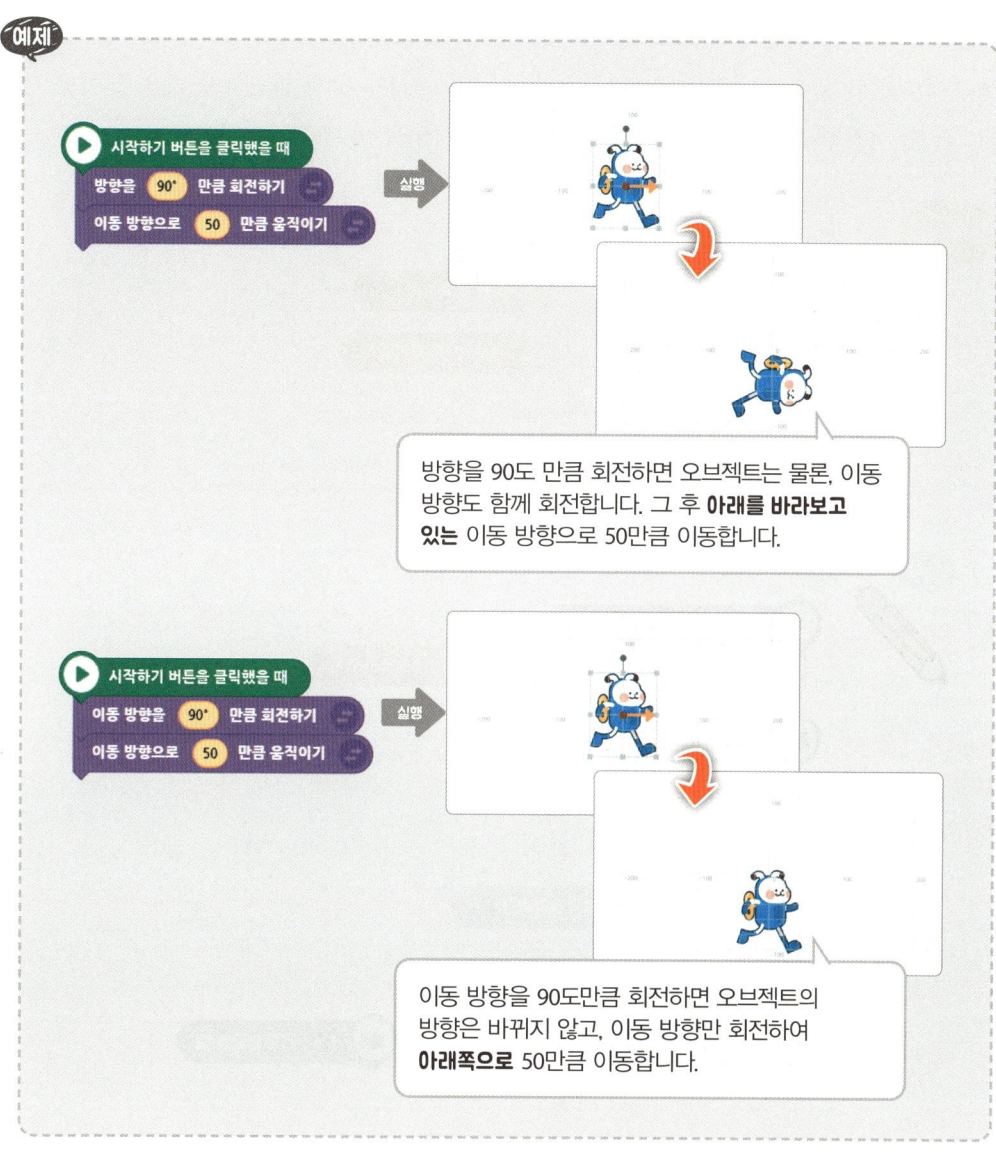

13.4 알고리즘 만들기

지금까지 배운 내용을 토대로 알고리즘을 만들어 보겠습니다. 오브젝트의 행동을 순서대로 생각해 보면서 '블록 모음'에서 알맞은 블록을 골라 순서에 맞게 물음표를 채워 보세요. 참고로, 한 번 사용한 블록도 다시 사용할 수 있답니다. (정답은 162쪽 '검토하기'에 있습니다.)

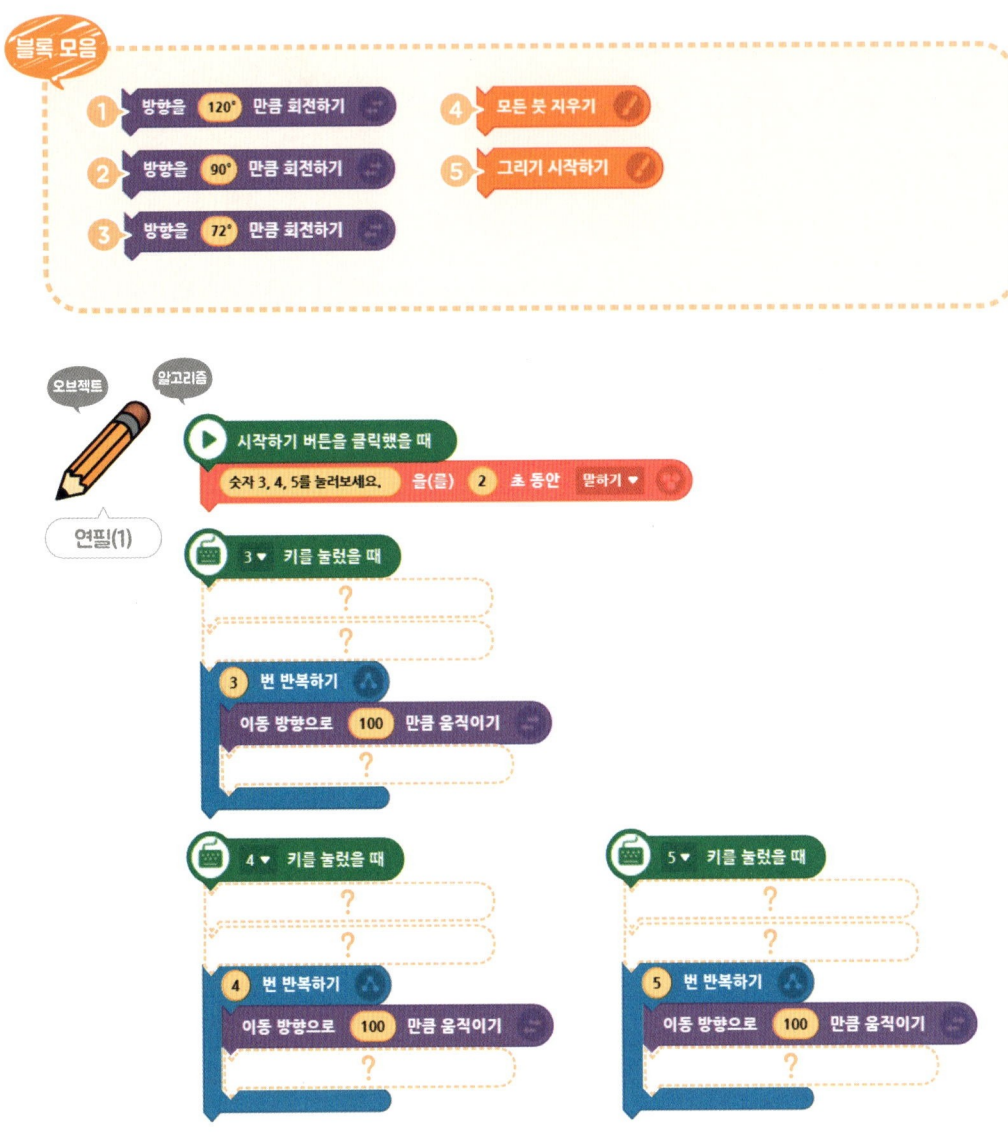

13.5 프로그래밍하기

자, 이제 실전입니다. 앞에서 만든 알고리즘을 토대로 '다각형 그리기'를 완성해 볼까요?

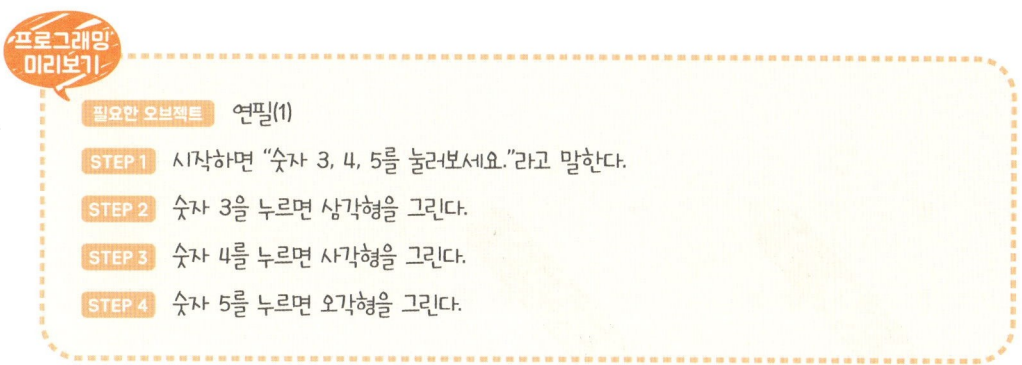

프로그래밍 미리보기

필요한 오브젝트 연필(1)

STEP 1 시작하면 "숫자 3, 4, 5를 눌러보세요."라고 말한다.
STEP 2 숫자 3을 누르면 삼각형을 그린다.
STEP 3 숫자 4를 누르면 사각형을 그린다.
STEP 4 숫자 5를 누르면 오각형을 그린다.

STEP 1 시작하면 "숫자 3, 4, 5를 눌러보세요."라고 말한다.

1 엔트리봇 오브젝트를 삭제하고 **연필(1)** 오브젝트를 추가한 다음, 오브젝트의 위치와 크기를 다음과 같이 만듭니다.

> **TIP** 연필(1) 오브젝트는 '물건-취미'에 있습니다.

2 ▶를 누르면 연필이 "숫자 3, 4, 5를 눌러보세요."라고 말하도록 코드를 만들어 보세요. 이제 이 정도는 식은 죽 먹기죠?

13.5 프로그래밍하기

3 '개념 다지기'에서 봤듯이, 붓은 오브젝트의 중심으로 그려집니다. 연필(1) 오브젝트의 연필심 부분에서 붓이 그려지도록 오브젝트 중심의 위치를 바꿔 볼까요? 오브젝트의 중앙에 있는 점을 마우스로 클릭한 후 연필심이 있는 위치로 옮겨 보세요.

STEP 2 숫자 3을 누르면 삼각형을 그린다.

4 키보드에서 숫자 3을 눌렀을 때 삼각형을 그리도록 하려면 다음과 같이 `q 키를 눌렀을 때` 블록과 `그리기 시작하기` 블록을 연결합니다. 그런데 삼각형을 어떻게 그릴 수 있을까요? 다음 단계로 넘어가기 전에 한번 고민해 보세요.

5 삼각형을 그리려면 직선 3개를 그려야 합니다. 하나의 직선을 그리고 회전하는 행동을 세 번 반복하면 삼각형을 그릴 수 있습니다. `10 번 반복하기` 블록과 `이동 방향으로 10 만큼 움직이기` 블록, `방향을 60° 만큼 움직이기` 블록을 순서대로 연결하고 다음과 같이 숫자를 바꿔 줍니다.

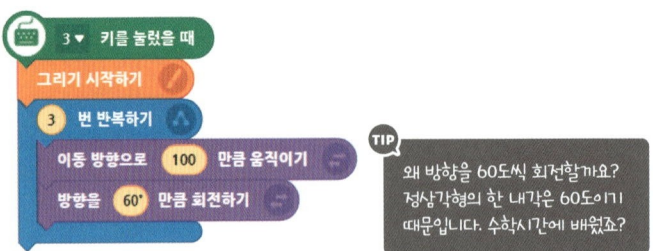

TIP 왜 방향을 60도씩 회전할까요? 정삼각형의 한 내각은 60도이기 때문입니다. 수학시간에 배웠죠?

2 ▶를 눌러 작품을 실행해 보세요. 3을 눌러도 우리가 생각한 정삼각형이 그려지지 않습니다. 왜 그럴까요? 0도에서 60도만큼 회전하면 화살표가 오른쪽 아래 방향으로 꺾이게 됩니다. 왼쪽 아래 방향으로 화살표가 꺾여야 삼각형을 만들 수 있으므로 60도가 아니라 120도로 코드를 수정합니다.

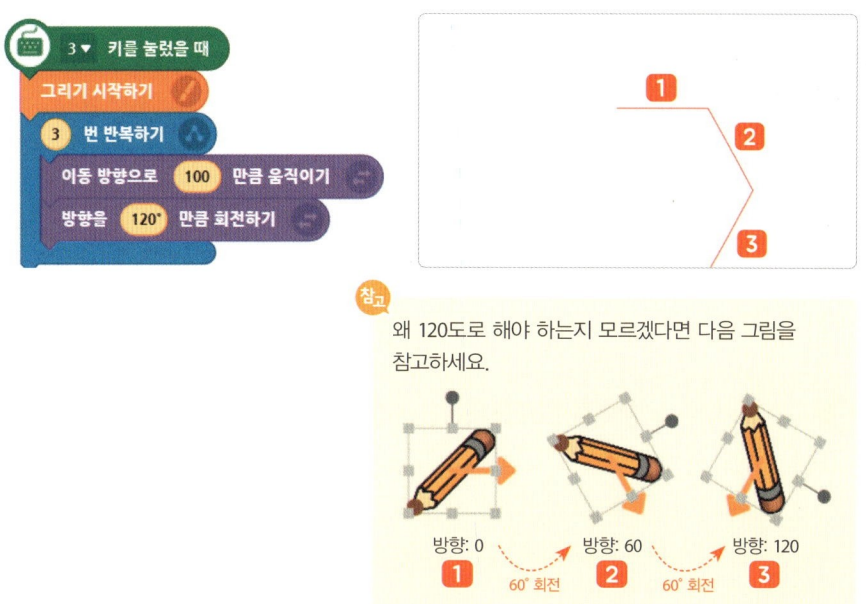

7 다시 한 번 ▶를 누르고 '3'을 눌러 보세요. 이제 정상적으로 정삼각형이 그려지는 것을 볼 수 있습니다.

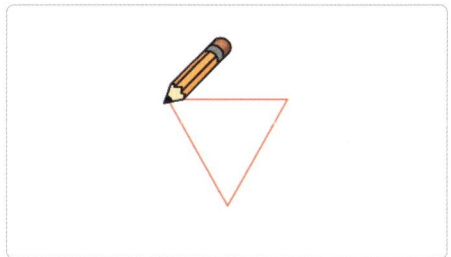

13.5 프로그래밍하기

STEP 3 숫자 4를 누르면 사각형을 그린다.

8 STEP 2 에서 배운 것을 토대로 숫자 4를 누르면 사각형이 그려지도록 해 볼까요?
반복 횟수와 회전 각도를 변경하면 되겠죠?

```
4▼ 키를 눌렀을 때
그리기 시작하기
4 번 반복하기
  이동 방향으로 100 만큼 움직이기
  방향을 90° 만큼 회전하기
```

TIP 정사각형의 한 내각은 90도 입니다.

STEP 4 숫자 5를 누르면 오각형을 그린다.

9 오각형을 그리는 방법도 동일합니다. 앞에서 배운 대로 코드를 만들어 보세요.
앞의 코드를 보지 않고 스스로 만들어 보세요.

```
5▼ 키를 눌렀을 때
그리기 시작하기
5 번 반복하기
  이동 방향으로 100 만큼 움직이기
  방향을 72° 만큼 회전하기
```

TIP 오각형의 한 내각은 72도입니다.

9 ▶를 클릭하고 키보드로 3, 4, 5를 모두 눌러 보세요. 다각형들이 모두 겹쳐서 그려졌습니다.

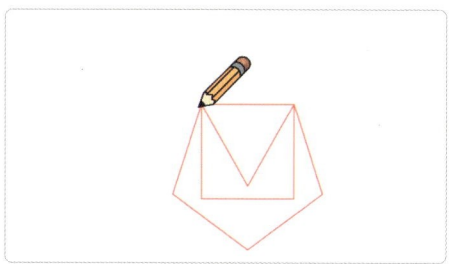

10 키보드를 누를 때마다 그려진 그림을 지우고 새로 그리게 해 볼까요? 아주 간단합니다. 키를 눌렀을 때 모든 그림을 지우고 새로 그리기를 시작하면 됩니다. 다음과 같이 모든 코드에 모든 붓 지우기 블록을 추가해 보세요.

13.6 검토하기

완성된 코드를 검토해 볼까요? http://bit.ly/entrysong13c 에 접속하면 전체 코드를 볼 수 있습니다. 놓친 부분은 없는지 천천히 살펴보세요.

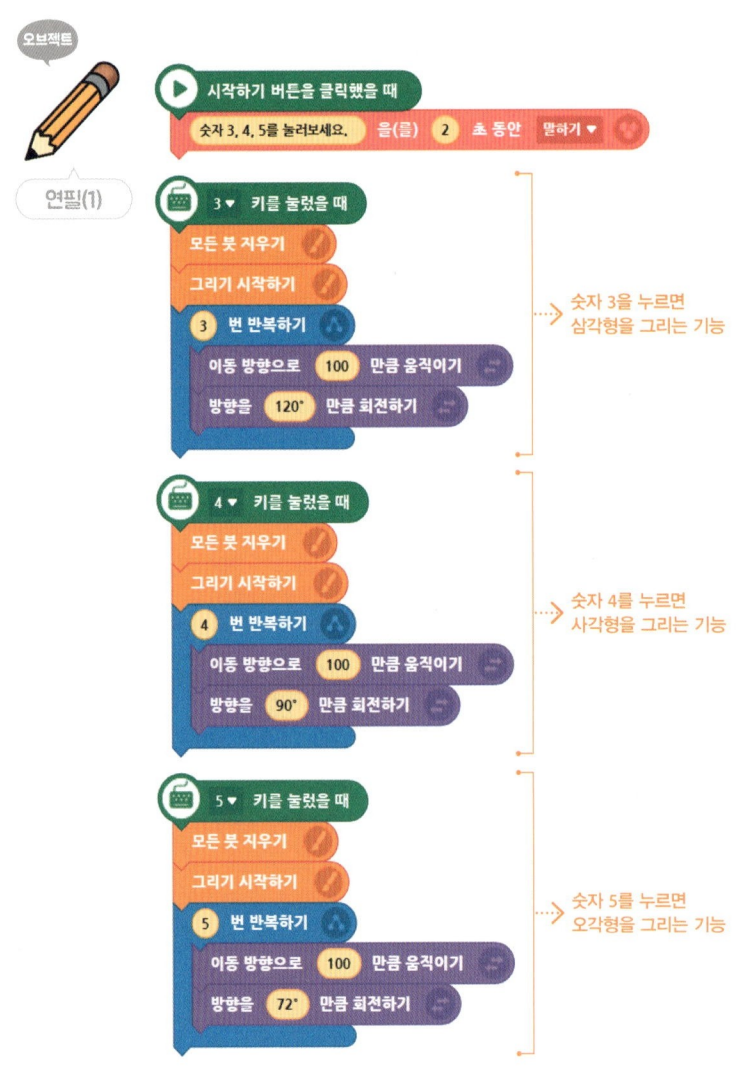

 붓의 굵기와 투명도, 색깔을 바꾸어 다각형을 그려 보세요.

CHAPTER 14
미디어 아트 만들기
다각형 패턴 그리기

학습목표

그리기와 함수 기능을 사용하여 다양한 다각형 패턴 만들기

프로그래밍 개념 ▶ ★ 함수 순차 반복 이벤트

새로 등장하는 엔트리 블록 ▶ 함수 정의하기 함수 ✏️

★ 표시는 이 장에서 새로 배우는 프로그래밍 개념을 의미합니다.

14.1 생각하기

▶ http://bit.ly/entrysong14 에 접속하여 작품을 실행해 보세요.

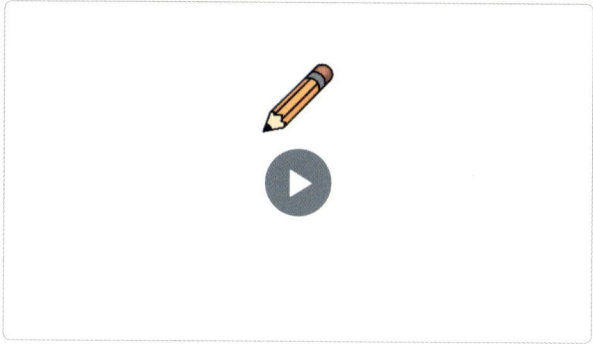

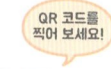

▶ 키보드에서 숫자 3, 4, 5를 차례대로 눌러 보세요.

▶ 키보드에서 a, s, d를 차례대로 눌러 보세요.

14.2 생각다듬기

이 작품을 만드는 데 필요한 오브젝트를 나열하고, 각 오브젝트의 행동을 순서대로 생각해 보세요. (빈칸에 어떤 내용이 들어갈지 생각해 보고, 괄호 안에 있는 두 가지 행동 중 어떤 행동이 맞을지 동그라미로 표시해 보세요.)

오브젝트

오브젝트의 행동

말하기
시작을 누르면 "숫자 3, 4, 5와 a, s, d를 눌러 보세요."라고 말한다.

숫자 3을 눌렀을 때
① 100만큼 선을 긋는다.
② ☐도 회전한다.
③ ①~②를 ☐번 반복한다.

숫자 4를 눌렀을 때
① 100만큼 선을 긋는다.
② ☐도 회전한다.
③ ①~②를 ☐번 반복한다.

숫자 5를 눌렀을 때
① 100만큼 선을 긋는다.
② ☐도 회전한다.
③ ①~②를 ☐번 반복한다.

a를 눌렀을 때
① (삼각형/사각형/오각형)을 그린다.
② 10도 회전한다.
③ ①~②를 ☐번 반복한다.

s를 눌렀을 때
① (삼각형/사각형/오각형)을 그린다.
② 10도 회전한다.
③ ①~②를 ☐번 반복한다.

d를 눌렀을 때
① (삼각형/사각형/오각형)을 그린다.
② 10도 회전한다.
③ ①~②를 ☐번 반복한다.

14.3 개념다지기

함수

작품을 만들다 보면 자주 쓰이는 코드가 있습니다. 그런 코드를 매번 새로 만들면 시간이 많이 듭니다. 자주 쓰는 코드를 묶어서 하나의 블록 묶음으로 만들고 새로운 이름을 붙이면, 필요할 때마다 쉽게 불러올 수 있습니다. 이를 **함수**라 합니다. 함수는 특정 코드들을 묶어서 하나의 블록으로 사용하기로 약속한 것을 말합니다. 함수는 자주 쓰는 코드를 재사용하거나 일반적인 코드를 만들 때 사용합니다.

여기서는 함수를 만들어 보면서 함수의 개념을 익혀 보겠습니다. 함수는 블록꾸러미의 **[속성]** 탭에서 만들 수 있습니다. **[함수 추가하기]**를 클릭하면 블록조립소에 `함수 정의하기 함수` 블록과 함께 투명한 창이 나타납니다. 이곳에서 함수를 정의할 수 있습니다.

`함수 정의하기 함수` 블록에서 '함수'를 클릭해 '앞으로 가기'라 수정해 보세요. 함수 카테고리에 `앞으로 가기` 블록이 만들어진 것을 볼 수 있습니다.

'앞으로 가기'라는 이름에 알맞는 함수를 정의하기 위해 다음과 같이 블록을 만들고 **[확인]** 버튼을 누릅니다.

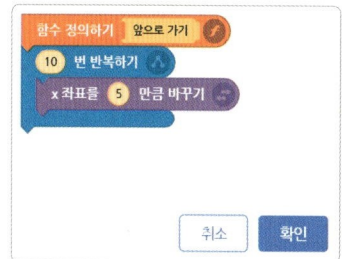

14.3 개념 다지기

`함수` 카테고리에 있는 `앞으로 가기` 블록과 `시작` 카테고리의 `q 키를 눌렀을 때` 블록을 연결하여 다음과 같이 코드를 만듭니다. ▶를 누르고 스페이스 키를 눌러 보세요.

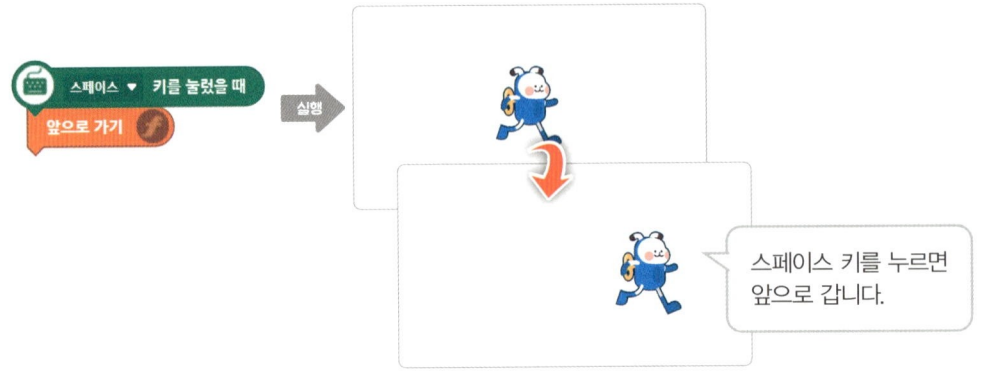

스페이스 키를 누를 때마다 오브젝트가 앞으로 갑니다. 왜냐하면 스페이스 키를 누르면 '앞으로 가기' 함수가 실행되는데, '앞으로 가기' 함수는 '10번 반복해서 x 좌표를 5만큼 바꾸기'로 정의되었기 때문입니다.

이처럼 함수는 자주 쓰는 코드를 묶어서 사용할 수 있습니다.

14.4 알고리즘 만들기

지금까지 배운 내용을 토대로 알고리즘을 만들어 보겠습니다. 오브젝트의 행동을 순서대로 생각해 보면서 '블록 모음'에서 알맞은 블록을 골라 순서에 맞게 물음표를 채워 보세요. 참고로, 한 번 사용한 블록도 다시 사용할 수 있답니다. (정답은 173쪽 '검토하기'에 있습니다.)

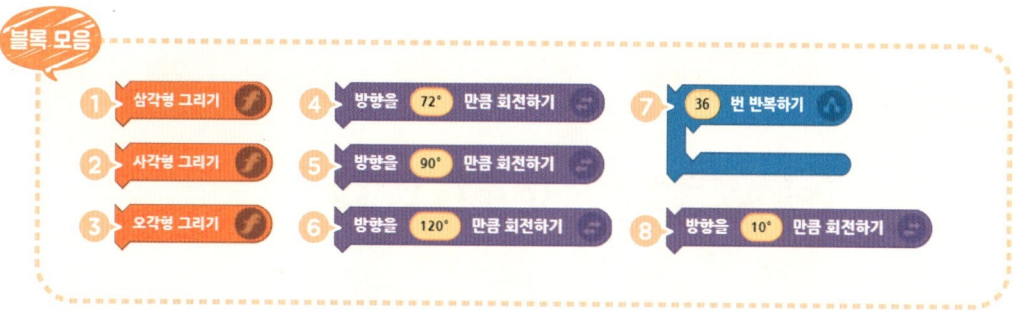

CHAPTER 14 다각형 패턴 그리기 **167**

14.4 알고리즘 만들기

프로그래밍하기

자, 이제 실전입니다. 앞에서 만든 알고리즘을 토대로 '다각형 패턴 그리기'를 완성해 볼까요?

> **'프로그래밍' 미리보기**
>
> **필요한 오브젝트** 연필(1)
>
> **STEP 1** 시작하면 "숫자 3, 4, 5와 a, s, d를 눌러 보세요."라고 말한다.
>
> **STEP 2** 숫자 3을 누르면 삼각형을, 숫자 4를 누르면 사각형을, 숫자 5를 누르면 오각형을 그린다.
>
> **STEP 3** 문자 a를 누르면 삼각형 패턴을, 문자 s를 누르면 사각형 패턴을, 문자 d를 누르면 오각형 패턴을 그린다.

STEP 1 시작하면 "숫자 3, 4, 5와 a, s, d를 눌러 보세요."라고 말한다.

1 엔트리봇 오브젝트를 삭제하고 **연필(1)** 오브젝트를 추가한 다음, 오브젝트의 위치와 크기를 다음과 같이 만듭니다.

2 ▶를 누르면 연필이 "숫자 3, 4, 5와 a, s, d를 눌러 보세요."라고 말하도록 블록을 연결합니다.

> **TIP** 앞에서 배운 것처럼 연필(1) 오브젝트의 연필심 부분에서 붓이 그려지도록 오브젝트 중심의 위치도 잊지 말고 바꿔 주세요.

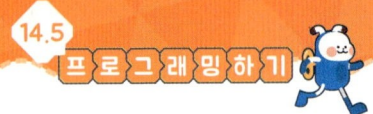

14.5 프로그래밍하기

STEP 2 숫자 3을 누르면 삼각형을, 숫자 4를 누르면 사각형을, 숫자 5를 누르면 오각형을 그린다.

3 앞서 삼각형/사각형/오각형을 그리는 방법에 대해 배웠습니다. 기억을 떠올려 다음과 같이 만들어 볼까요?

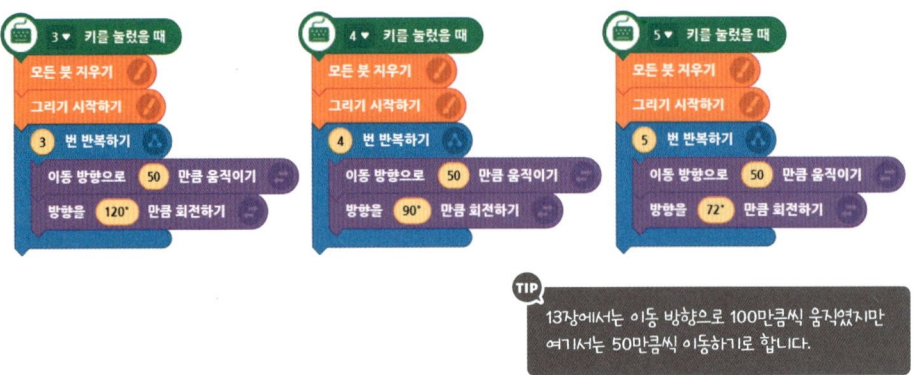

> **TIP** 13장에서는 이동 방향으로 100만큼씩 움직였지만 여기서는 50만큼씩 이동하기로 합니다.

4 **3**에서는 비슷한 작업이 계속 반복되고 있습니다. 곧이어 나올 패턴 만들기에서도 삼각형/사각형/오각형을 만들어야 하므로 반복되는 블록을 함수로 만들어 코드 블록을 간단히 만들어 보겠습니다. **[속성]** 탭에서 **[함수]** ➡ **[함수 추가하기]**를 누른 다음 `함수 정의하기 함수` 블록에 있는 '함수'를 클릭하여 '삼각형 그리기'로 바꿔 줍니다.

`함수 정의하기 삼각형 그리기`

5 삼각형 그리기 함수를 정의하기 위해 앞에서 배운 대로 삼각형을 만드는 블록을 연결하고 **[확인]**을 눌러 주세요.

```
함수 정의하기  삼각형 그리기
  3 번 반복하기
    이동 방향으로 50 만큼 움직이기
    방향을 120° 만큼 회전하기
```

> **TIP** **3**에서 만든 블록을 복사해 두었다가 함수를 만들 때 붙여 넣을 수 있습니다.

170 CHAPTER 14 다각형 패턴 그리기

6 이렇게 함수를 사용하면 3 의 블록을 다음과 같이 짧게 바꿔 쓸 수 있습니다.

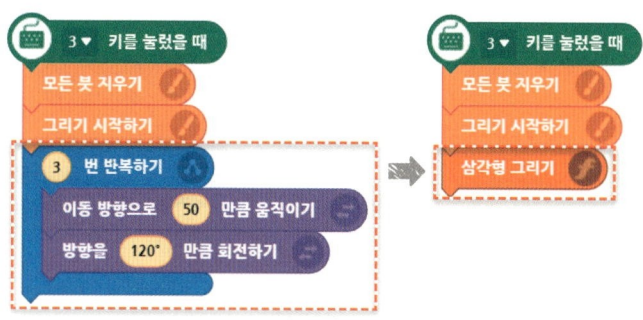

7 이처럼 사각형 그리기 , 오각형 그리기 함수를 정의하여 3 의 블록을 모두 간단하게 만들어보세요.

STEP 3 문자 a를 누르면 삼각형 패턴을, 문자 s를 누르면 사각형 패턴을, 문자 d를 누르면 오각형 패턴을 그린다.

8 a를 눌렀을 때 삼각형이 회전하면서 그려져 패턴을 만들도록 해 보세요. 다음 그림을 보면, 삼각형이 일정한 각도로 회전하면서 원 모양을 이루는 것을 알 수 있습니다.

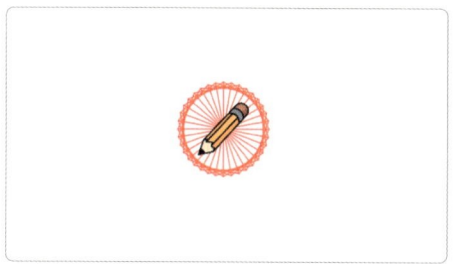

14.5 프로그래밍하기

9 8의 그림처럼 패턴을 만드려면 삼각형을 그린 뒤 회전한 후 다시 그리기를 반복해야 합니다. 반복 횟수와 각도는 자유롭게 정할 수 있습니다. 그렇지만 패턴을 원 모양으로 하려면 회전을 모두 더한 값이 360도가 되어야 합니다. 여기서는 삼각형을 10도씩 36번 회전하여 패턴을 그리겠습니다. 앞에서 만든 사각형 그리기 함수를 사용하여 다음과 같이 블록을 작성해 보세요.

10 9를 참고하여 사각형과 오각형 패턴 그리기 코드를 완성해 보세요.

11 ▶를 누르고 키보드로 3, 4, 5, a, s, d를 눌러 보세요. 회전 각도나 반복 횟수를 수정하면서 다양한 도형 패턴을 만들어 보세요.

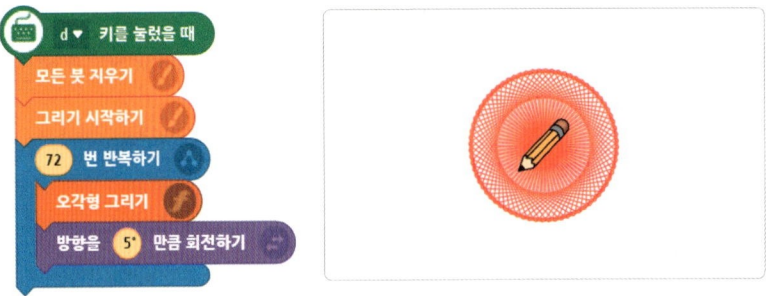

14.6 검토하기

완성된 코드를 검토해 볼까요? http://bit.ly/entrysong14c에 접속하면 전체 코드를 볼 수 있습니다. 놓친 부분은 없는지 천천히 살펴보세요.

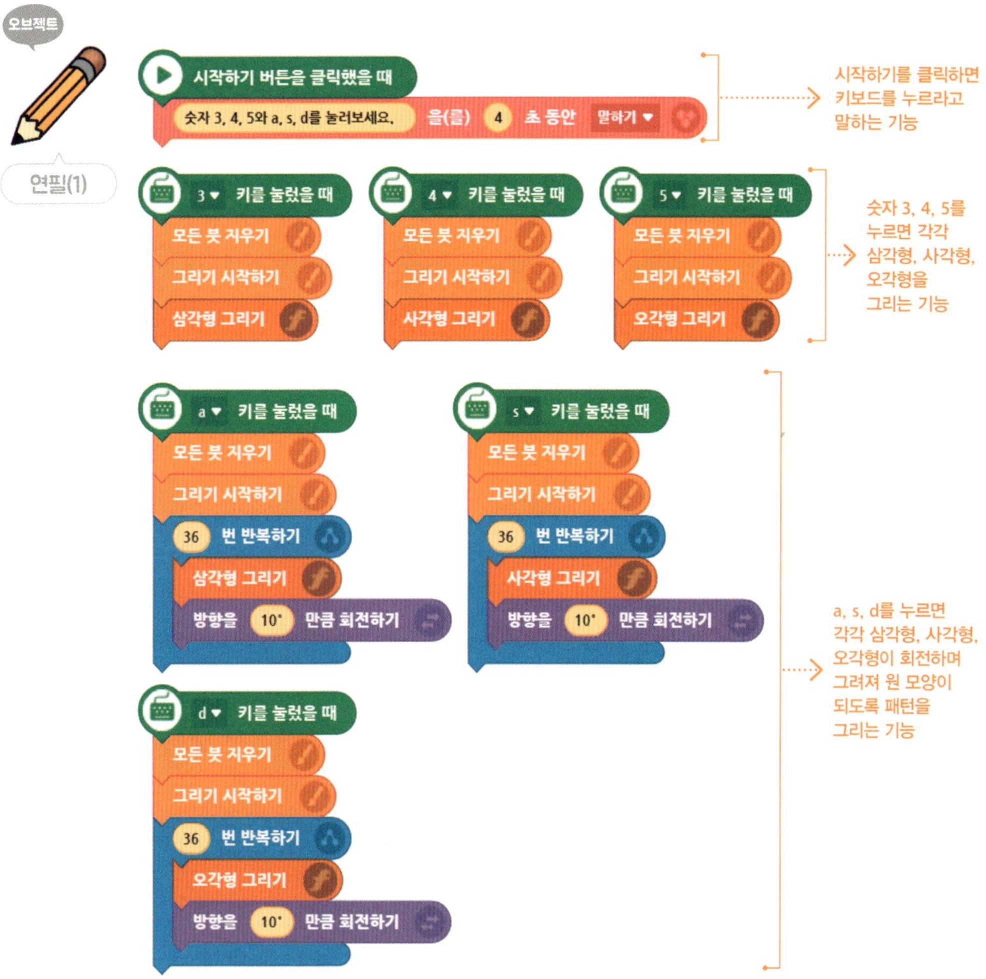

오브젝트
연필(1)
시작하기 버튼을 클릭했을 때
숫자 3, 4, 5와 a, s, d를 눌러보세요. 을(를) 4 초 동안 말하기
시작하기를 클릭하면 키보드를 누르라고 말하는 기능
3 키를 눌렀을 때
모든 붓 지우기
그리기 시작하기
삼각형 그리기
4 키를 눌렀을 때
모든 붓 지우기
그리기 시작하기
사각형 그리기
5 키를 눌렀을 때
모든 붓 지우기
그리기 시작하기
오각형 그리기
숫자 3, 4, 5를 누르면 각각 삼각형, 사각형, 오각형을 그리는 기능
a 키를 눌렀을 때
모든 붓 지우기
그리기 시작하기
36 번 반복하기
삼각형 그리기
방향을 10° 만큼 회전하기
s 키를 눌렀을 때
모든 붓 지우기
그리기 시작하기
36 번 반복하기
사각형 그리기
방향을 10° 만큼 회전하기
d 키를 눌렀을 때
모든 붓 지우기
그리기 시작하기
36 번 반복하기
오각형 그리기
방향을 10° 만큼 회전하기
a, s, d를 누르면 각각 삼각형, 사각형, 오각형이 회전하며 그려져 원 모양이 되도록 패턴을 그리는 기능

더 나아가기

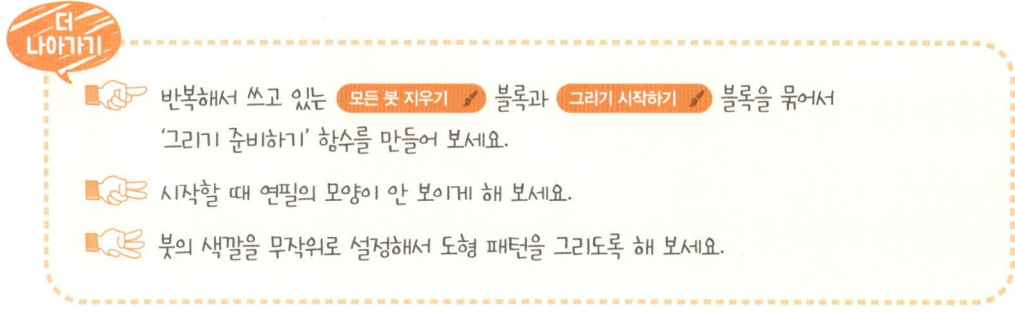

- 반복해서 쓰고 있는 모든 붓 지우기 블록과 그리기 시작하기 블록을 묶어서 '그리기 준비하기' 함수를 만들어 보세요.
- 시작할 때 연필의 모양이 안 보이게 해 보세요.
- 붓의 색깔을 무작위로 설정해서 도형 패턴을 그리도록 해 보세요.

미디어 아트 만들기

CHAPTER 15 다양한 다각형 패턴 그리기

학습목표

그리기와 함수 기능을 사용하여 크기가 다양한 다각형 패턴 만들기

프로그래밍 개념 ▶ 함수 순차 반복 이벤트

새로 등장하는 엔트리 블록 ▶ 이름 문자/숫자값

▶ http://bit.ly/entrysong15 에 접속하여 작품을 실행해 보세요.

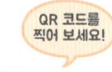

QR 코드를 찍어 보세요!

▶ 키보드에서 a와 s를 차례대로 눌러 보세요.

▶ 원하는 다각형과 크기를 숫자로 입력하고 엔터를 눌러 보세요.

15.2 생각다듬기

이 작품을 만드는 데 필요한 오브젝트를 나열하고, 각 오브젝트의 행동을 순서대로 생각해 보세요. (빈칸에 어떤 내용이 들어갈지 생각해 보고, 괄호 안에 있는 두 가지 행동 중 어떤 행동이 맞을지 동그라미로 표시해 보세요.)

오브젝트: 연필(1)

오브젝트의 행동:

말하기
시작을 누르면 "a 또는 s를 눌러보세요."라고 말한다.

a를 눌렀을 때
① 몇 각형인지 묻고 대답을 ☐ 변수에 저장한다.
② 크기를 묻고 대답을 ☐ 변수에 저장한다.
③ 저장된 변수에 따라 (다각형/다각형 패턴)을 그린다.

s를 눌렀을 때
① 몇 각형인지 묻고 대답을 ☐ 변수에 저장한다.
② 크기를 묻고 대답을 ☐ 변수에 저장한다.
③ 저장된 변수에 따라 (다각형/다각형 패턴)을 그린다.

15.3 개념 다지기

함수(일반화)

작품을 만들다 보면 블록 모양은 같은데 그 안에 들어간 값만 다른 코드가 있습니다. 이런 코드들은 **함수** 기능을 사용하여 **일반적인 블록**으로 만들 수 있습니다. 일반적인 블록을 만들면 여러 번 코드를 만들 필요 없이 하나의 블록으로 그 안에 들어간 값을 자유롭게 수정하여 쓸 수 있습니다.

예를 들어, 1, 2, 3을 눌렀을 때 크기가 각각 다른 정사각형을 그리는 코드는 다음과 같습니다. 블록 모양은 같으나 값만 조금씩 다른 코드입니다.

14장에서 배운 대로 함수를 사용하면, 다음과 같이 따로따로 블록을 만들어야 합니다.

이제는 단 하나의 함수만을 만들어 세 블록에 모두 사용해 보겠습니다. 블록꾸러미의 [속성] 탭에서 [함수] ➡ [함수 추가하기]를 클릭하고, 이름 과 문자/숫자값 블록을 가져와 다음과 같이 블록을 만듭니다.

이름 블록은 함수의 이름을 정하는 블록입니다. 이름 을 하나는 '한 변의 길이', 다른 하나는 '정사각형 그리기'로 수정하고, 다음과 같이 사각형을 그리는 코드를 만듭니다.

주의할 점은 이동 방향으로 문자/숫자값 만큼 움직이기 블록에 들어 있는 문자/숫자값 블록입니다. 문자/숫자값 블록은 문자나 숫자 값을 전달하는 블록입니다. 함수 정의하기 함수 블록에 이 블록을 조립하고, 그 아래에 연결된 블록에 문자/숫자값 을 끼워 넣으면 문자나 숫자 값에 따라 다양한 사각형을 그릴 수 있게 됩니다.

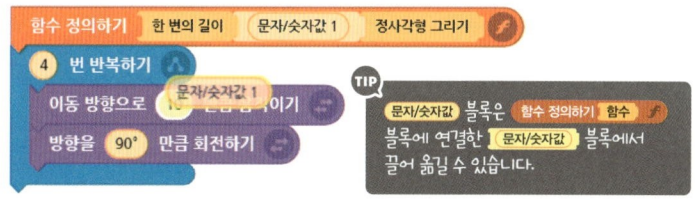

[확인]을 눌러 저장하면 함수 카테고리에 한 변의 길이 10 정사각형 그리기 블록이 생긴 것을 볼 수 있습니다. 한 변의 길이 10 정사각형 그리기 블록에 원하는 숫자를 집어넣으면, 한 변의 길이가 그

이렇게 함수를 사용하면 일반적인 블록 하나로 만들어서 다양하게 사용할 수 있습니다.

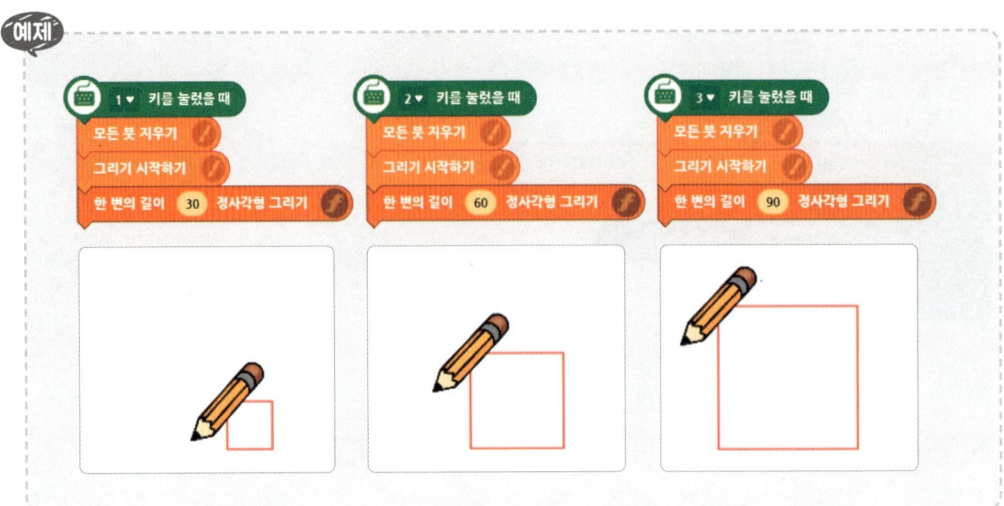

15.4 알고리즘 만들기

지금까지 배운 내용을 토대로 알고리즘을 만들어 보겠습니다. 오브젝트의 행동을 순서대로 생각해 보면서 '블록 모음'에서 알맞은 블록을 골라 순서에 맞게 물음표를 채워 보세요. 참고로, 한 번 사용한 블록도 다시 사용할 수 있답니다. (정답은 187쪽 '검토하기'에 있습니다.)

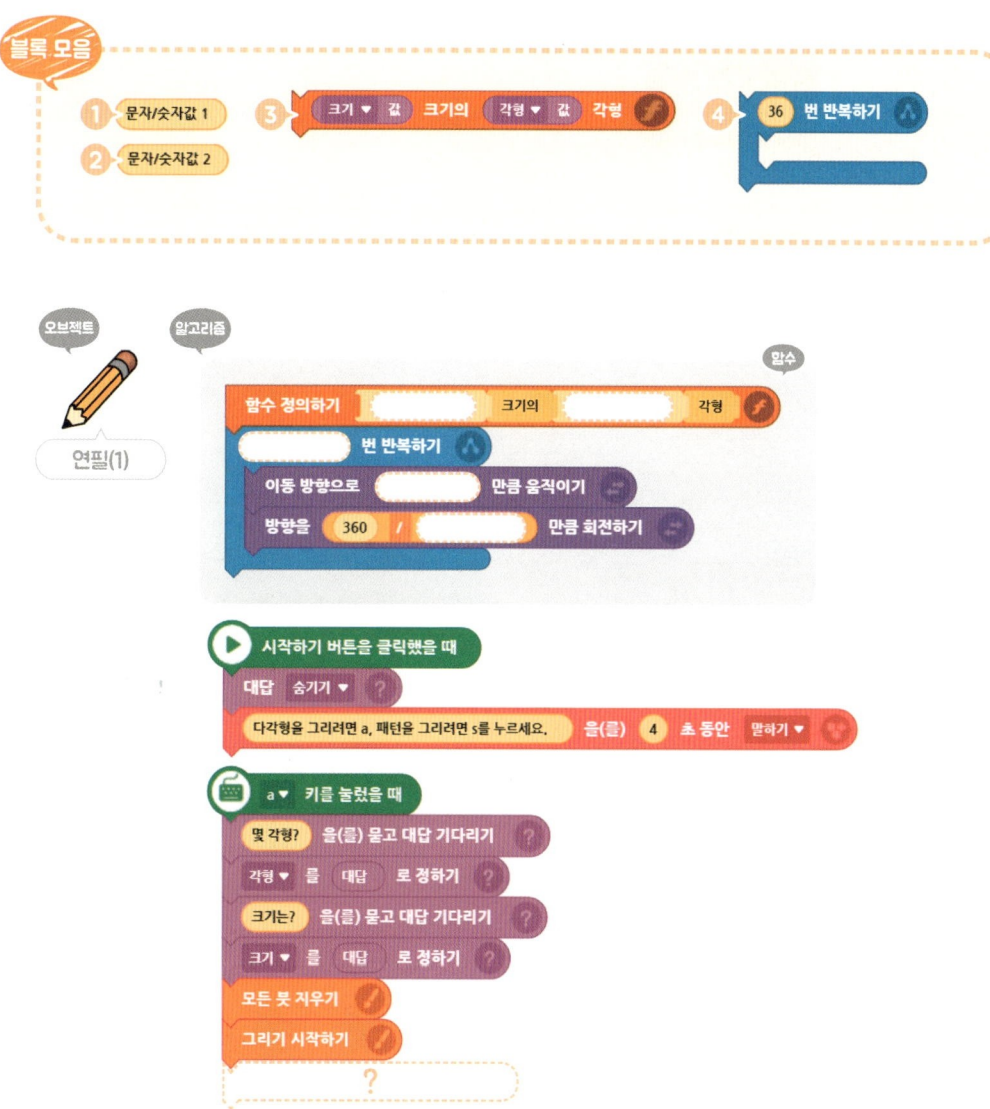

15.4 알고리즘 만들기

15.5 프로그래밍하기

자, 이제 실전입니다. 앞에서 만든 알고리즘을 토대로 '다양한 다각형 패턴 그리기'를 완성해 볼까요?

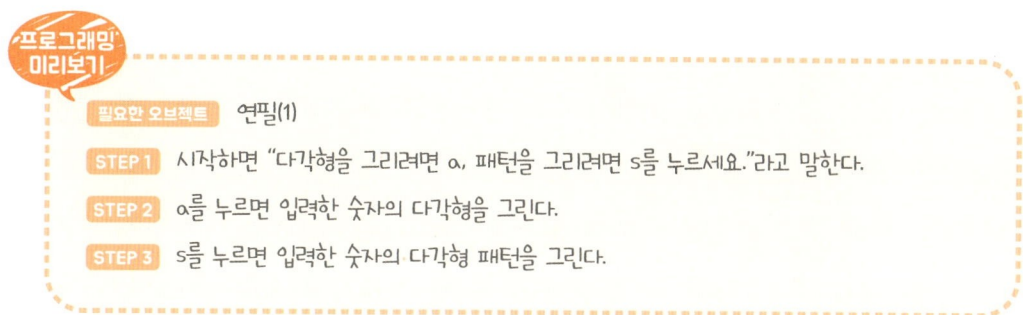

STEP 1 시작하면 "다각형을 그리려면 a, 패턴을 그리려면 s를 누르세요." 라고 말한다.

1 엔트리봇 오브젝트를 삭제하고 **연필(1)** 오브젝트를 추가한 다음, 오브젝트의 위치와 크기를 다음과 같이 만듭니다.

2 ▶를 누르면 연필이 "다각형을 그리려면 a, 패턴을 그리려면 s를 누르세요."라고 말하도록 블록을 연결합니다.

CHAPTER 15 다양한 다각형 패턴 그리기

15.5 프로그래밍하기

STEP 2 a를 누르면 입력한 숫자의 다각형을 그린다.

3 먼저, 만들고 싶은 다각형이 몇 각형인지 그리고 크기는 얼마인지 묻고 대답을 저장하기 위해 '각형'과 '크기' 변수를 만듭니다.

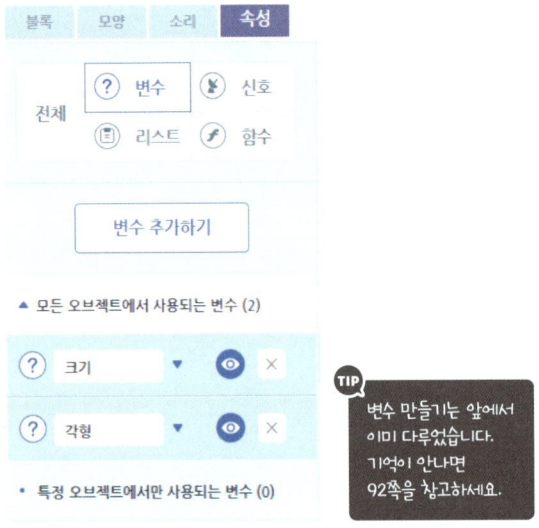

TIP 변수 만들기는 앞에서 이미 다루었습니다. 기억이 안 나면 92쪽을 참고하세요.

4 a를 눌렀을 때 '각형'과 '크기'를 차례로 묻고, 대답을 각각의 변수에 저장하도록 코드를 만들어 보세요.
`안녕! 을(를) 묻고 대답 기다리기` 블록이 필요하겠죠?
(기억이 안 나면 125쪽을 참고하세요.)

5 새 다각형을 그릴 때마다 그린 붓을 지우고 그리기를 시작하도록 `모든 붓 지우기` 와 `그리기 시작하기` 를 연결합니다.

182 CHAPTER 15 다양한 다각형 패턴 그리기

6 이제 여러 크기의 다각형을 그릴 수 있는 일반화된 함수 블록을 만들어 볼까요?
블록꾸러미의 **[속성]** 탭에서 **[함수]** ➡ **[함수 추가하기]**를 눌러 함수를 만들어 보세요.
입력할 숫자 값이 두 가지(각형, 크기)이므로 문자/숫자값 블록도 두 개가 필요합니다.

TIP 문자/숫자값 블록을 여러 개 사용하면 자동으로 블록 이름 끝에 숫자가 나타납니다.

7 기본적인 도형을 그릴 수 있도록 다음과 같이 코드를 만듭니다. 익숙하죠? 앞에서 우리가 다각형 그리기에 사용해 온 블록들입니다.

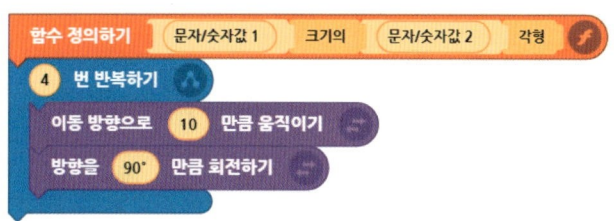

8 우선, 여러분이 어떤 다각형을 원하는지 모르기 때문에 n각형이라고 이야기하겠습니다. n각형을 그리기 위해서는 **7**의 블록을 어떻게 고쳐야 할까요? 앞에서 그렸던 삼각형, 사각형, 오각형을 생각해 보세요. 삼각형은 '직선 그리기와 120도 회전을 3번 반복'했습니다. 같은 방법으로 사각형은 '직선 그리기와 90도 회전을 4번 반복'했고, 오각형은 '직선 그리기와 72도 회전을 5번 반복'했습니다. 이를 일반화하면 n각형은 '직선 그리기와 360/n도 회전을 n번 반복'하면 된다는 것을 알 수 있습니다.

	번 반복하기	이동 방향으로 10 만큼 움직이기	방향을 60° 만큼 움직이기
삼각형	3	100	360 / 3 = 120
사각형	4	100	360 / 4 = 90
오각형	5	100	360 / 5 = 72
n각형	n	100	360 / n

15.5 프로그래밍하기

9 이제 **7**의 블록을 **8**을 토대로 고쳐 볼까요? `10 번 반복하기` 블록에는 n이 들어가므로 `문자/숫자값 1` 블록을 넣습니다. `이동 방향으로 10 만큼 움직이기` 블록에는 여러분이 원하는 크기가 들어가야 하므로 `문자/숫자값`의 값이 들어가겠죠? 마지막으로, `방향을 60° 만큼 움직이기` 블록에는 360/n이므로 `360 / 문자/숫자값 2` 블록을 넣으면 됩니다. 조금 어렵죠? 어렵게 만든 함수가 지워지지 않도록 **[확인]**을 눌러 저장합니다.

TIP `10 / 10` 블록은 계산 카테고리에 있습니다.

10 `함수` 카테고리에 `10 크기의 10 각형` 블록이 생겼습니다. 이 블록을 **5**의 블록에 연결하고 원하는 숫자를 넣으면 그에 맞는 크기의 다각형이 그려집니다.

11 이제 `10 크기의 10 각형` 블록에 여러분이 대답한 두 변수 값을 넣으면 다각형 그리기 코드가 완성됩니다.

12 ▶를 눌러 작품이 잘 동작하는지 확인해 보세요. 원하는 다각형과 크기를 입력하면 그에 맞는 다각형이 그려지는 것을 볼 수 있습니다.

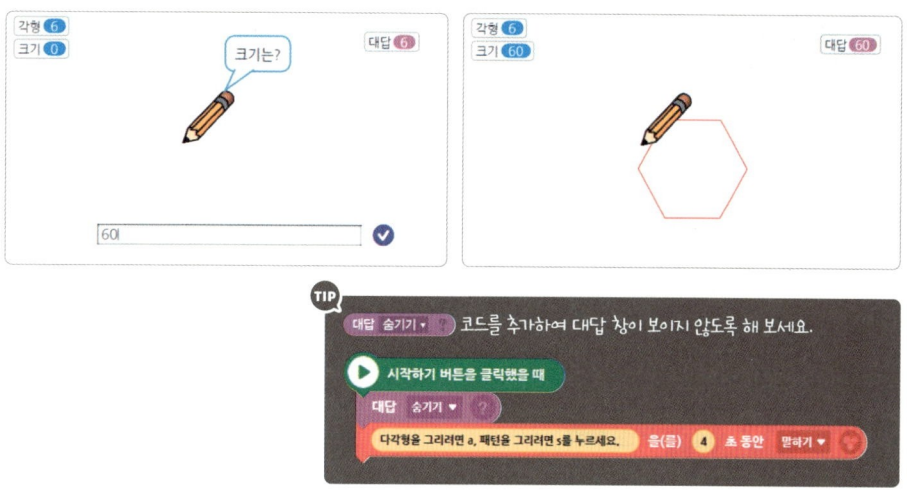

STEP 3 s를 누르면 입력한 숫자의 다각형 패턴을 그린다.

13 이제, s를 눌렀을 때 다각형 패턴을 그리는 블록을 작성해 볼까요? 원하는 다각형과 크기를 묻고 대답을 기다리는 내용인 5 까지는 STEP 2 와 같습니다.

15.5 프로그래밍하기

14 패턴을 그리는 부분을 완성하기 위해 앞에서 배운 패턴 그리기 블록을 기억해 보세요. `사각형 그리기` 블록 대신에 앞에서 만든 함수를 넣기만 하면 됩니다. 쉽죠?

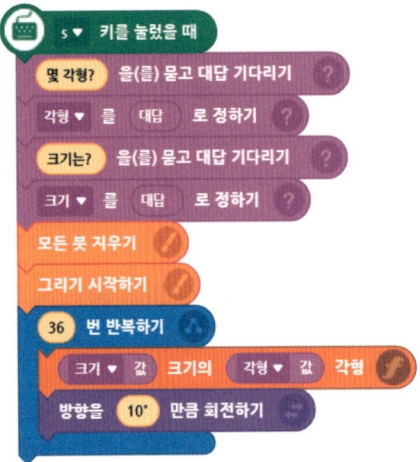

15.6 검토하기

완성된 코드를 검토해 볼까요? http://bit.ly/entrysong15c 에 접속하면 전체 코드를 볼 수 있습니다. 놓친 부분은 없는지 천천히 살펴보세요.

더 나아가기

s를 누르면 회전 각도를 입력받아 자동으로 회전 각도를 설정하도록 해 보세요. 단, 회전 각도가 변하면 반복 횟수도 바꾸어야 원 모양 패턴이 그려지니 주의하세요!

CHAPTER 15 다양한 다각형 패턴 그리기

CHAPTER 16

이야기 만들기
사자와 다람쥐

학 습 목 표

신호 보내기를 사용하여 간단한 애니메이션 만들기

프로그래밍 개념 ▶ 순차 반복 이벤트

새로 등장하는 엔트리 블록 ▶ 소리 사자 울음소리▼ 재생하기

16.1 생각하기

▶ http://bit.ly/entrysong16에 접속하여 작품을 실행해 보세요.

QR 코드를 찍어보세요!

▶ 여러 번 실행하면서 사자와 다람쥐의 말과 행동을 자세히 살펴보세요.

16.2 생각 다듬기

이 작품을 만드는 데 필요한 오브젝트를 나열해 보고, 각 오브젝트의 행동을 순서대로 생각해 보세요. (빈칸에 어떤 내용이 들어갈지 생각해 보고, 회색 괄호 안에 있는 두 가지 행동 중 어떤 행동이 맞을지 동그라미로 표시해 보세요.)

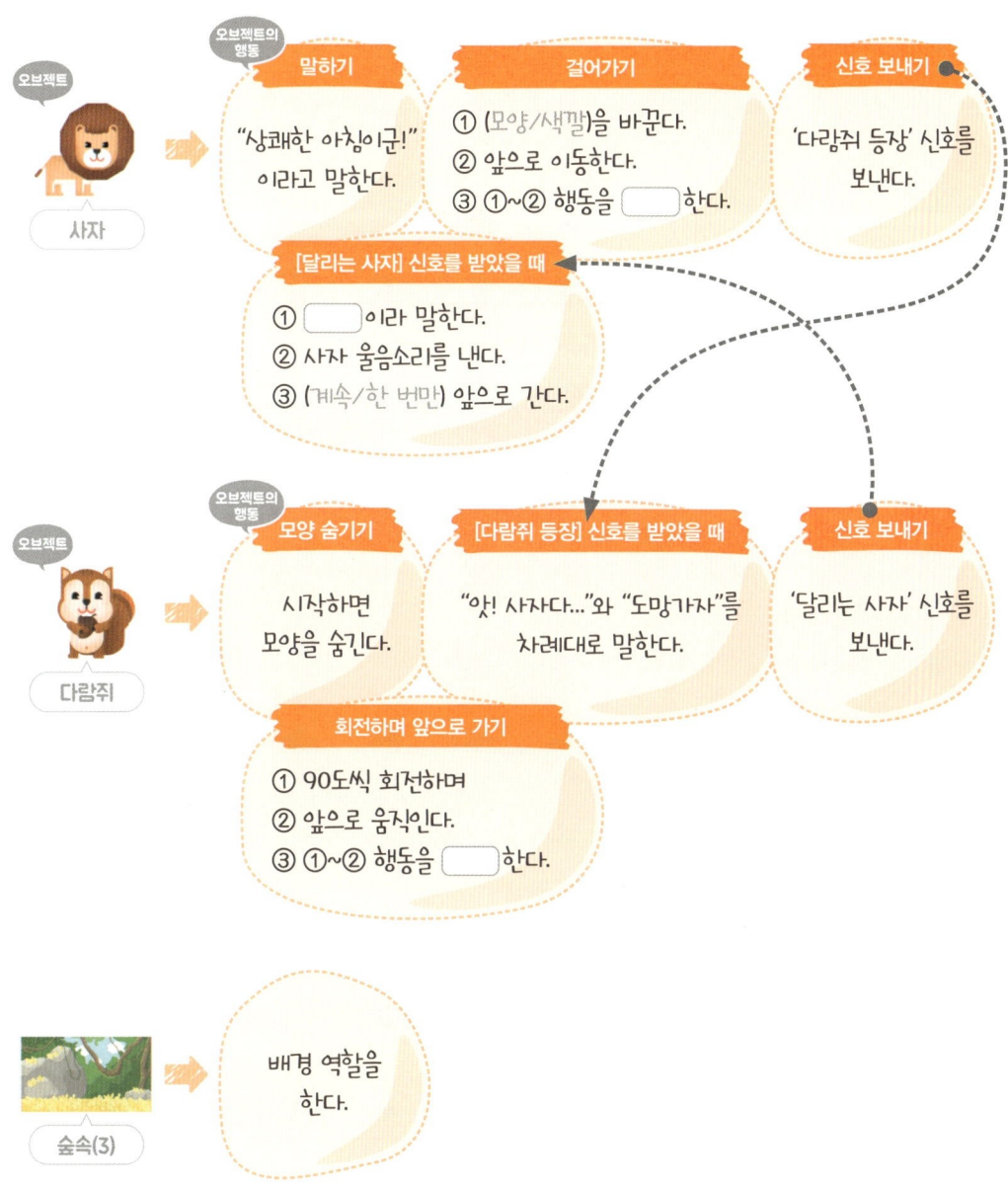

16.3 개념다지기

소리 🔊 소리

오브젝트는 각각의 블록과 모양 그리고 소리를 가지고 있습니다. 블록 꾸러미의 **[소리]** 탭을 누르면 각 오브젝트가 가지고 있는 소리 목록이 나옵니다. 소리 재생 버튼(▶)을 눌러서 오브젝트가 가지고 있는 소리를 들어볼 수 있습니다. 소리가 없다면 **[소리 추가하기]** 버튼을 통해 새로운 소리를 추가할 수 있습니다. 이처럼 작품에 소리를 넣으려면 소리 관련 블록을 사용하면 됩니다.

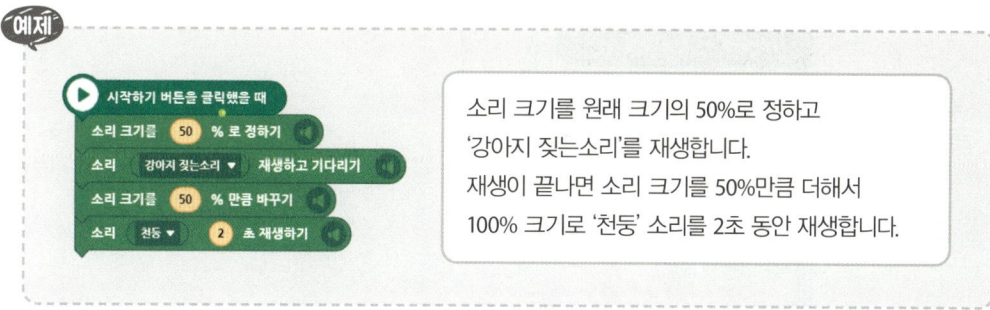

16.4 알고리즘 만들기

지금까지 배운 내용을 토대로 알고리즘을 만들어 보겠습니다. 오브젝트의 행동을 순서대로 생각해 보면서 '블록 모음'에서 알맞은 블록을 골라 순서에 맞게 물음표를 채워 보세요. 참고로, 한 번 사용한 블록도 다시 사용할 수 있답니다. (정답은 198쪽 '검토하기'에 있습니다.)

16.4 알고리즘 만들기

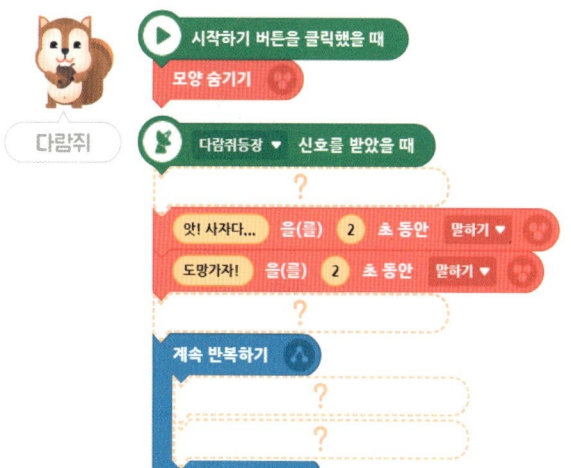

16.5 프로그래밍하기

자, 이제 실전입니다. 앞에서 만든 알고리즘을 토대로 '사자와 다람쥐'를 완성해 볼까요?

> **'프로그래밍' 미리보기**
>
> **필요한 오브젝트** 사자, 다람쥐, 숲속(3)
>
> **STEP 1** 사자가 "상쾌한 아침이군!"이라고 말하며 앞으로 간다.
> **STEP 2** 다람쥐가 "앗! 사자다…"와 "도망가자!"를 차례로 말하고 도망간다.
> **STEP 3** 사자가 울음소리와 함께 "어흥!"이라고 말하며 앞으로 간다.

STEP 1 사자가 "상쾌한 아침이군!"이라고 말하며 앞으로 간다.

1 '엔트리봇' 오브젝트를 삭제하고 **다람쥐, 사자, 숲속(3)** 오브젝트를 추가한 다음, 오브젝트의 위치와 크기를 다음과 같이 만듭니다.

> **TIP** 다람쥐와 사자는 '동물-땅'에, 숲속(3)은 '배경-자연'에 있습니다.

2 **사자**가 "상쾌한 아침이군!"이라고 말하고, 일정한 간격으로 걸어가도록 해 보세요. 말을 한 후, 모양을 바꾸며 이동 방향으로 움직이는 행동을 반복하면 걸어가는 효과를 만들 수 있습니다.

```
▶ 시작하기 버튼을 클릭했을 때
  상쾌한 아침이군! 을(를) 2 초 동안 말하기 ▼
  15 번 반복하기
    다음 ▼ 모양으로 바꾸기
    이동 방향으로 10 만큼 움직이기
    0.1 초 기다리기
```

16.5 프로그래밍하기

3 사자가 움직이기를 멈추면 다람쥐가 나타나 말을 하고 도망가도록 신호를 보내 보세요.
(신호 보내기는 앞에서 벌써 배웠습니다. 기억이 안 나면 86쪽과 91쪽을 참고하세요.)

```
시작하기 버튼을 클릭했을 때
상쾌한 아침이군! 을(를) 2 초 동안 말하기 ▼
15 번 반복하기
    다음 ▼ 모양으로 바꾸기
    이동 방향으로 10 만큼 움직이기
    0.1 초 기다리기
다람쥐등장 ▼ 신호 보내기
```

STEP 2 다람쥐가 "앗! 사자다..."와 "도망가자!"를 차례로 말하고 도망간다.

4 시작할 때는 **다람쥐**가 숨겨져 있도록 해 보세요. 이 코드도 아주 간단하죠?

```
시작하기 버튼을 클릭했을 때
모양 숨기기
```

5 앞에서 사자가 걸음을 멈추면 '다람쥐 등장' 신호를 보냈습니다. 이 신호를 받으면 다람쥐가 나타나면서 "앗! 사자다..."와 "도망가자!"를 차례로 말하도록 해 보세요.

```
다람쥐등장 ▼ 신호를 받았을 때
모양 보이기
앗! 사자다... 을(를) 2 초 동안 말하기 ▼
도망가자! 을(를) 2 초 동안 말하기 ▼
```

6 다람쥐가 말을 하고 나면 사자가 쫓아오도록 신호를 보내볼까요? 신호 이름은 '달리는 사자'로 정했습니다.

```
다람쥐등장 ▼ 신호를 받았을 때
모양 보이기
앗! 사자다... 을(를) 2 초 동안 말하기 ▼
도망가자! 을(를) 2 초 동안 말하기 ▼
달리는 사자 ▼ 신호 보내기
```

CHAPTER 16 **사자와 다람쥐**

16.5 프로그래밍하기

7 이제 사자가 쫓아올 테니 도망을 가야 합니다. 다람쥐가 뱅글뱅글 돌면서 도망가도록 해 볼까요? 앞에서 배운 것처럼 `방향을 90° 만큼 회전하기` 블록과 `이동 방향으로 10 만큼 움직이기` 블록을 사용하면 다람쥐가 뱅글뱅글 돌면서 도망갈 수 있을까요? 아닙니다. 다람쥐가 회전한 상태로 이동방향으로 움직이면 계속 다른 방향으로 움직이게 됩니다. 이때는 좌푯값을 이용해야 합니다. `이동 방향으로 10 만큼 움직이기` 블록을 `x 좌표를 10 만큼 바꾸기` 블록으로 고쳐 보세요.

STEP 3 사자가 울음소리와 함께 '어흥!'이라고 말하며 앞으로 간다.

8 **사자**가 '달리는 사자' 신호를 받아서 "어흥!"이라고 말하고 울음소리를 내도록 해 보세요. 다음과 같이 블록 꾸러미의 **[소리]** 카테고리에서 `소리 사자 울음소리▼ 재생하기` 블록을 가져다 연결해 보세요.

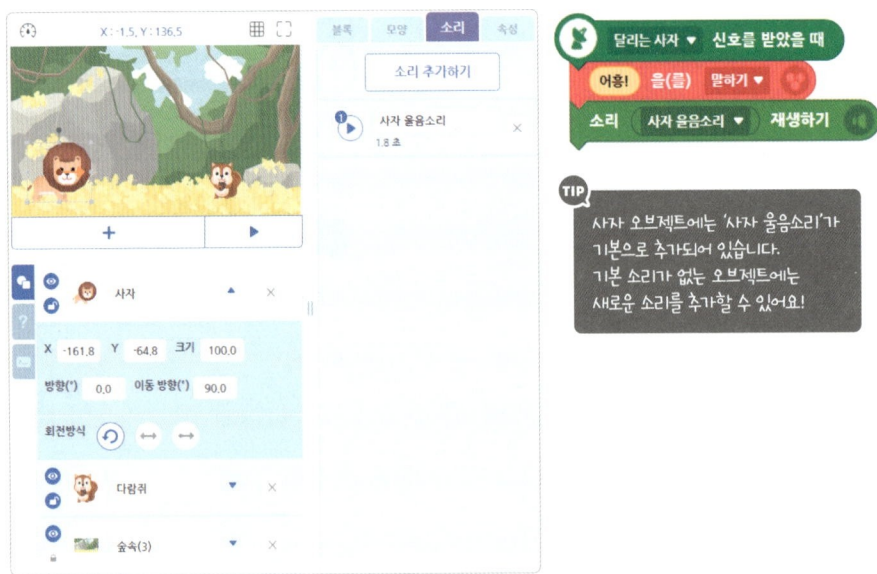

> **TIP**
> 사자 오브젝트에는 '사자 울음소리'가 기본으로 추가되어 있습니다. 기본 소리가 없는 오브젝트에는 새로운 소리를 추가할 수 있어요!

9 사자가 울음소리를 낸 후에 다람쥐를 계속 쫓아가도록 움직여 보세요.

10 ▶를 눌러 작품이 제대로 동작하는지 살펴보세요.

16.6 검토하기

완성된 코드를 검토해 볼까요? http://bit.ly/entrysong16c 에 접속하면 전체 코드를 볼 수 있습니다. 놓친 부분은 없는지 천천히 살펴보세요.

사자

- 시작하기 버튼을 클릭했을 때
  - 상쾌한 아침이군! 을(를) 2 초 동안 말하기 → 사자가 말을 하는 기능
  - 15 번 반복하기
    - 다음 모양으로 바꾸기
    - 이동 방향으로 10 만큼 움직이기 → 사자가 앞으로 걸어가는 기능
    - 0.1 초 기다리기
  - 다람쥐등장 신호 보내기 → 다람쥐에게 신호를 보내는 기능

- 달리는 사자 신호를 받았을 때
  - 어흥! 을(를) 말하기
  - 소리 사자 울음소리 재생하기 → '달리는 사자' 신호를 받았을 때 말을 하며 소리를 재생하는 기능
  - 계속 반복하기
    - 다음 모양으로 바꾸기
    - 이동 방향으로 10 만큼 움직이기 → 계속해서 앞으로 걸어가는 기능
    - 0.1 초 기다리기

다람쥐

- 시작하기 버튼을 클릭했을 때
  - 모양 숨기기 → 시작할 때 다람쥐 모양을 숨기는 기능

- 다람쥐등장 신호를 받았을 때
  - 모양 보이기 → '다람쥐 등장' 신호를 받았을 때 모양을 보이게 하는 기능
  - 앗! 사자다... 을(를) 2 초 동안 말하기
  - 도망가자! 을(를) 2 초 동안 말하기 → 말을 하고 사자에게 신호를 보내는 기능
  - 달리는 사자 신호 보내기
  - 계속 반복하기
    - 방향을 90° 만큼 회전하기 → 뱅글뱅글 돌며 앞으로 가는 기능
    - x 좌표를 5 만큼 바꾸기

더 나아가기 장면을 추가하여 이어지는 이야기를 만들어 보세요.

CHAPTER 17 간단한 예술 작품 만들기

미디어 아트 만들기

학습목표

다양한 생김새 블록과 무작위 수를 사용하여 간단한 예술 작품 만들기

프로그래밍 개념 ▶ 순차 반복 이벤트

새로 등장하는 엔트리 블록 ▶ 색깔▼ 효과를 100 (으)로 정하기   방향을 90° (으)로 정하기

크기를 100 (으)로 정하기

17.1 생각하기

▶ http://bit.ly/entrysong17 에 접속하여 작품을 실행해 보세요.

QR 코드를 찍어보세요!

▶ 스페이스 키를 누르거나 마우스로 실행화면을 눌러 보세요.
그림이 어떻게 변하나요?

17.2 생각다듬기

이 작품을 만드는 데 필요한 오브젝트를 나열해 보고, 각 오브젝트의 행동을 순서대로 생각해 보세요. (빈칸에 어떤 내용이 들어갈지 생각해 보고, 회색 괄호 안에 있는 두 가지 행동 중 어떤 행동이 맞을지 동그라미로 표시해 보세요.)

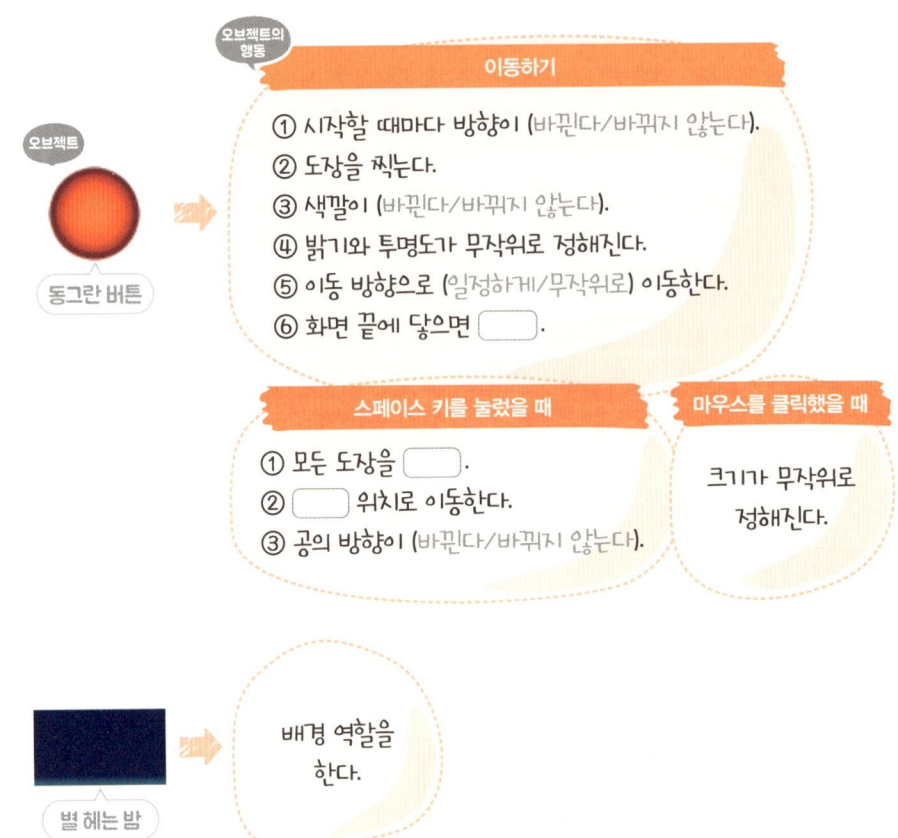

효과 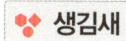 생김새

엔트리에서는 색깔이나 밝기, 투명도 등 **효과**를 통해 오브젝트에 다양한 변화를 줄 수 있습니다.

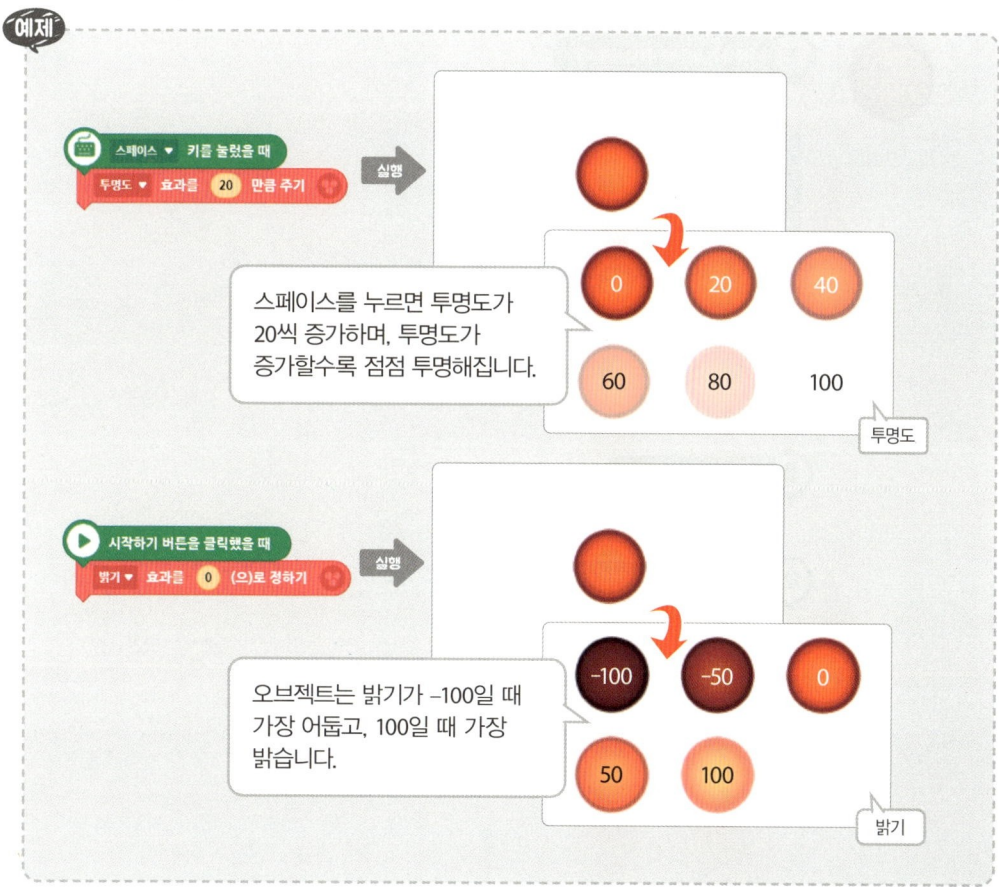

17.4 알고리즘 만들기

지금까지 배운 내용을 토대로 알고리즘을 만들어 보겠습니다. 오브젝트의 행동을 순서대로 생각해 보면서 '블록 모음'에서 알맞은 블록을 골라 순서에 맞게 물음표를 채워 보세요. 참고로, 한 번 사용한 블록도 다시 사용할 수 있답니다. (정답은 206쪽 '검토하기'에 있습니다.)

17.5 프로그래밍하기

자, 이제 실전입니다. 앞에서 만든 알고리즘을 토대로 '간단한 예술 작품 만들기'를 완성해 볼까요?

> **프로그래밍 미리보기**
>
> **필요한 오브젝트** 동그란 버튼, 별 헤는 밤
> **STEP 1** 공이 자유롭게 움직이며 도장을 찍는다.
> **STEP 2** 스페이스 키를 누르면 지금까지 찍은 도장을 모두 지운다.
> **STEP 3** 마우스를 클릭하면 공의 크기가 무작위로 바뀌면서 도장을 찍는다.

STEP 1 공이 자유롭게 움직이며 도장을 찍는다.

1 '엔트리봇' 오브젝트를 삭제하고 **동그란 버튼**과 **별 헤는 밤** 오브젝트를 추가한 다음, 오브젝트의 위치와 크기를 다음과 같이 만듭니다.

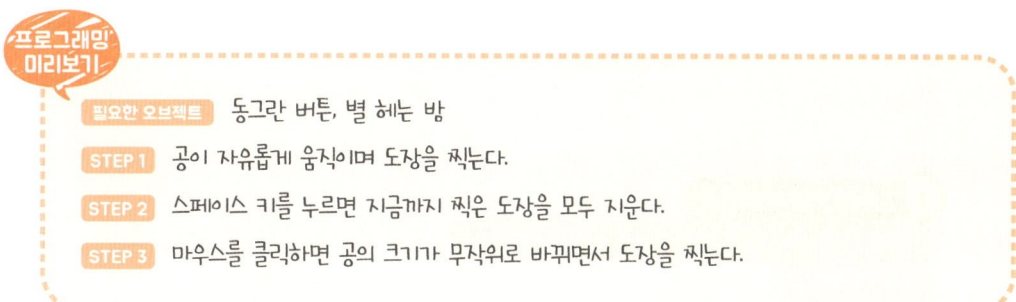

> **TIP** 동그란 버튼은 '인터페이스'에, 별 헤는 밤은 '배경-자연'에 있습니다.

2 ▶를 누를 때마다 **공(동그란 버튼)**이 나아갈 방향이 무작위로 선택되도록 해볼까요? 방향을 정해 주면 될 텐데, `0 부터 10 사이의 무작위 수` 블록이 필요하겠죠? 다음과 같이 블록을 연결해 보세요.

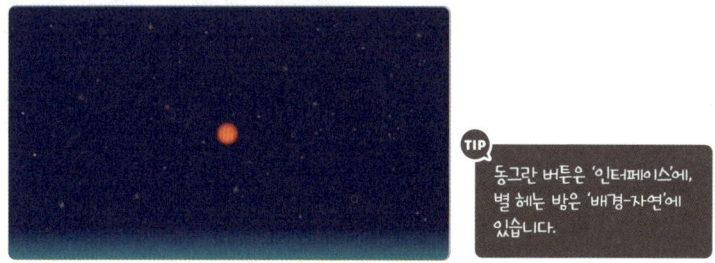

17.5 프로그래밍하기

3 이제 공이 도장을 찍으며 계속 화면을 돌아다니게 해 보세요. 계속 도장을 찍으며 움직이는 코드를 만드는 것은 어렵지 않습니다. 여기서 중요한 것은 공이 돌아다니다가 화면에 부딪히면 튕겨 나와야 한다는 겁니다. 그렇지 않으면 공이 화면 밖으로 나가 버리겠죠? 앞에서 배운 `화면 끝에 닿으면 튕기기` 블록을 떠올리면서 다음과 같이 코드를 연결해 보세요.

```
시작하기 버튼을 클릭했을 때
방향을 0 부터 360 사이의 무작위 수 (으)로 정하기
계속 반복하기
    도장찍기
    이동 방향으로 10 만큼 움직이기
    화면 끝에 닿으면 튕기기
```

4 ▶를 눌러 작품을 실행해 보세요. 공이 자유롭게 움직이며 도장을 찍는 것을 볼 수 있습니다.

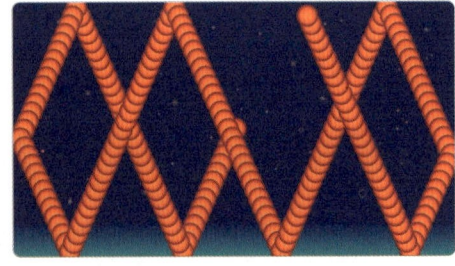

5 그림 작품을 좀 더 다채롭게 만들어 볼까요? 도장을 찍을 때마다 색깔은 1만큼 변하고, 투명도와 밝기는 무작위로 변하도록 해 보세요.

```
시작하기 버튼을 클릭했을 때
방향을 0 부터 360 사이의 무작위 수 (으)로 정하기
계속 반복하기
    도장찍기
    이동 방향으로 10 만큼 움직이기
    화면 끝에 닿으면 튕기기
    색깔 ▼ 효과를 1 만큼 주기
    투명도 ▼ 효과를 0 부터 100 사이의 무작위 수 (으)로 정하기
    밝기 ▼ 효과를 0 부터 100 사이의 무작위 수 (으)로 정하기
```

17.5 프로그래밍하기

STEP 2 스페이스 키를 누르면 지금까지 찍은 도장을 모두 지운다.

6 이제, 스페이스 키를 누르면 지금까지 찍은 도장을 모두 지우고 새롭게 움직이도록 해 보겠습니다. 우선, 지금까지 그린 도장을 모두 지워 볼까요? 아주 간단하죠?

7 도장을 지운 다음에는 공을 실행화면의 가운데로 이동시켜 보세요. 화면 가운데의 좌표는 (0, 0)입니다. 움직임 에서 x: 0 y: 0 위치로 이동하기 를 가져와 연결하면 되겠죠?

8 이제 2 에서 한 것처럼 공의 방향을 임의로 정해 보세요.

STEP 3 마우스를 클릭하면 공의 크기가 무작위로 바뀌면서 도장을 찍는다.

9 마우스를 클릭하면 공의 크기가 무작위로 변하도록 블록을 연결해 보세요.

10 ▶ 를 눌러 작품이 제대로 동작하는지 살펴보세요.

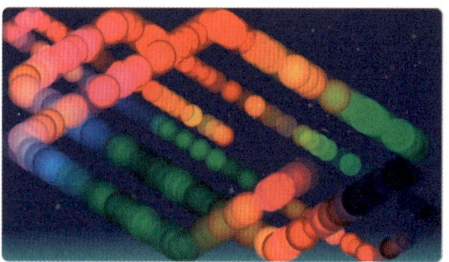

17.6 검토하기

완성된 코드를 검토해 볼까요? http://bit.ly/entrysong17c 에 접속하면 전체 코드를 볼 수 있습니다. 놓친 부분은 없는지 천천히 살펴보세요.

> **더 나아가기**
> 👉 화면에 닿으면 방향을 무작위로 바꾸도록 해 보세요.
> 👉 공이 계속해서 마우스포인터를 따라가도록 만들어 보세요.
> 👉 공에 여러 가지 모양을 추가해서 엔터를 누르면 공 모양이 바뀌도록 해 보세요.

PART III

응용

CHAPTER 18 두더지 잡기 게임

학습목표

초시계와 변수, 무작위 수를 사용하여 두더지 게임 만들기

프로그래밍 개념 ▶ 순차 반복 선택 이벤트

새로 등장하는 엔트리 블록 ▶ 점수▼ 의 1 번째 항목   점수▼ 에 추가하기   두더지_1▼ 모양으로 바꾸기

18.1 생각하기

▶ http://bit.ly/entrysong18 에 접속하여 작품을 실행해 보세요.

QR 코드를 찍어보세요!

▶ 15초 동안 마우스로 두더지를 클릭해 보세요. 두더지를 얼마나 잡았나요?
두더지가 엄청 빠르죠?

이번 장부터는 '생각 다듬기'와 '개념 다지기' 없이 바로 알고리즘을 만들어 보겠습니다. 지금까지 배운 내용으로 이루어져 있으니 '생각하기'에 있는 작품을 여러 번 실행해 보면서 어떤 오브젝트가 필요한지, 어떻게 알고리즘을 만들지 생각해 보세요. 참고로, 한 번 사용한 블록도 다시 사용할 수 있답니다. (정답은 217쪽 '검토하기'에 있습니다.)

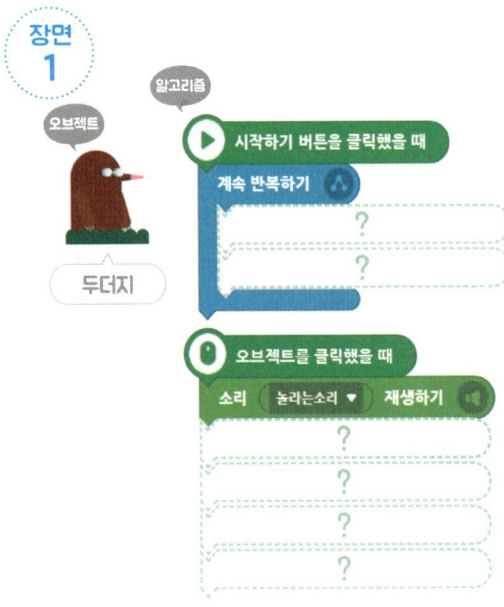

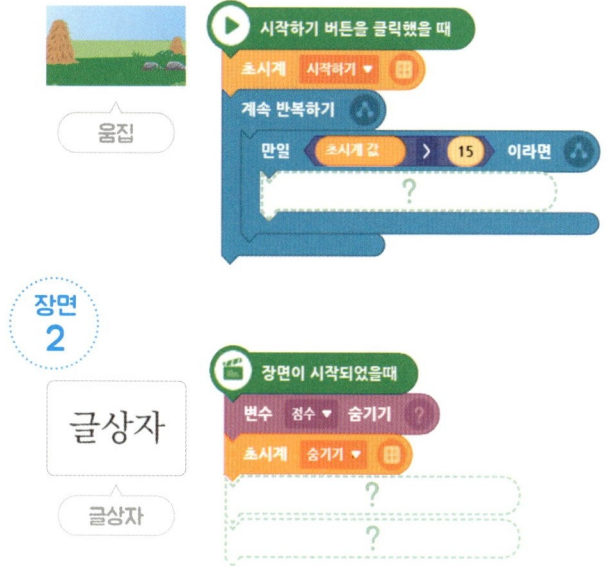

18.3

자, 이제 실전입니다. 앞에서 만든 알고리즘을 토대로 '두더지 잡기 게임'을 완성해 볼까요?

> **프로그래밍 미리보기**
>
> **필요한 오브젝트** 두더지, 움집, 글상자
>
> **STEP 1** 두더지가 화면에서 무작위 위치로 계속 움직인다.
> **STEP 2** 두더지를 마우스로 클릭하면, 소리를 내며 모양이 바뀌고 점수도 올라간다.
> **STEP 3** 일정 시간이 지나면 다음 장면으로 넘어간다.
> **STEP 3** 장면 2가 시작되면 점수를 알려준다.

STEP 1 두더지가 화면에서 무작위 위치로 계속 움직인다.

1 '엔트리봇' 오브젝트를 삭제하고 **두더지**, **움집** 오브젝트를 추가한 다음, 오브젝트의 위치와 크기를 다음과 같이 만듭니다.

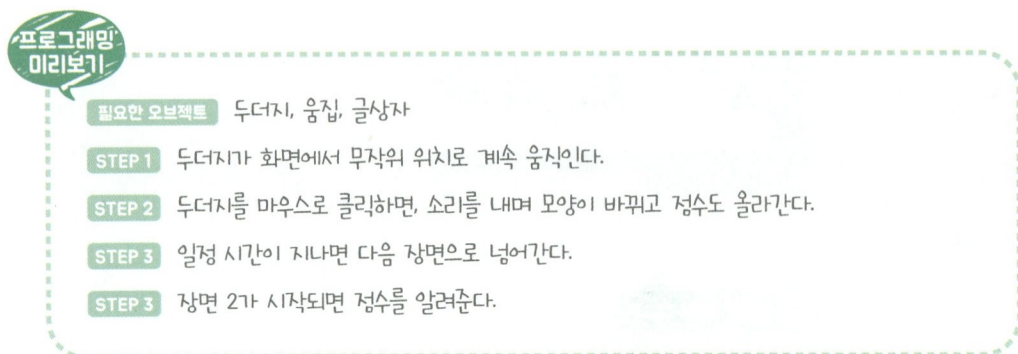

TIP 두더지는 '동물-땅'에, 움집은 '배경-실외'에 있습니다.

2 ▶를 누르면 **두더지**가 계속해서 화면의 무작위 위치로 움직여야 합니다. 당연히 `계속 반복하기` 블록과 `0 부터 10 사이의 무작위 수` 블록이 필요하겠죠? 그런데 무작위 범위는 어떻게 해야 할까요? 두더지가 실행화면 안에서만 이동해야 하므로 실행화면의 크기를 범위로 해야 합니다. 다음과 같이 코드를 만들어 보세요.

TIP 실행화면의 크기는 가로 -240~240, 세로 -135~135랍니다.

STEP 2 두더지를 마우스로 클릭하면, 소리를 내며 모양이 바뀌고 점수도 올라간다.

3 먼저, 두더지를 마우스로 누르면 소리를 재생하도록 해 보세요. 두더지 오브젝트에는 기본으로 저장된 소리가 없으므로 소리를 추가해야 합니다. **[소리]** 탭에서 **[소리 추가하기]**를 눌러 '놀라는소리'를 추가하고, 다음과 같이 코드를 만듭니다.

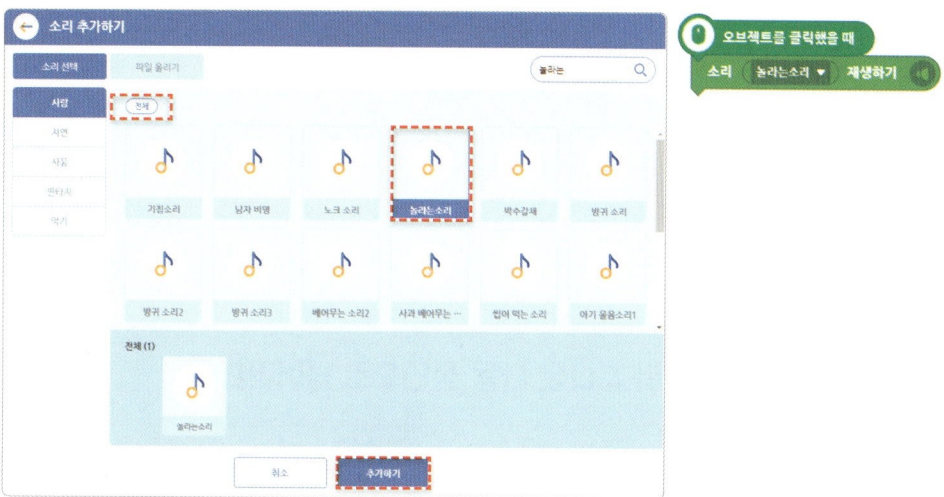

4 마우스로 두더지를 누르면 점수가 1점씩 오르게 해 보겠습니다. 먼저 '점수' 변수를 만들어야 합니다. **[속성]** 탭에서 '점수' 변수를 만들고 ? 자료 에서 점수▼ 에 10 만큼 더하기 블록을 가져와 다음과 같이 블록을 만듭니다.

5. 두더지를 잡으면 두더지가 '아이쿠야' 하는 표정을 지으면 어떨까요? 블록 꾸러미의 **[모양]** 탭을 눌러보세요. 두더지의 여러 모양이 보이죠? 두더지를 마우스로 클릭했을 때 '두더지_3' 모양으로 변했다가 다시 원래대로 돌아오도록 코드를 만들어 보세요.

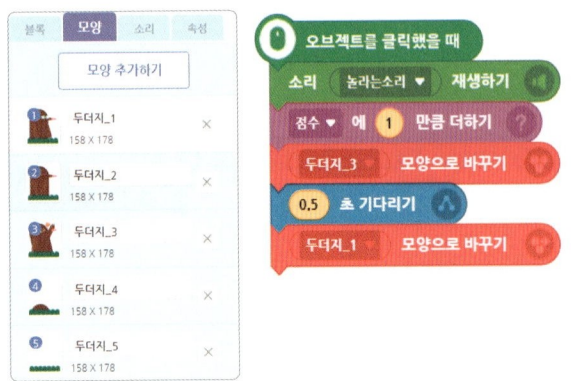

STEP 3 > 일정 시간이 지나면 다음 장면으로 넘어간다.

6. 15초가 지나면 다음 장면으로 넘어가도록 해 보세요. 먼저, 장면 2를 추가해야겠죠? 앞에서 배운 것처럼 장면 추가하기(＋)를 클릭하여 장면을 추가합니다.

7. 다시 장면 1의 **움집** 오브젝트로 돌아와서 ▶ 를 누르면 초시계가 시작되도록 해 보세요.

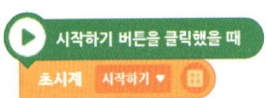

8) 이제 15초가 지나면 장면 2가 시작되도록 해 보세요. 초시계 값이 15가 넘으면 장면 2를 시작해야 합니다. 어떤 블록이 필요할지 생각이 났나요? 바로 `만일 참 이라면` 블록과 `10 > 10` 블록입니다. (앞에서 배운 내용이므로 생각이 안 나면 63쪽과 111쪽을 참고하세요.) 다음과 같이 블록을 만들어 보세요.

```
▶ 시작하기 버튼을 클릭했을 때
초시계 시작하기 ▼
계속 반복하기
    만일  초시계 값 > 15  이라면
        장면 2 ▼ 시작하기
```

STEP 4) 장면 2가 시작되면 점수를 알려준다.

9) 이제 **장면 2**를 점수를 말해 주는 글상자로 만들어 보겠습니다. 장면 2를 클릭한 다음 `+` 를 눌러 **글상자**를 추가합니다.

10) 우선, 장면 2가 시작되면 점수 변수와 초시계를 안 보이게 해 보세요. 그리고 게임을 잘 마쳤다는 의미로 박수갈채 소리가 나도록 해 보면 어떨까요? 변수와 초시계를 숨기고, [소리] 탭에서 [소리 추가하기]를 눌러 '박수갈채'를 추가하여 다음과 같이 코드를 만들어 보세요.

11) 이제 점수를 보여 주는 부분만 남았습니다. 숫자만 보여 주면 허전하니까 '당신의 점수는:'을 함께 써 볼까요? 앞에서 배운 것처럼, `엔트리 라고 글쓰기` 블록과 `안녕 과(와) 엔트리 를 합치기` 블록이 필요하겠죠? (기억이 안 나면 102쪽과 114쪽을 참고하세요.) 다음과 같이 코드를 만들어 보세요.

12) ▶를 눌러 작품이 제대로 동작하는지 살펴보세요.

완성된 코드를 검토해 볼까요? http://bit.ly/entrysong18c에 접속하면 전체 코드를 볼 수 있습니다. 놓친 부분은 없는지 천천히 살펴보세요.

학습목표

변수, 무작위 수를 사용하여 목숨과 점수가 있는 간단한 게임 만들기

프로그래밍 개념 ▶ 순차 반복 선택 이벤트

19.1 생각하기

▶ http://bit.ly/entrysong19에 접속하여 작품을 실행해 보세요.

QR 코드를 찍어보세요!

▶ 마우스를 움직여서 공이 별에 닿게 해 보세요.

▶ 공이 바닥에 있는 가시에 닿으면 어떤 일이 일어나나요?

▶ 목숨이 0이 되면 어떤 일이 일어나는지 확인해 보세요.

'생각하기'에 있는 작품을 여러 번 실행해 보면서 어떤 오브젝트가 필요한지, 어떻게 알고리즘을 만들지 생각하며 빈 칸을 채워보세요. 참고로, 한 번 사용한 블록도 다시 사용할 수 있답니다. (정답은 226쪽 '검토하기'에 있습니다.)

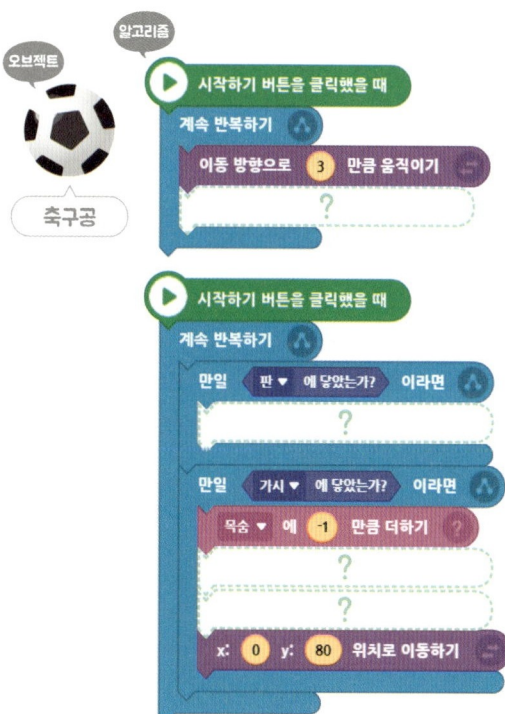

CHAPTER 19 축구공을 구해라!

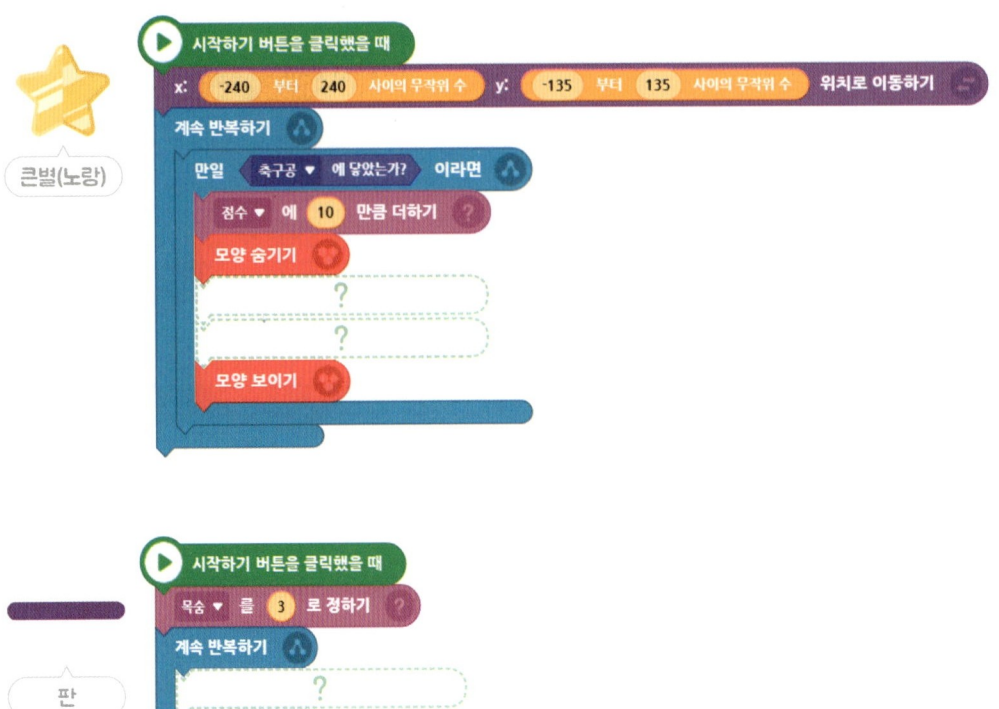

19.3

자, 이제 실전입니다. 앞에서 만든 알고리즘을 토대로 '축구공을 구해라!' 게임을 완성해 볼까요?

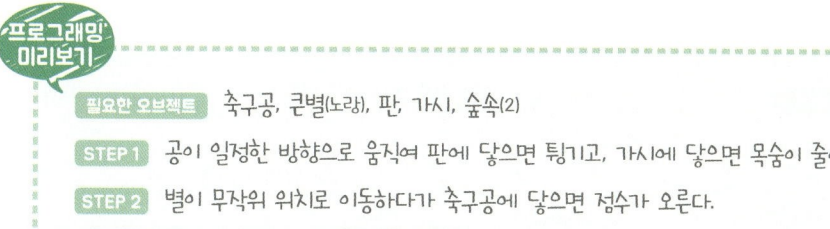

> **'프로그래밍' 미리보기**
> **필요한 오브젝트** 축구공, 큰별(노랑), 판, 가시, 숲속(2)
> **STEP 1** 공이 일정한 방향으로 움직여 판에 닿으면 튕기고, 가시에 닿으면 목숨이 줄어든다.
> **STEP 2** 별이 무작위 위치로 이동하다가 축구공에 닿으면 점수가 오른다.
> **STEP 3** 마우스 위치에 따라 판이 움직인다.

STEP 1 공이 일정한 방향으로 움직여 판에 닿으면 튕기고, 가시에 닿으면 목숨이 줄어든다.

1 '엔트리봇' 오브젝트를 삭제하고 **숲속(2)**, **큰별(노랑)**, **축구공**, **판**, **가시** 오브젝트를 추가한 다음, 오브젝트의 위치와 크기를 다음과 같이 만듭니다.

> **TIP** 축구공과 가시는 '물건'에, 판과 큰별(노랑)은 '인터페이스'에, 숲속(2)는 '배경-자연'에 있습니다.

2 이번에 만들 게임은 **축구공**이 별에 닿으면 점수를 올리고, 벽이나 판에 닿으면 튕기고, 가시에 닿으면 목숨이 줄어드는 게임입니다. 먼저, ▶ 를 누르면 공이 일정한 방향으로 계속해서 움직이도록 해 보세요. 그리고 축구공이 벽에 닿으면 튕기도록 해 보세요. 이때, 축구공의 이동방향을 대각선으로 만들면 축구공이 화면 곳곳을 누비고 다니게 할 수 있습니다. 다음과 같이 코드를 만들어 보세요.

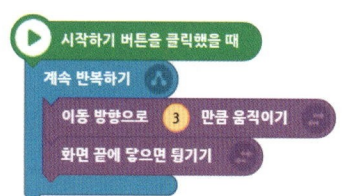

> **TIP** 이동방향을 바꾸려면 실행 화면에서 축구공을 클릭한 뒤 →를 대각선 방향으로 끌어 옮기면 됩니다.

3 이제 축구공이 판에 닿으면 방향을 바꾸도록 해 보세요. 방향은 다음 그림처럼 -90도부터 0도 사이에서 무작위로 변하도록 해 보겠습니다. 우선 `0 부터 10 사이의 무작위 수` 블록이 필요하겠죠? 또한, 판에 닿았는지 계속해서 확인해야 하므로 `계속 반복하기` 와 `만일 참 이라면` 블록이 필요합니다. `만일 참 이라면` 블록에 있는 '참' 대신에 '판에 닿았는가' 블록을 넣어야겠죠?

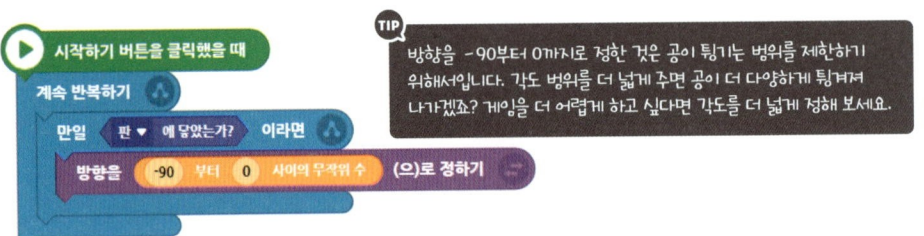

4 계속해서, 시작하면 목숨을 3으로 정해 보세요. 실행화면에서 **판**을 클릭하고 다음과 같이 코드를 만듭니다. (목숨 변수를 먼저 만들어야겠죠?)

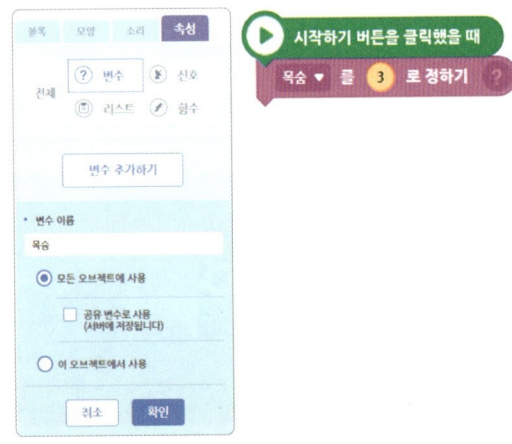

5 다시 **축구공** 오브젝트로 돌아와 공이 가시에 닿으면 목숨이 1씩 줄어들게 한 후, 지정된 위치로 이동시켜 보세요. `만일 참 이라면` 블록과 `목숨 에 10 만큼 더하기` 블록이 필요하겠죠? 더하기 블록이므로 -1씩 더하면 됩니다.

6 그다음에는 축구공을 지정된 위치로 이동시켜야 합니다. 축구공이 이동할 위치는 x:0, y:80으로 정하겠습니다.

7 만약에 목숨이 0이 되면 게임이 끝나도록 해 볼까요? **5** 에서처럼 다시 한번 `만일 참 이라면` 블록을 사용하여 목숨이 0이 되면 모든 코드가 멈추도록 해 보세요. 이번에는 `가시 ▼ 에 닿았는가?` 블록이 아니라 `10 = 10` 블록을 써야 합니다. 또한, `흐름` 에 있는 `모든 ▼ 코드 멈추기` 블록을 사용하면 모든 코드를 멈출 수 있습니다.

CHAPTER 19 축구공을 구해라!

> **STEP 2** 별이 무작위 위치로 이동하다가 축구공에 닿으면 점수가 오른다.

8 ▶를 누르면 **별**이 무작위 위치로 이동하도록 해 보세요. 실행 화면에서 안에서 별이 무작위로 이동해야 하므로 `x: 0 y: 0 위치로 이동하기` 블록과 `0 부터 10 사이의 무작위 수` 블록이 필요합니다. 다음과 같이 코드를 만들어 보세요. (앞에서 다룬 내용이므로 기억이 안 나면 93쪽을 참고하세요.)

9 별이 축구공에 닿으면 점수가 오르도록 해 보세요. **4**에서 한 것처럼, 여기서는 '점수' 변수를 만들고 `점수에 10 만큼 더하기` 블록을 사용하여 한 번 닿을 때마다 10점씩 오르도록 해 볼까요?

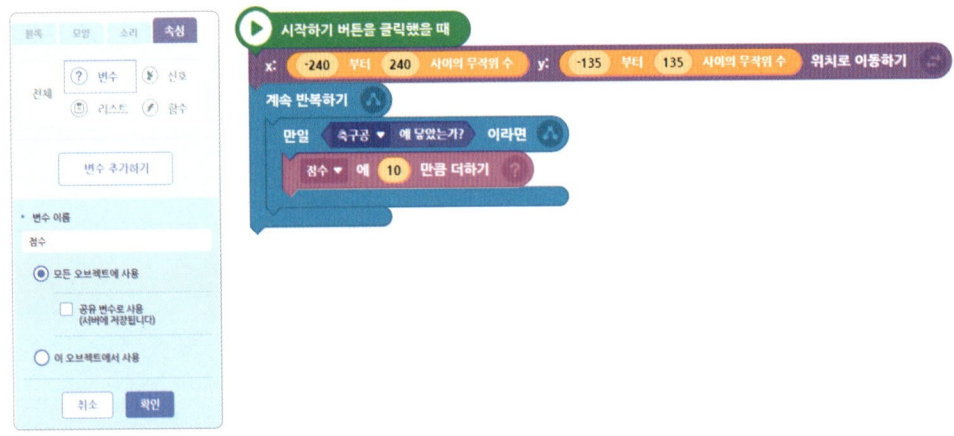

10 별이 축구공에 닿으면 점수를 더하는 동시에 무작위 위치로 이동시켜 보세요. 축구공에 닿으면 모양을 숨겼다가 다시 나타면서 무작위 위치로 이동하는 건 어떨까요? 다음과 같이, 모양을 숨겼다가 2초 후에 실행화면의 무작위 위치로 나타나도록 코드를 만들어 보세요.

19.3 프로그래밍하기

```
시작하기 버튼을 클릭했을 때
x: -240 부터 240 사이의 무작위 수 y: -135 부터 135 사이의 무작위 수 위치로 이동하기
계속 반복하기
  만일 축구공 ▼ 에 닿았는가? 이라면
    점수 ▼ 에 10 만큼 더하기
    모양 숨기기
    x: -240 부터 240 사이의 무작위 수 y: -135 부터 135 사이의 무작위 수 위치로 이동하기
    2 초 기다리기
    모양 보이기
```

STEP 3 마우스 위치에 따라 판이 움직인다.

11 이제 **판**이 마우스를 따라다니도록 해 보세요. `마우스포인터 ▼ 위치로 이동하기` 를 사용해야 할 것 같지만 이 블록을 사용하면 판이 마우스 위치로 오게 됩니다. 판이 마우스의 가로 방향 값만 따라다닐 수 있도록 `움직임` 의 `x: 0 위치로 이동하기` 블록과 `계산` 의 `마우스 x ▼ 좌표` 블록을 사용하여 다음과 같이 코드를 만듭니다.

```
시작하기 버튼을 클릭했을 때
목숨 ▼ 를 3 로 정하기
계속 반복하기
  x: 마우스 x ▼ 좌표 위치로 이동하기
```

12 ▶ 를 눌러 작품이 제대로 동작하는지 살펴보세요.

완성된 코드를 검토해 볼까요? http://bit.ly/entrysong19c에 접속하면 전체 코드를 볼 수 있습니다. 놓친 부분은 없는지 천천히 살펴보세요.

> 시작하면 목숨을 3으로 정하는 기능

> 계속해서 마우스 x 좌표의 위치로 이동하는 기능

더 나아가기

- 별이 판 위에만 나타나도록 코드를 수정해 보세요.
- 불 오브젝트를 추가하여 축구공이 불에 닿으면 게임이 바로 끝나도록 코드를 수정해 보세요.

CHAPTER 19 축구공을 구해라! **227**

CHAPTER 20 달리기 게임

게임 만들기

학습목표

선택 반복과 논리 연산 개념을 사용하여 달리기 게임 만들기

프로그래밍 개념 ▶ 순차 반복 선택 이벤트

새로 등장하는 엔트리 블록 ▶ 참 이 될 때까지▼ 반복하기   참 (이)가 아니다

20.1 생각하기

▶ http://bit.ly/entrysong20 에 접속하여 작품을 실행해 보세요.

QR 코드를 찍어보세요!

▶ "시작~"이라고 말하면 키보드 왼쪽 화살표와 오른쪽 화살표 키를 번갈아 눌러 보세요.

'생각하기'에 있는 작품을 여러 번 실행해 보면서 어떤 오브젝트가 필요한지, 어떻게 알고리즘을 만들지 생각하며 빈 칸을 채워보세요. 참고로, 한 번 사용한 블록도 다시 사용할 수 있답니다. (정답은 236쪽 '검토하기'에 있습니다.)

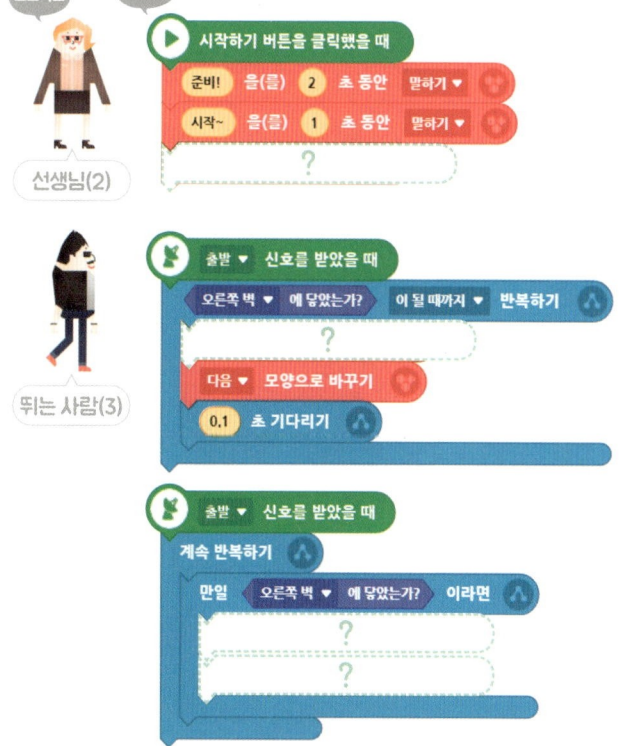

자, 이제 실전입니다. 앞에서 만든 알고리즘을 토대로 '달리기 게임'을 완성해 볼까요?

> **'프로그래밍' 미리보기**
>
> **필요한 오브젝트** 선생님(2), 뛰는 사람(3), 걷고있는 사람(2), 운동장
>
> **STEP 1** 선생님이 "준비!", "시작~"을 차례로 말하고, 출발 신호를 보낸다.
>
> **STEP 2** '출발' 신호를 받으면 뛰는 사람이 오른쪽 벽에 닿을 때까지 뛰어간 뒤, 오른쪽 벽에 닿으면 "내가 이겼다"라고 말한다.
>
> **STEP 3** '출발' 신호를 받으면 키보드 왼쪽, 오른쪽 화살표를 눌러 달려가고, 오른쪽 벽에 닿으면 "내가 이겼다!"라고 말한다.

STEP 1) 선생님이 "준비!", "시작~"을 차례로 말하고, 출발 신호를 보낸다.

1 '엔트리봇' 오브젝트를 삭제하고 **걷고있는 사람(2), 뛰는 사람(3), 선생님(2), 운동장** 오브젝트를 추가한 다음, 오브젝트의 위치와 크기를 다음과 같이 만듭니다.

TIP
걷고있는 사람(2), 뛰는 사람(3), 선생님(2)는 모두 '사람'에, 운동장은 '배경-실외'에 있습니다.

2 ▶를 누르면 **선생님**이 "준비!", "시작~"을 차례로 말하도록 해 보세요. 다음과 같이 코드를 만들면 되겠죠?

3 말을 한 다음에는 '출발' 신호를 보내 보세요. **[속성]** 탭에서 **[신호] ➡ [신호 추가하기]**를 선택하여 '출발' 신호를 추가한 후, 다음과 같이 출발▼ 신호 보내기 블록을 **2**에 추가합니다.

STEP 2   출발 신호를 받으면 뛰는 사람이 오른쪽 벽에 닿을 때까지 뛰어간 뒤, 오른쪽 벽에 닿으면 "내가 이겼다"라고 말한다.

4 출발 신호를 받으면 **뛰는 사람**이 벽에 닿을 때까지 달리도록 해 보겠습니다. 그동안은 횟수를 정해 반복하거나 계속 반복하는 블록을 다뤘습니다. 그런데 여기서는 오른쪽 벽에 닿을 때까지 반복해야 하므로 지금까지 사용한 블록과는 조금 다른 블록이 필요합니다. 여기서는 `참 이 될 때까지 반복하기` 블록을 사용하겠습니다. '참' 블록에는 다음과 같이 `오른쪽 벽 에 닿았는가?` 블록이 들어가야겠죠?

5 이제 4 의 `참 이 될 때까지 반복하기` 블록을 채워 보겠습니다. 반복할 내용은 달려가는 모습입니다. 달려가는 모습은 이미 배웠죠? (기억이 안 나면 43쪽을 참고하세요.) 오브젝트 모양을 바꾸면서 이동 방향으로 움직이면 됩니다. 그런데 여기서는 `이동 방향으로 10 만큼 움직이기` 블록에 `0 부터 10 사이의 무작위 수` 블록을 사용하여 움직이기를 반복할 때마다 움직이는 거리가 달라지도록 하겠습니다. 그래야 달리기 게임이 재밌어질 테니까요!

TIP   `0 부터 10 사이의 무작위 수` 블록에 너무 큰 숫자를 쓰면 뛰는 사람이 너무 빨리 움직이겠죠? 반대로, 너무 작은 숫자를 쓰면 게임이 시시해질 겁니다.

6️⃣ 계속해서, 뛰는 사람이 오른쪽 벽에 닿았을 때 "내가 이겼다!"라고 말하고, 게임이 끝나도록 해 보세요. 이렇게 조건을 계속 반복해서 확인하고, 그 조건에 부합했을 때 다음 블록이 실행되는 코드는 앞에서 계속 다루었습니다. 그림을 보고 따라 하지 말고 스스로 블록을 만들어 보세요.

STEP 3 '출발' 신호를 받으면 키보드 왼쪽, 오른쪽 화살표를 눌러 달려가고, 오른쪽 벽에 닿으면 '내가 이겼다!'라고 말한다.

7️⃣ 출발 신호를 받으면 키보드 왼쪽 화살표와 오른쪽 화살표를 번갈아 눌러 **걷고있는 사람**이 달려가도록 해 보세요. 그냥 달려갈 때와는 코드가 다르겠죠? 왼쪽 화살표를 누르면 이동한 후 모양을 바꾸고, 오른쪽 화살표를 누르면 이동한 후 모양을 바꾸도록 해야 합니다. 여기서는 흐름 의 참 이(가) 될 때까지 기다리기 블록과 판단 의 q 키가 눌러져 있는가? 블록을 사용할 겁니다. 다음과 같이 코드를 만들면 왼쪽 화살표를 누를 때마다 걷고있는 사람이 움직이게 됩니다.

8 이제 왼쪽 화살표와 오른쪽 화살표를 번갈아 누를 때 걷고있는 사람이 이동할 수 있도록 해 볼까요? 다음과 같이 7 에서 배운 대로 오른쪽 화살표와 관련된 코드도 추가해 줍니다.

9 ▶를 클릭하고 화살표 키를 눌러 보세요. 잘 움직이나요? 그런데 오른쪽, 왼쪽 키보드를 같이 누르고 있으면 매우 빠른 속도로 걷고있는 사람이 달려갑니다. 왼쪽 화살표를 누르고 뗀 다음, 오른쪽 화살표를 누르고 떼면 학생이 움직이도록 코드를 고쳐 볼까요? ✔판단 의 〈 참 (이)가 아니다 〉 블록을 추가로 사용하여 다음과 같이 코드를 고쳐 보세요.

10 걷고있는 사람 역시 오른쪽 벽에 닿았을 때 "내가 이겼다!"라고 말하고 게임이 끝나도록 다음의 코드를 추가합니다. 앞에서 배웠으니 어렵지 않죠?

11 ▶를 눌러 작품이 제대로 동작하는지 살펴보세요.

CHAPTER 20 달리기 게임 **235**

20.4 검토하기

완성된 코드를 검토해 볼까요? http://bit.ly/entrysong20c 에 접속하면 전체 코드를 볼 수 있습니다. 놓친 부분은 없는지 천천히 살펴보세요.

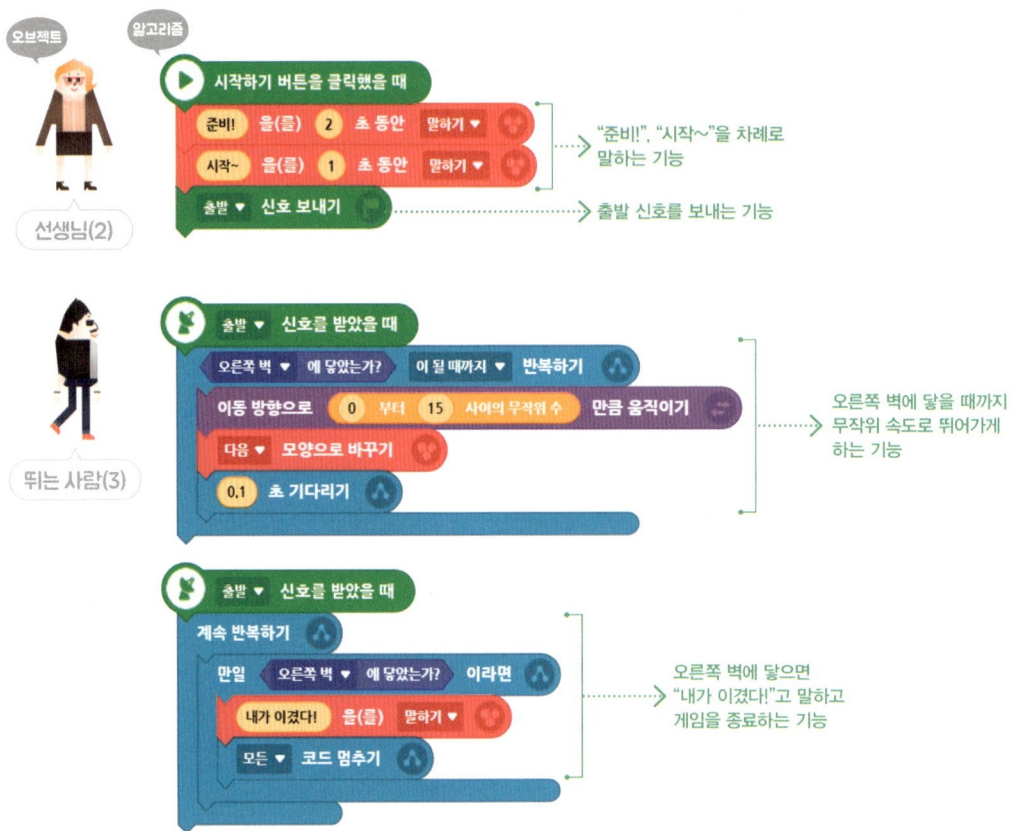

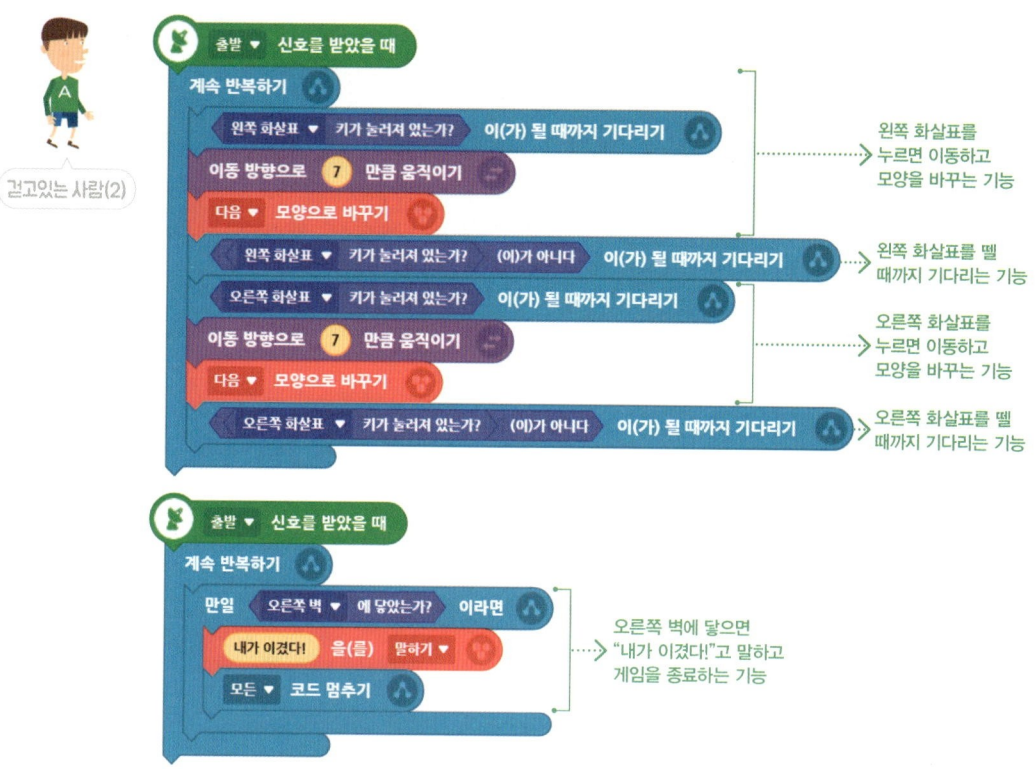

> 뛰는 사람 오브젝트를 키보드에서 a와 d를 번갈아 눌러 움직이도록 하여 2인용 달리기 경주 게임을 만들어 보세요.

CHAPTER 20 달리기 게임

학습목표

신호 보내기와 그리기 블록으로 그림판 만들기

프로그래밍 개념 ▶ 순차 반복 이벤트

생각하기

▶ http://bit.ly/entrysong21에 접속하여 작품을 실행해 보세요.

▶ 화면에 있는 여러 오브젝트를 클릭해 보면서 마우스로 그림을 그려 보세요.

'생각하기'에 있는 작품을 여러 번 실행해 보면서 어떤 오브젝트가 필요한지, 어떻게 알고리즘을 만들지 생각하며 빈 칸을 채워보세요. 참고로, 한 번 사용한 블록도 다시 사용할 수 있답니다. (정답은 245쪽 '검토하기'에 있습니다.)

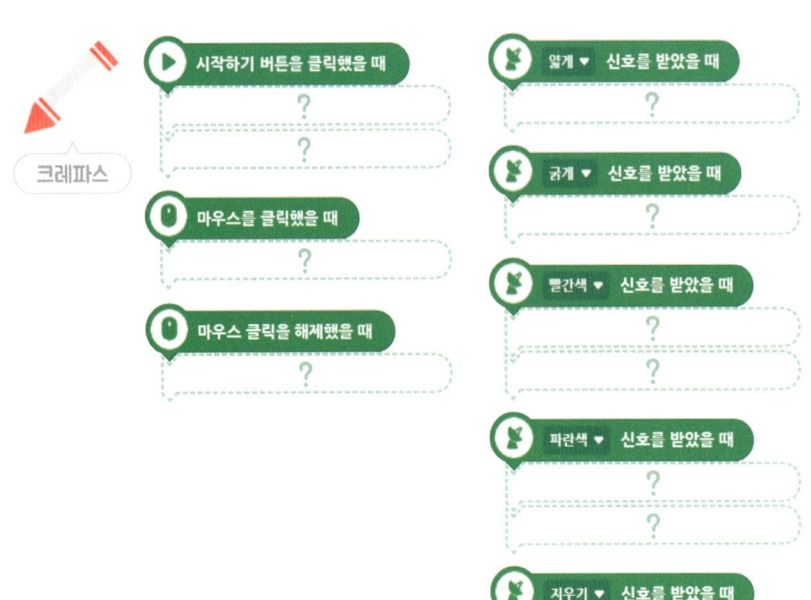

21.3

자, 이제 실전입니다. 앞에서 만든 알고리즘을 토대로 '그림판 만들기' 프로그램을 완성해 볼까요?

> **프로그래밍 미리보기**
>
> **필요한 오브젝트** 방향버튼 2개, 크레파스, 물감 2개, 팔레트, 글상자
>
> **STEP 1** 그림을 그리는 데 필요한 다양한 오브젝트를 추가하고 각 오브젝트를 클릭하면 신호를 보낸다.
>
> **STEP 2** 연필이 마우스를 따라다니며, 받은 신호에 따라 정해진 역할을 한다.

STEP 1 그림을 그리는 데 필요한 다양한 오브젝트를 추가하고 각 오브젝트를 클릭하면 신호를 보낸다.

1 '엔트리봇' 오브젝트를 삭제하고 **방향버튼** 오브젝트 2개, **크레파스**, **물감** 오브젝트 2개, **팔레트** 오브젝트를 추가한 다음, 오브젝트의 위치와 크기를 다음과 같이 만듭니다.

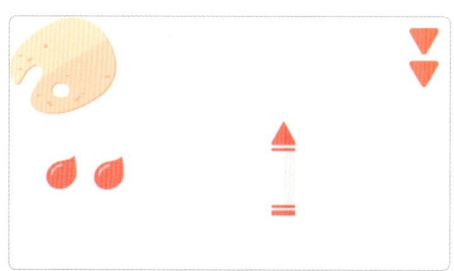

> **TIP** 방향버튼 오브젝트는 '인터페이스'에, 크레파스, 물감, 팔레트 오브젝트는 '물건-취미'에 있습니다.

2 아직 준비가 덜 됐습니다. **크레파스**를 선택하고 방향점을 조절하여 그림과 같이 회전합니다. 또한, 중심점을 연필심 바깥쪽으로 바꿔 주세요. 그래야 그림이 연필심 부분에서 그려지겠죠?

CHAPTER 21 그림판 만들기 241

3 이제 **물감** 차례입니다. 물감 오브젝트를 누르고 블록꾸러미의 모양 탭에서 색깔을 각각 '빨강', '파랑'으로 바꿔 줍니다. 그다음 물감 오브젝트를 팔레트 위로 이동시킵니다.

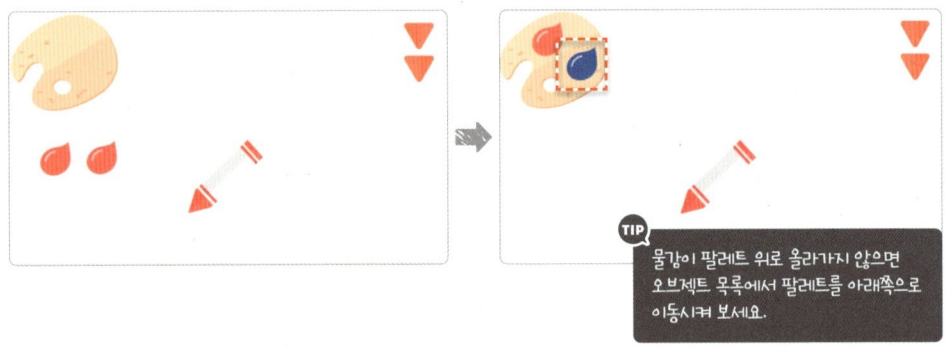

TIP 물감이 팔레트 위로 올라가지 않으면 오브젝트 목록에서 팔레트를 아래쪽으로 이동시켜 보세요.

4 그 다음은 **방향버튼** 2개 중 위의 것을 선택한 후 방향점을 움직여 모양을 다음과 같이 변경합니다. 오브젝트 이름도 각각 '버튼(위)', '버튼(아래)'로 바꿔 주세요.

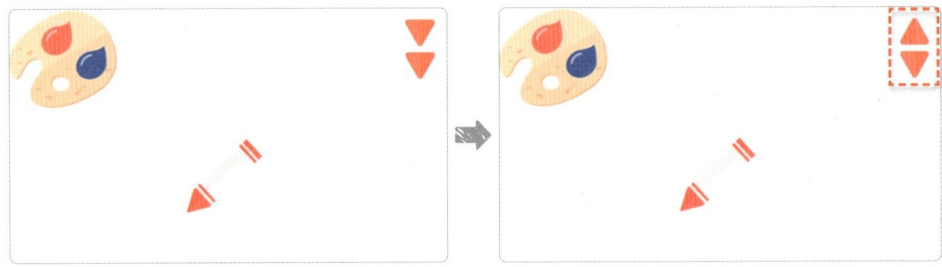

5 이번에는 **글상자**를 사용하여 '지우기' 버튼을 만들어 보겠습니다. + ➡ [글상자]를 클릭하여 '지우기'라고 입력하고, 글상자 배경을 검정색으로, 글씨 색상을 흰색으로 정합니다. 글상자가 추가되면 다음 그림과 같이 크기와 위치를 정합니다.

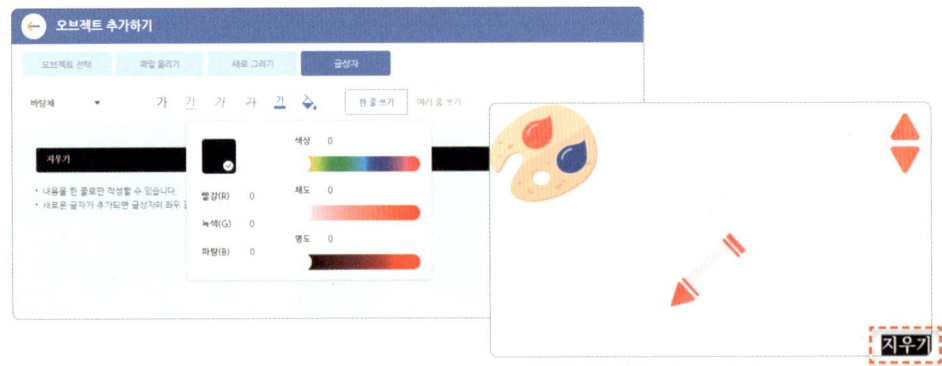

6 ▸ 이제 각 오브젝트를 클릭하면 다양한 신호를 보내도록 **[속성]**에서 다음과 같이 5개의 신호를 만듭니다.

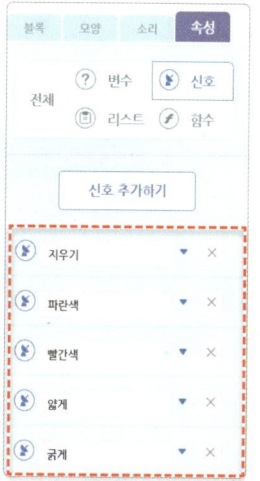

7 ▸ 오브젝트마다 오브젝트를 클릭하면 그에 맞는 신호를 보내도록 코드를 만들어 보세요.

STEP 2 연필이 마우스를 따라다니며, 받은 신호에 따라 정해진 역할을 한다.

8 ▸ ▶ 를 누르면 크레파스가 계속해서 마우스를 따라다니게 해 보세요. 마우스포인터 위치로 이동하기를 계속 반복하면 되겠죠? 다음과 같이 코드를 만들어 보세요.

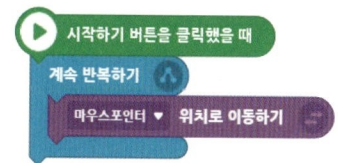

9 ▸ 마우스를 클릭한 채로 있으면 그림을 그리게 하고, 마우스 클릭을 해제했을 때는 그리기를 멈추도록 코드를 만들어 보세요.

10 '굵게' 또는 '얇게' 신호를 받았을 때 붓의 굵기를 굵게 또는 얇게 바꿔 보세요. 어렵지 않죠?

11 '빨간색', '파란색' 신호를 받았을 때는 크레파스의 모양과 붓의 색깔이 함께 바뀌도록 해 보세요. 크레파스 오브젝트의 모양 탭에는 다양한 색깔의 크레파스 모양이 들어 있답니다.

12 지우기 신호를 받았을 때 지금까지 그린 그림이 모두 지워지도록 코드를 작성해 보세요.

12 ▶를 눌러 작품이 제대로 동작하는지 살펴보세요.

21.4 검토

완성된 코드를 검토해 볼까요? http://bit.ly/entrysong21c에 접속하면 전체 코드를 볼 수 있습니다. 놓친 부분은 없는지 천천히 살펴보세요.

더 나아가기

- 붓의 투명도를 변경하는 기능을 만들어 보세요.
- 붓의 색깔을 '노란색', '검정색'으로 바꿀 수 있도록 해 보세요.

CHAPTER 22

응용 프로그램 만들기
거스름돈 프로그램

학습목표

변수, 이벤트, 선택 개념을 이용하여 거스름돈을 계산해 주는 프로그램 만들기

프로그래밍 개념 ▶ 순차 반복 선택 이벤트

22.1 생각하기

▶ http://bit.ly/entrysong22에 접속하여 작품을 실행해 보세요.

▶ 먹고 싶은 음식을 누른 다음, 선생님을 클릭해 보세요.

▶ 음식의 가격을 지불한다고 생각하고 숫자를 입력해 보세요.
거스름돈을 알맞게 알려 주나요?

'생각하기'에 있는 작품을 여러 번 실행해 보면서 어떤 오브젝트가 필요한지, 어떻게 알고리즘을 만들지 생각하며 빈 칸을 채워보세요. 참고로, 한 번 사용한 블록도 다시 사용할 수 있답니다. (정답은 254쪽 '검토하기'에 있습니다.)

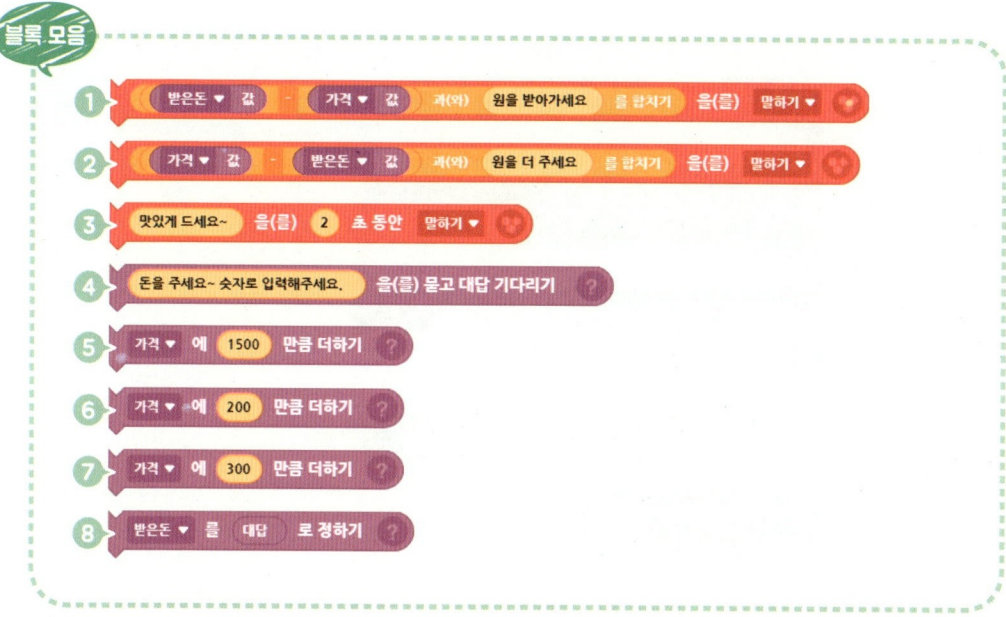

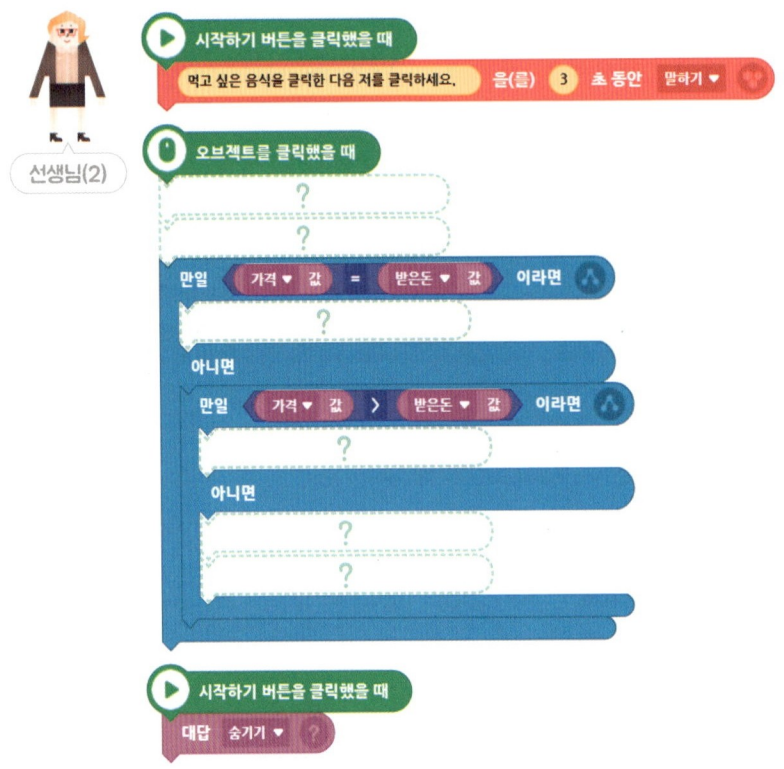

자, 이제 실전입니다. 앞에서 만든 알고리즘을 토대로 '거스름돈 계산 프로그램'을 완성해 볼까요?

프로그래밍 미리보기

필요한 오브젝트 계란, 닭다리, 고추, 선생님(2), 글상자

STEP 1 다양한 오브젝트를 추가하고, 각 오브젝트를 클릭하면 가격을 더한다.

STEP 2 "먹고 싶은 음식을 클릭한 다음 저를 클릭하세요."를 말하고, 돈을 입력하면 음식 가격과 받은 돈에 따라 다른 말을 한다.

STEP 1 다양한 오브젝트를 추가하고, 각 오브젝트를 클릭하면 가격을 더한다.

1 '엔트리봇' 오브젝트를 삭제하고 **계란, 닭다리, 고추, 선생님(2)** 오브젝트를 추가한 다음, 오브젝트의 위치와 크기를 다음과 같이 만듭니다.

TIP
닭다리는 '음식-고기'에,
계란은 '음식-기타'에,
고추는 '음식-과일/채소'에 있습니다.

2 각 물건의 가격을 알려 줄 글상자를 추가합니다. [+] ➡ [글상자]를 클릭해서 각각 글상자에 '닭다리 : 1500원', '계란 : 300원', '고추 : 200원'을 입력하고, 글상자의 크기와 위치를 다음과 같이 옮깁니다.

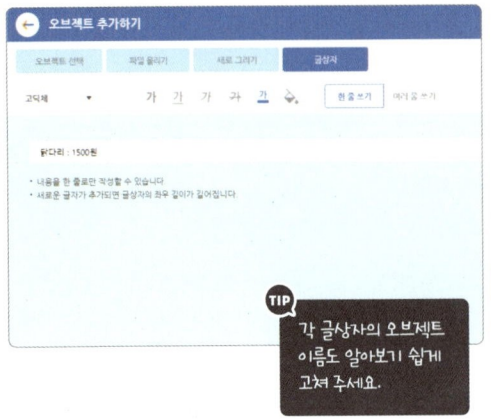

3 이제 닭다리, 계란, 고추를 클릭하면 정해진 가격을 더하도록 해 보세요. '가격' 변수를 만들고, 다음과 같이 각 오브젝트에 따라 정해진 가격을 더하도록 코드를 만듭니다.

STEP 2 "먹고 싶은 음식을 클릭한 다음 저를 클릭하세요."를 말하고, 돈을 입력하면 음식 가격과 받은 돈에 따라 다른 말을 한다.

4 **선생님**을 선택한 후 ▶를 누르면 "먹고 싶은 음식을 클릭한 다음 저를 클릭하세요."를 말하도록 코드를 만듭니다.

5 선생님을 클릭하면 "돈을 주세요~ 숫자로 입력해 주세요."라고 말한 다음 대답을 기다립니다. '받은돈' 변수를 만들어 사용자가 대답한 금액을 변수 '받은돈'으로 정하도록 해 볼까요? 이 받은돈 변수가 이제부터 아주 중요한 역할을 할 거에요.

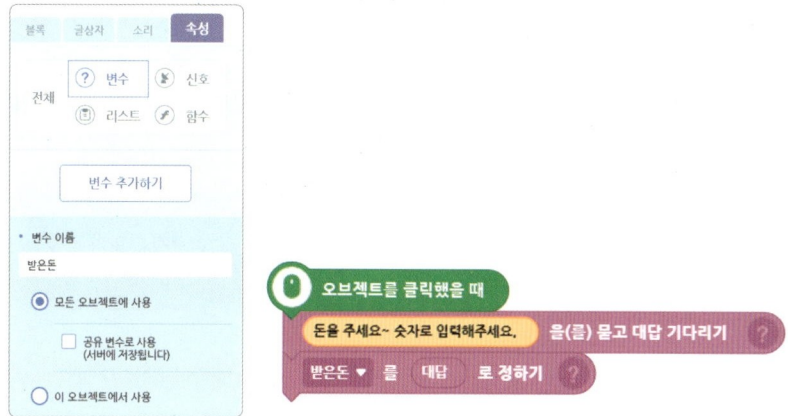

6 이제 가격과 받은 돈을 비교해서 세 가지 경우에 따라 다른 말을 하도록 해 보세요. 우선 가격과 받은 돈이 같을 때 "맛있게 드세요~"라고 말하도록 프로그래밍해 볼까요? 여기서는 `만일 참 이라면 / 아니면` 블록과 `10 = 10` 블록을 사용할 거예요. 다음과 같이 코드를 만들어 볼까요?

7 이번에는 가격과 받은 돈이 다른 경우(아니면)를 프로그래밍해 보겠습니다. 먼저, 가격이 받은 돈보다 많은 경우 "(부족한 금액)원을 더 주세요"라고 말하게 해 보세요. 6 에서처럼 `만일 참 이라면 / 아니면` 블록을 사용할 텐데, '참'에는 `10 > 10` 블록을 써야겠죠? 그리고 부족한 금액을 말해 주려면 `10 - 10` 블록을 가져와 가격에서 받은 돈을 빼 주어야 합니다. 다음과 같이 코드를 만들어 보세요.

프로그래밍하기

8 **6**과 **7**에서 '가격과 받은 돈이 같을 때'와 '가격이 받은 돈보다 많을 때'를 프로그래밍했습니다. 이 두 경우가 아니라면 당연히 받은 돈이 가격보다 많은 경우에 속할 겁니다. 그러므로 **7**의 **아니면** 밑에는 `10 < 10` 블록을 쓸 필요 없이 바로 "맛있게 드세요~"라고 말한 다음, "(남은 금액)원을 받아가세요"라고 말하도록 프로그래밍하면 됩니다.

9 ▶ 를 누르면 대답 창이 사라지도록 다음의 코드를 더 추가합니다.

10 ▶ 를 눌러 작품이 제대로 동작하는지 살펴보세요.

완성된 코드를 검토해 볼까요? http://bit.ly/entrysong22c에 접속하면 전체 코드를 볼 수 있습니다. 놓친 부분은 없는지 천천히 살펴보세요.

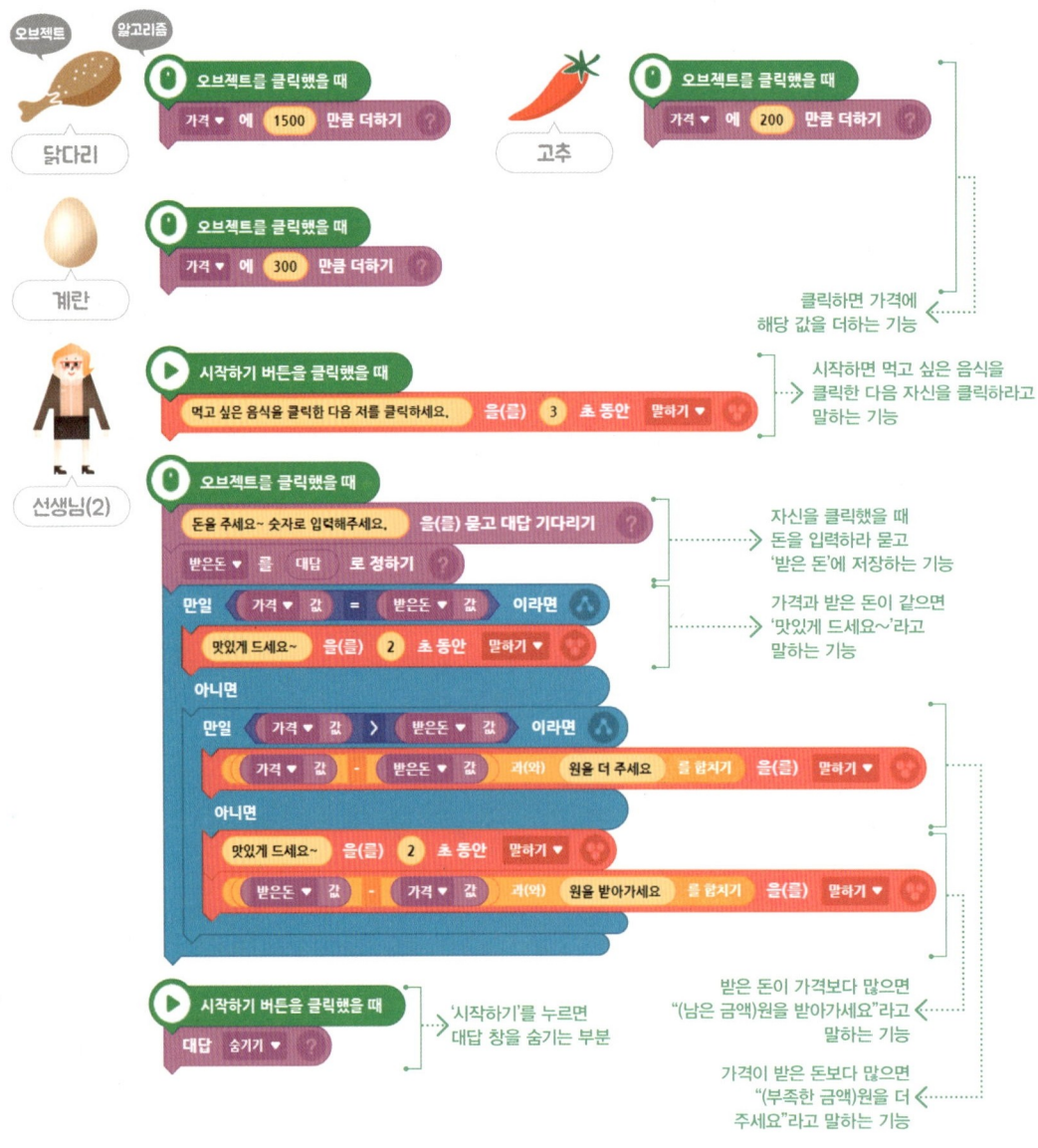

더 나아가기

거스름돈을 "만 원 ~장, 오천 원 ~장, 천 원 ~장, 오백 원 ~개, 백 원 ~개를 받아가세요."라고 자동으로 계산하게 만들어 보세요.

CHAPTER 23 문제 만들기

학습목표

리스트를 활용하여 문제를 만들고 풀 수 있는 프로그램 만들기

프로그래밍 개념 ▶ 순차 선택 이벤트 리스트

23.1 생각하기

▶ http://bit.ly/entrysong23에 접속하여 작품을 실행해 보세요.

▶ '문제 만들기'를 눌러서 다양한 문제를 만들어 보세요.

▶ '문제 풀기'를 눌러서 문제를 풀어 보세요.

'생각하기'에 있는 작품을 여러 번 실행해 보면서 어떤 오브젝트가 필요한지, 어떻게 알고리즘을 만들지 생각하며 빈 칸을 채워보세요. 참고로, 한 번 사용한 블록도 다시 사용할 수 있답니다. (정답은 261쪽 '검토하기'에 있습니다.)

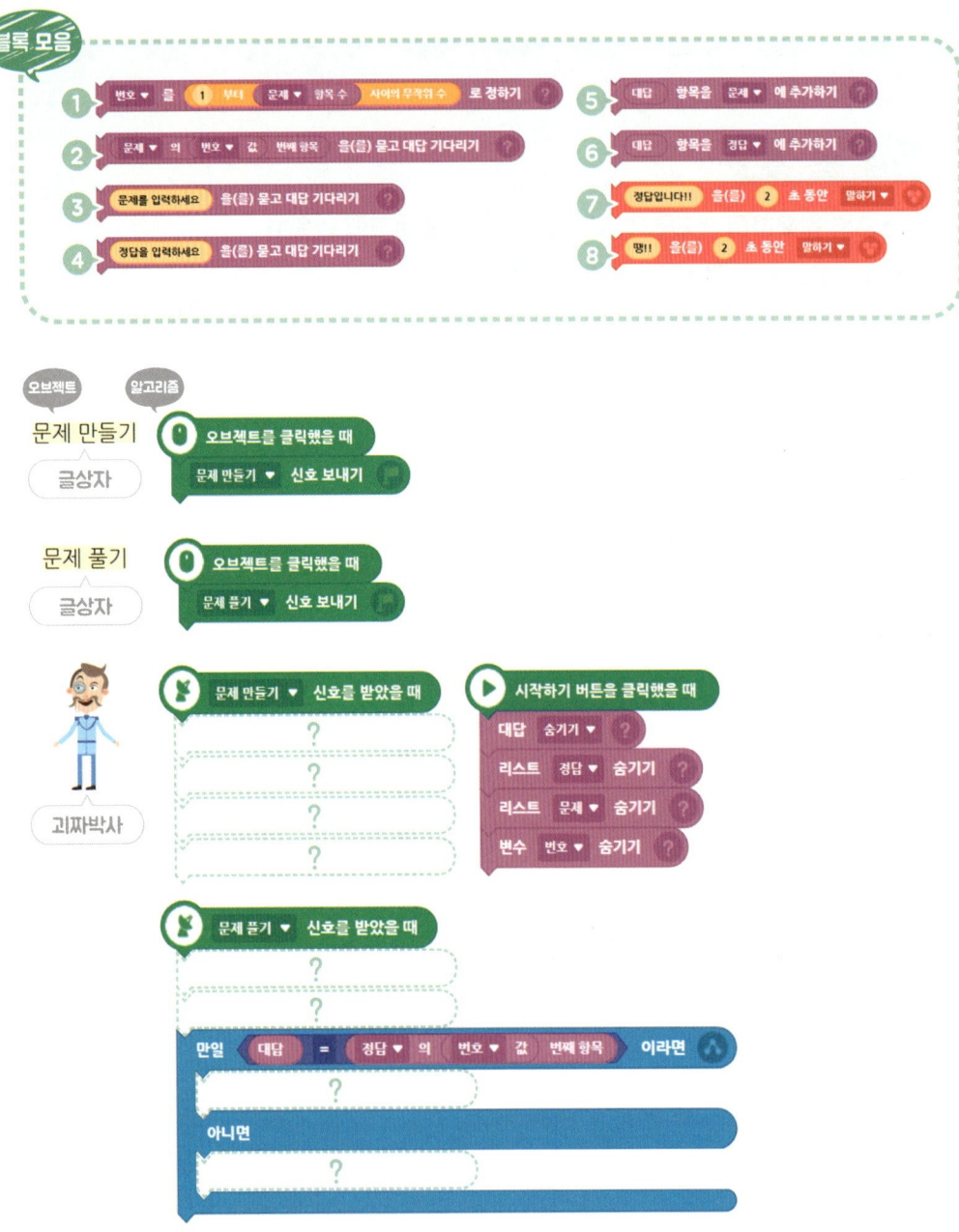

자, 이제 실전입니다. 앞에서 만든 알고리즘을 토대로 '거스름돈 계산 프로그램'을 완성해 볼까요?

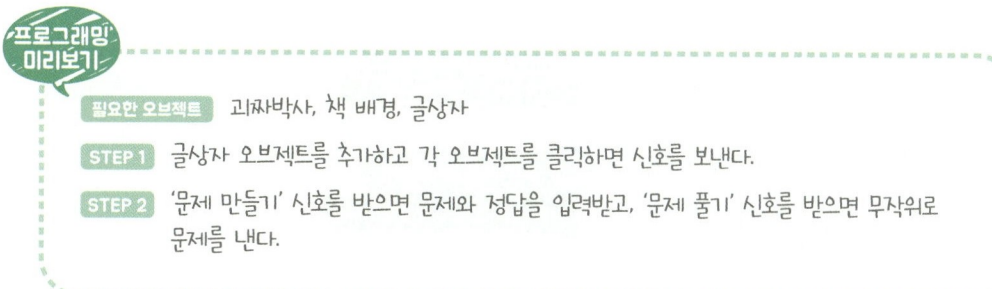

필요한 오브젝트 괴짜박사, 책 배경, 글상자

STEP 1 글상자 오브젝트를 추가하고 각 오브젝트를 클릭하면 신호를 보낸다.

STEP 2 '문제 만들기' 신호를 받으면 문제와 정답을 입력받고, '문제 풀기' 신호를 받으면 무작위로 문제를 낸다.

STEP 1 글상자 오브젝트를 추가하고 각 오브젝트를 클릭하면 신호를 보낸다.

1 '엔트리봇' 오브젝트를 삭제하고 **괴짜박사, 책배경** 오브젝트를 추가한 다음, 오브젝트의 위치와 크기를 다음과 같이 만듭니다.

TIP 괴짜박사는 '사람'에, 책 배경은 '배경-기타'에 있습니다.

2 문제를 만들고 풀 수 있도록 **글상자**를 사용하여 버튼을 만들어 보겠습니다. **[오브젝트 추가하기]** ➡ **[글상자]**에서 '문제 만들기'와 '문제 풀기'를 각각 입력하여 추가합니다. 글상자의 글씨와 배경색을 각자 원하는 대로 선택하고 위치를 다음과 같이 옮겨 보세요.

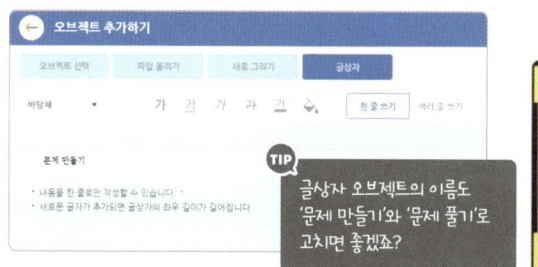

TIP 글상자 오브젝트의 이름도 '문제 만들기'와 '문제 풀기'로 고치면 좋겠죠?

CHAPTER 23 문제 만들기 **257**

3 각 오브젝트를 클릭하면 '문제 풀기'와 '문제 만들기' 신호를 보내도록 해 보세요.

STEP 2 '문제 만들기' 신호를 받으면 문제와 정답을 입력받고, '문제 풀기' 신호를 받으면 무작위로 문제를 낸다.

4 다음은 만든 문제와 문제의 정답을 리스트로 만들 겁니다. 속성 탭의 **[리스트]**를 눌러 '문제'와 '정답' 리스트를 추가해 보세요.

5 이제 **괴짜박사** 오브젝트에서 '문제 만들기' 신호를 받으면, 문제와 정답을 묻고 각각의 리스트에 추가하도록 코드를 만들어 보세요.

6 이제 '문제 풀기' 신호를 받으면 무작위로 문제를 내도록 해 볼까요? 리스트에 있는 문제 항목들 중에서 무작위로 뽑아 문제를 내는 겁니다. 번호 변수를 추가한 다음, `0 부터 10 사이의 무작위 수` 블록과 `문제▼ 항목 수` 블록을 사용하여 다음과 같이 만들어 보세요. (리스트에서 무작위로 항목을 뽑는 내용은 앞에서 이미 배웠습니다. 기억이 안 나면 127쪽을 참고하세요.)

7 그리고 임의로 정해진 '문제' 리스트의 '번호'번째 항목을 묻도록 다음과 같이 코드를 만듭니다.

8 이제 여러분이 입력한 대답을 정답과 비교하여 결과에 따라 다른 말을 하도록 해 볼까요? 문제 리스트에서 '번호' 번째 항목을 물어봤으므로 정답 리스트에서 '번호' 번째 항목과 대답이 같으면 "정답입니다!!"를, 다르면 "땡!!"을 말하도록 해 보겠습니다. `10 = 10` 블록이 필요하겠죠?

9 마지막으로 ▶를 누르면 변수, 대답, 리스트 값을 실행화면에서 숨기도록 다음과 같이 코드를 만듭니다.

10 ▶를 눌러 작품이 제대로 동작하는지 살펴보세요.

완성된 코드를 검토해 볼까요? http://bit.ly/entrysong23c 에 접속하면 전체 코드를 볼 수 있습니다. 놓친 부분은 없는지 천천히 살펴보세요.

> 문제를 만들지 않은 채로 '문제 풀기'를 누르면 오류가 납니다. 문제가 없을 때는 문제 풀기를 눌러도 동작하지 않도록 수정해 보세요.

PART IV

연습

CHAPTER 24 나를 소개해

작품 고치기

학습목표
정보를 입력하면 자동으로 자기소개를 해 주는 프로그램 만들기

24.1  생각하기

▶ http://bit.ly/entrysong24 에 접속하여 작품을 실행해 보세요.

QR 코드를 찍어보세요!

▶ '나를 소개해' 글상자를 클릭하고 질문에 따라 여러 정보를 입력해 보세요.

작품을 여러 번 실행해 보고, 장면에 따라 어떤 오브젝트들이 어떤 기능을 하는지 적어 보세요.

각 오브젝트의 코드가 어떤 기능을 하는지 정리해 보고, 잘못된 코드를 찾아 표시해 보세요.
(여기에는 잘못된 부분이 네 군데 있습니다.)

❶ 시작하기를 누르면 대답과 여러 변수를 숨기는 부분

❷ 오브젝트를 클릭하면 다양한 정보를 묻고 변수에 저장하는 부분

❸ 마지막 물음의 대답 값에 따라 '남자', '여자' 장면으로 이동하는 부분

❹ 장면이 시작되면 오른쪽으로 걸어가는 부분
❺ 앞에서 입력한 정보로 자기소개를 하는 부분
❻ 장면이 시작되면 자신을 숨기는 부분
❼ '음식' 신호를 받으면 모양을 여러 번 바꾸고 숨기는 부분

24.4 코드 확인하기

http://bit.ly/entrysong24c 에 접속하면 코드를 확인할 수 있습니다.

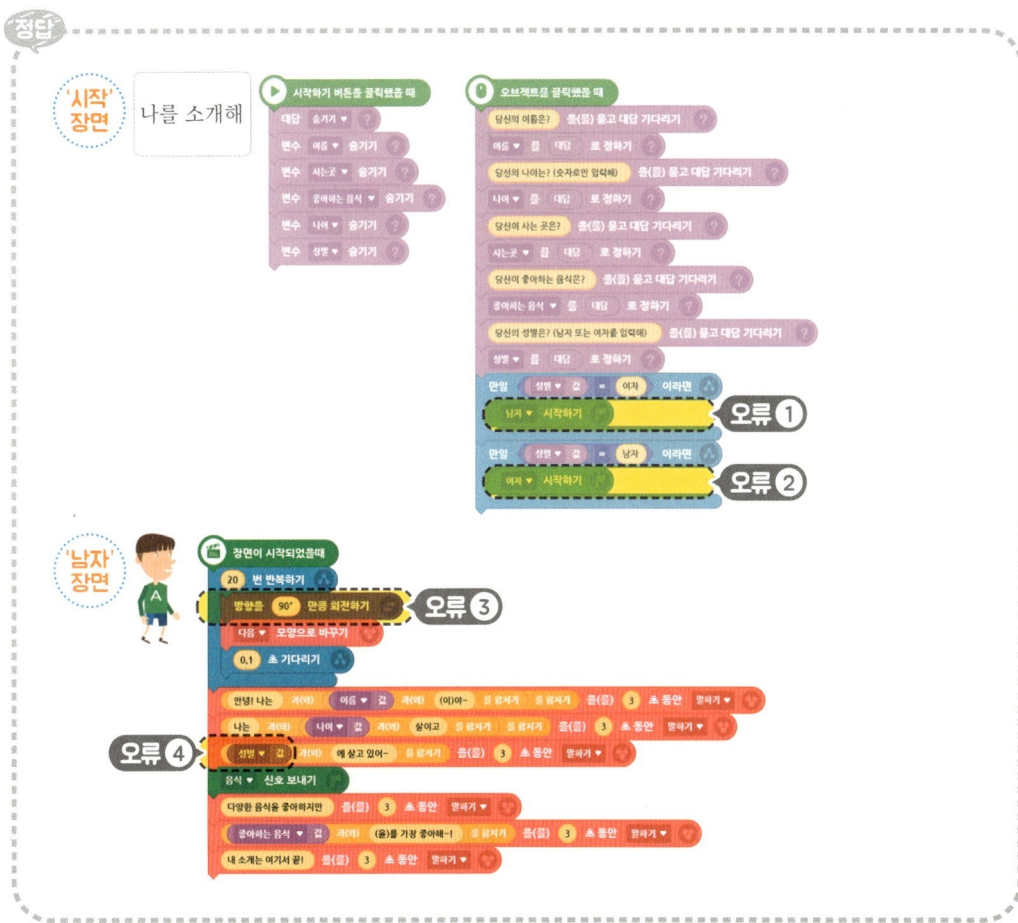

오류 1,2 묻고 답하기에서 '남자'라 입력하면 '남자' 장면이, '여자'라 입력하면 '여자' 장면이 실행되어야 하는데 반대로 입력했습니다.

오류 ③ 장면이 시작되면 학생이 오른쪽으로 걸어가야 하는데 `방향을 90° 만큼 회전하기` 를 사용했습니다. 이 블록을 사용하면 제자리에서 뱅글뱅글 회전하기만 합니다. `이동 방향으로 10 만큼 움직이기` 블록으로 수정해야 합니다.

오류 ④ 자기소개를 하는 부분에서 입력받은 '사는 곳' 값을 말해 주어야 하는데 '성별' 값을 말하고 있습니다. `? 자료` 에서 '사는 곳' 변수 값을 가져와서 입력받은 값을 말하도록 수정해야 합니다.

이름을 입력하면 주인공의 이름을 입력한 이름으로 하는 동화책 프로그램을 만들어 보세요.

CHAPTER 25 재미있는 미디어 아트

학습목표

마우스에 반응하는 미디어 아트 작품 만들기

25.1 생각하기

▶ http://bit.ly/entrysong25 에 접속하여 작품을 실행해 보세요.

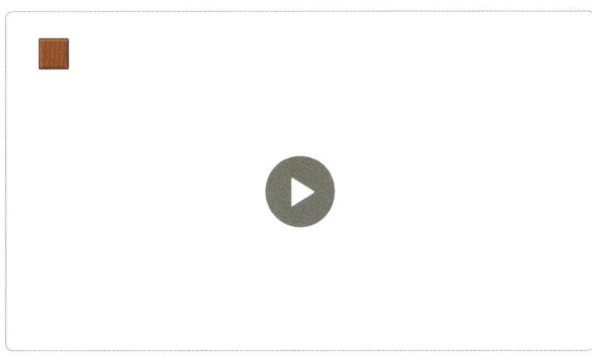

QR 코드를 찍어보세요!

▶ 작품을 시작하고 마우스를 자유롭게 움직여 보세요.

▶ 마우스로 실행화면을 클릭하거나 스페이스 또는 엔터를 눌러 보세요.

작품을 여러 번 실행해 보고, 장면에 따라 어떤 오브젝트들이 어떤 기능을 하는지 적어 보세요.

오브젝트: 색깔 상자

오브젝트의 행동

- 시작하기를 눌렀을 때
- 스페이스 키를 눌렀을 때
- 엔터 키를 눌렀을 때
- 마우스를 눌렀을 때

25.3 코드 수정하기

각 오브젝트의 코드가 어떤 기능을 하는지 정리해 보고, 잘못된 코드를 찾아 표시해 보세요. 또한, 빈칸에는 어떤 코드가 들어갈지 생각해 보세요. (여기에는 빠진 코드가 한 군데 있고, 잘못된 부분이 두 군데 있습니다.)

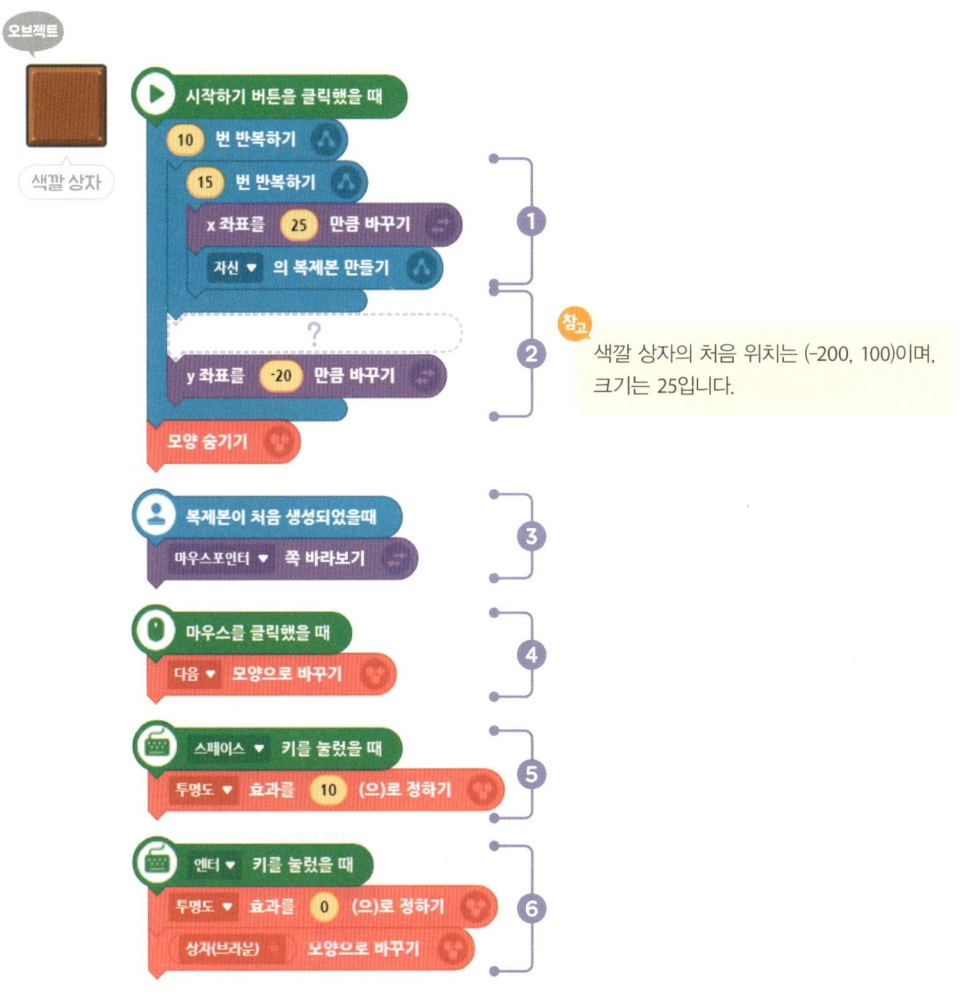

참고: 색깔 상자의 처음 위치는 (-200, 100)이며, 크기는 25입니다.

❶ 상자를 가로로 복제하는 부분
❷ 새로운 줄에서 상자를 복제하는 부분
❸ 복제본이 생성되면 복제본이 마우스를 계속 바라보는 부분
❹ 마우스를 클릭했을 때 모양을 바꾸는 부분
❺ 스페이스를 눌렀을 때 투명도 효과를 주는 부분
❻ 엔터를 눌렀을 때 원래 모습대로 복구하는 부분

25.4 코드 확인하기

http://bit.ly/entrysong25c 에 접속하면 코드를 확인할 수 있습니다.

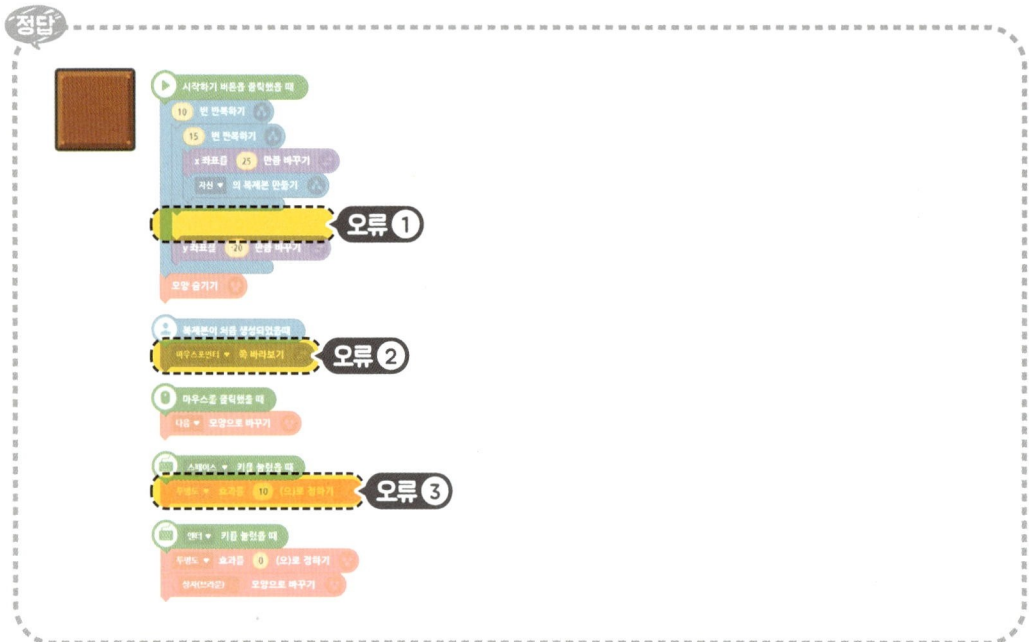

오류❶ ▶를 누르면 상자가 15개씩 10줄이 만들어집니다. 15개의 상자를 일정한 간격으로 나열한 뒤에는 다음 줄부터 다시 나열해야 합니다. 한 줄을 내릴 때는 y 좌표만 사용해도 되지만, 상자를 왼쪽 끝으로 이동해야 하므로 x 좌표도 필요합니다. x 좌표가 시작점으로 갈 수 있도록 `x: 0 위치로 이동하기` 블록을 사용하여 오류를 수정합니다.

오류2 상자 오브젝트가 복제되면 각 오브젝트는 계속해서 마우스포인터가 있는 방향을 바라보게 됩니다. 현재의 코드는 이 동작을 '한 번만' 합니다. 계속해서 반복하려면 `계속 반복하기` 블록을 사용해야 합니다.

오류3 스페이스 키를 누르면 오브젝트가 투명해지고, 여러 번 누를수록 점점 투명해집니다. 이런 효과를 주려면 `투명도 효과를 10 (으)로 정하기` 블록이 아닌 `투명도 효과를 10 만큼 주기` 블록을 사용해야 합니다.

더 나아가기

`자신▼의 복제본 만들기`를 사용하여 마우스를 클릭하면 원이 불꽃놀이처럼 사방으로 튀어 나가는 작품을 만들어 보세요.

CHAPTER 26 승부차기 게임

작품 고치기

학 습 목 표

키보드로 하는 승부차기 게임 만들기

26.1 생각하기

▶ http://bit.ly/entrysong26에 접속하여 작품을 실행해 보세요.

▶ 스페이스 키를 눌러 골키퍼를 피해 골대에 공을 넣어 보세요.

▶ 기회가 0일 때도 스페이스 키를 눌러 보세요. 공이 움직이나요?

26.2 생각 다듬기

작품을 여러 번 실행해 보고, 어떤 오브젝트가 어떤 기능을 하는지 적어 보세요.

오브젝트: 만세하는 사람(1)

오브젝트의 행동 ➡ 시작하기를 눌렀을 때

오브젝트: 축구공

➡ 스페이스를 눌렀을 때

➡ 기회가 없을 때

➡ 골키퍼나 벽에 닿았을 때

➡ 골대에 들어갔을 때

CHAPTER 26 **승부차기 게임**

각 오브젝트의 코드가 어떤 기능을 하는지 정리해 보고, 잘못된 코드를 찾아 표시해 보세요. 또한, 빈칸에는 어떤 코드가 들어갈지 생각해 보세요. (여기에는 빠진 코드가 네 군데 있고, 잘못된 코드가 한 군데 있습니다.)

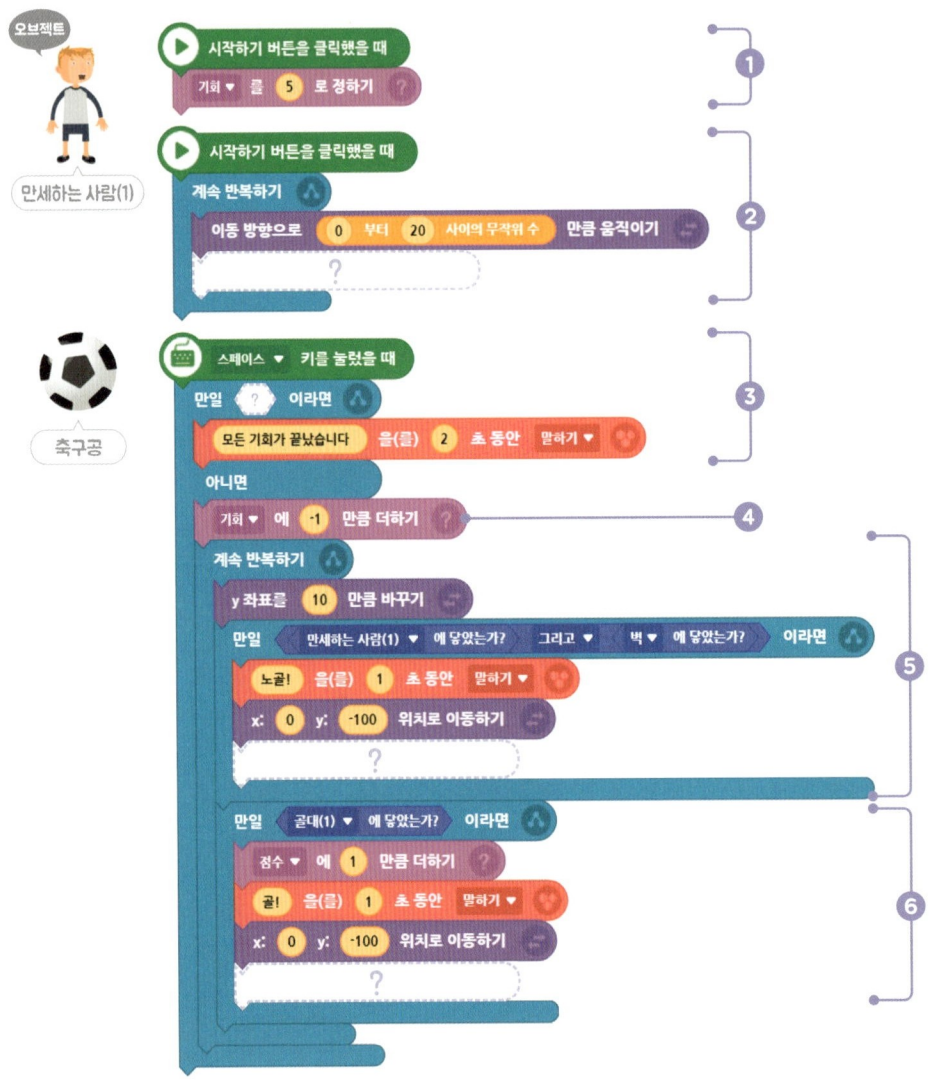

① 시작하기를 누르면 기회를 5로 정하는 부분
② 시작하기를 누르면 계속해서 '골키퍼'가 좌우로 움직이는 부분
③ 기회가 끝났을 때 "모든 기회가 끝났습니다"라고 말하는 부분
④ 스페이스를 누르면 기회를 하나씩 줄이는 부분
⑤ 축구공이 사람이나 벽에 닿으면 공이 원래 위치로 이동하고 반복하기를 멈추는 부분
⑥ 축구공이 골대에 닿으면 점수를 올리고 "골!"을 말한 다음, 원래 위치로 이동하고 반복하기를 중단하는 부분

26.4 코드 확인하기

http://bit.ly/entrysong26c 에 접속하면 코드를 확인할 수 있습니다.

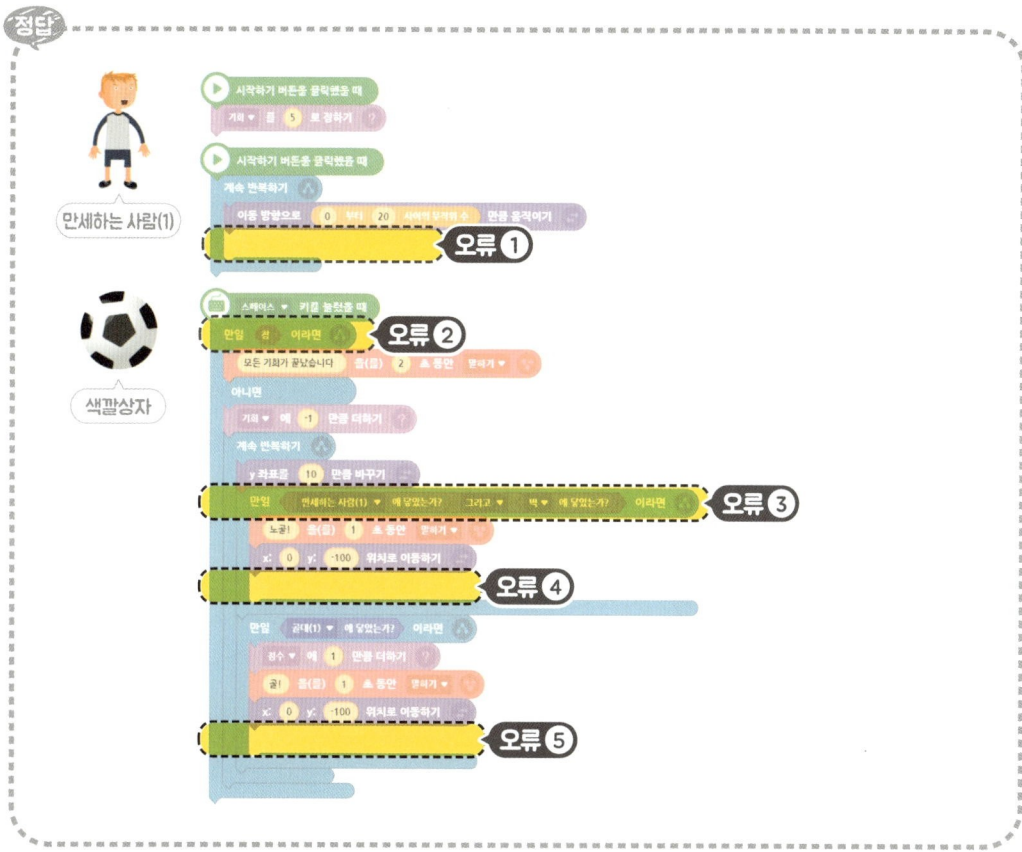

오류 ① ▶를 누르면 계속해서 '골키퍼'가 좌우로 움직이도록 하고, `화면 끝에 닿으면 튕기기` 블록을 사용합니다. '골키퍼'의 회전 방식도 ↔로 바꿔 줍니다.

CHAPTER 26 승부차기 게임

26.4 코드 확인하기

오류② 스페이스 키를 눌렀을 때 기회가 없으면 작동하지 않게 해야 합니다.
〈 10 = 10 〉 블록을 사용하여 기회가 0일 때는 "모든 기회가 끝났습니다"라고 말하도록 합니다.

오류③ 공이 골키퍼나 벽에 닿았을 때 '노골!'이라고 말하고 원래 자리로 이동해야 합니다. 하지만 오류 코드에서는 골키퍼와 벽에 동시에 닿았을 때 참이 되는 〈 참 그리고 참 〉 블록을 사용했습니다. 골키퍼나 벽에 닿았을 때 참이 되어 그 안에 있는 블록이 실행되려면 〈 참 또는 거짓 〉 블록을 사용해야 합니다.

26.4

오류 4.5 만약, 오류 코드처럼 `반복 중단하기` 블록이 없으면 공이 골키퍼, 벽, 골대에 닿아 원래 위치로 돌아가고 난 다음에도 `계속 반복하기` 블록 안에 있는 `y 좌표를 10 만큼 바꾸기` 블록이 계속 실행됩니다. 그러므로 `반복 중단하기` 블록을 넣어 더 이상 공이 움직이지 않도록 해야 합니다.

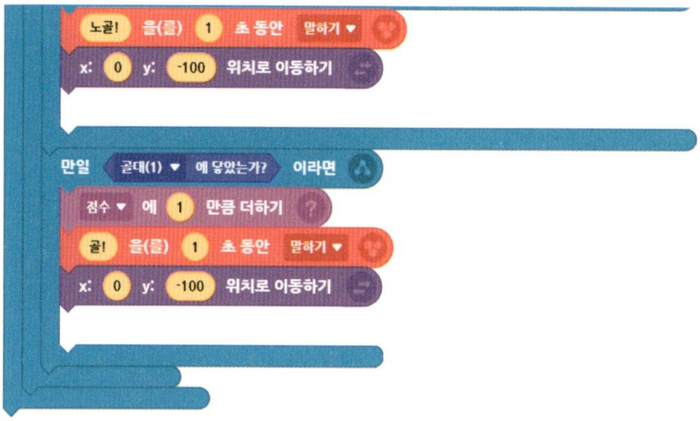

더 나아가기

👉 키보드로 비행기를 조종하고, 스페이스로 총알을 쏘는 슈팅 게임을 만들어 보세요.

CHAPTER 26 승부차기 게임 **281**

CHAPTER 27

작품 고치기

바나나 먹기 게임

학습목표

키보드로 캐릭터를 조종하는 재미있는 게임 만들기

생각하기

▶ http://bit.ly/entrysong27에 접속하여 작품을 실행해 보세요.

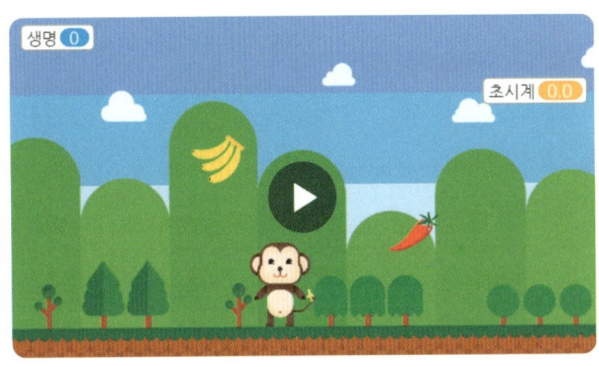

QR 코드를 찍어보세요!

▶ 키보드의 오른쪽, 왼쪽 화살표를 눌러 보세요.

▶ 바나나와 고추에 닿아 보세요. 생명이 어떻게 바뀌나요?

▶ 생명이 0이 될 때까지 해 보세요.

27.2 생각 다듬기

작품을 여러 번 실행해 보고, 어떤 오브젝트가 어떤 기능을 하는지 적어 보세요.

오브젝트: 원숭이

- 오른쪽/왼쪽 화살표를 눌렀을 때

- 생명이 0이 되었을 때

오브젝트: 바나나(1)

- 시작하기를 눌렀을 때

- 아래쪽 벽에 닿았을 때

- 원숭이에 닿았을 때

오브젝트: 고추

- 시작하기를 눌렀을 때

- 아래쪽 벽에 닿았을 때

- 원숭이에 닿았을 때

27.3 코드 수정하기

각 오브젝트의 코드가 어떤 기능을 하는지 정리해 보고, 잘못된 코드를 찾아 표시해 보세요. 또한, 빈칸에는 어떤 코드가 들어갈지 생각해 보세요. (여기에는 빠진 코드가 여섯 군데 있고, 잘못된 부분이 한 군데 있습니다.)

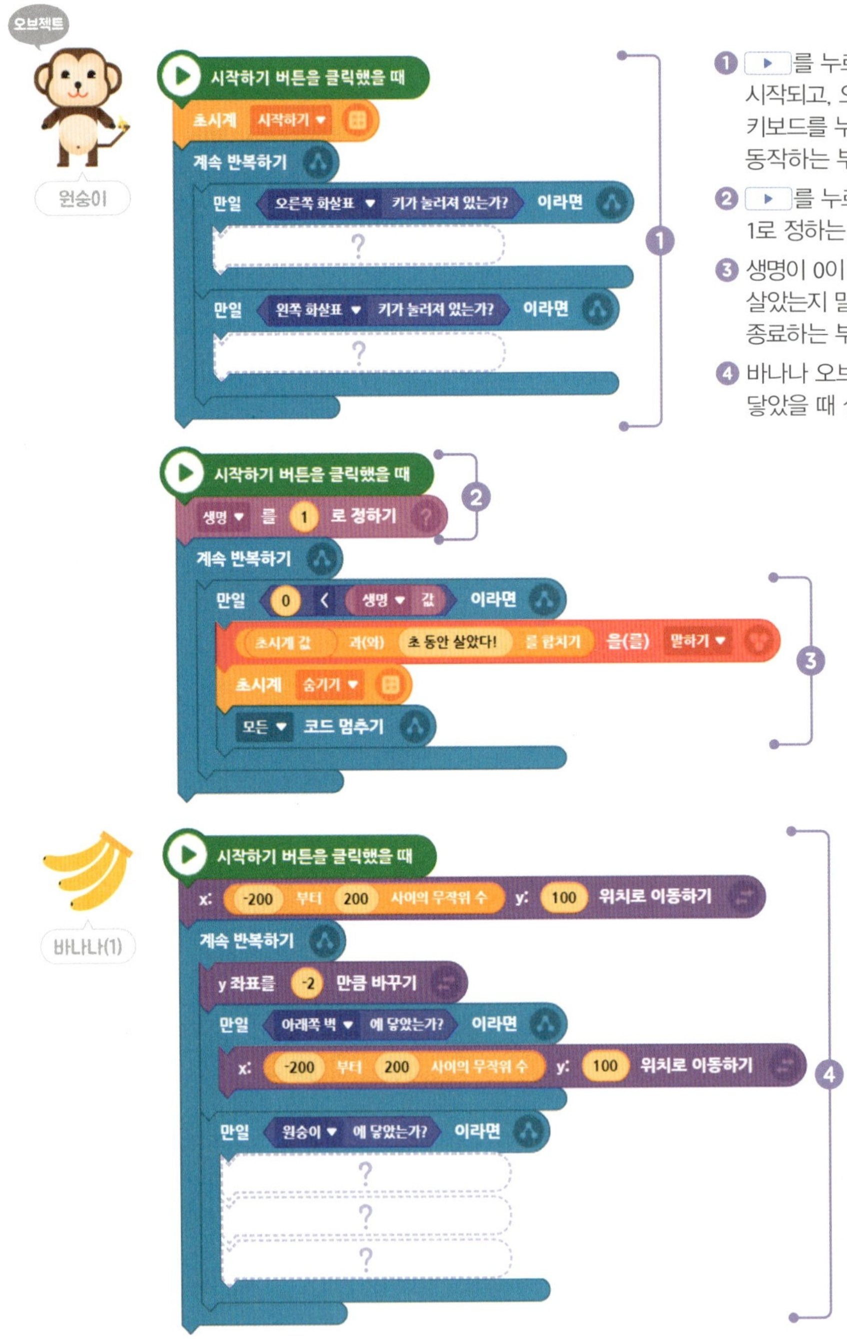

① ▶를 누르면 초시계가 시작되고, 오른쪽/왼쪽 키보드를 누르면 원숭이가 동작하는 부분

② ▶를 누르면 생명을 1로 정하는 부분

③ 생명이 0이 되면 몇 초 동안 살았는지 말하고, 게임을 종료하는 부분

④ 바나나 오브젝트가 원숭이에 닿았을 때 실행될 부분

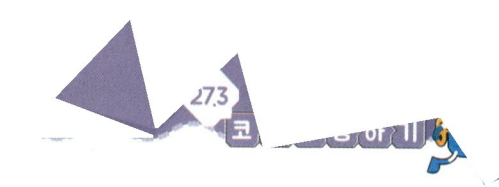

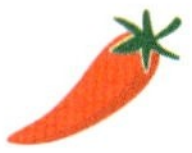

고추

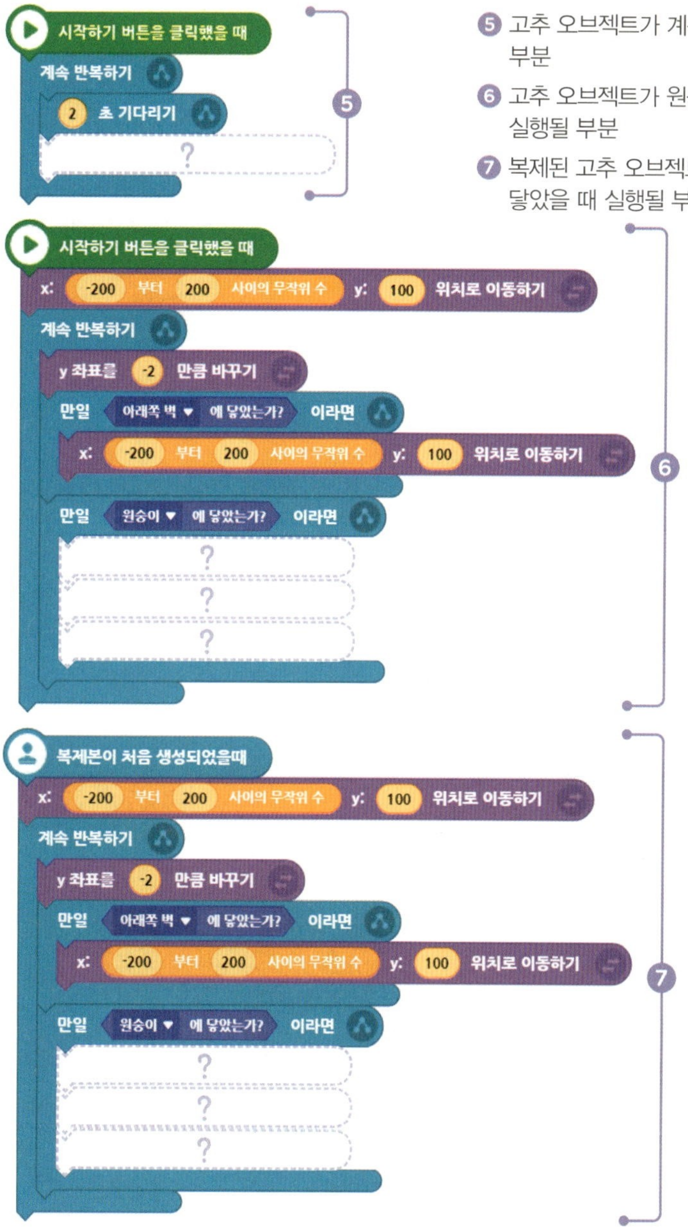

5 고추 오브젝트가 계속 생성되는 부분

6 고추 오브젝트가 원숭이에 닿았을 때 실행될 부분

7 복제된 고추 오브젝트가 원숭이에 닿았을 때 실행될 부분

http://bit.ly/entrysong27c에 접속하면 코드를 확인할 수 있습니다.

정답

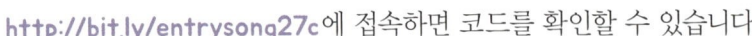

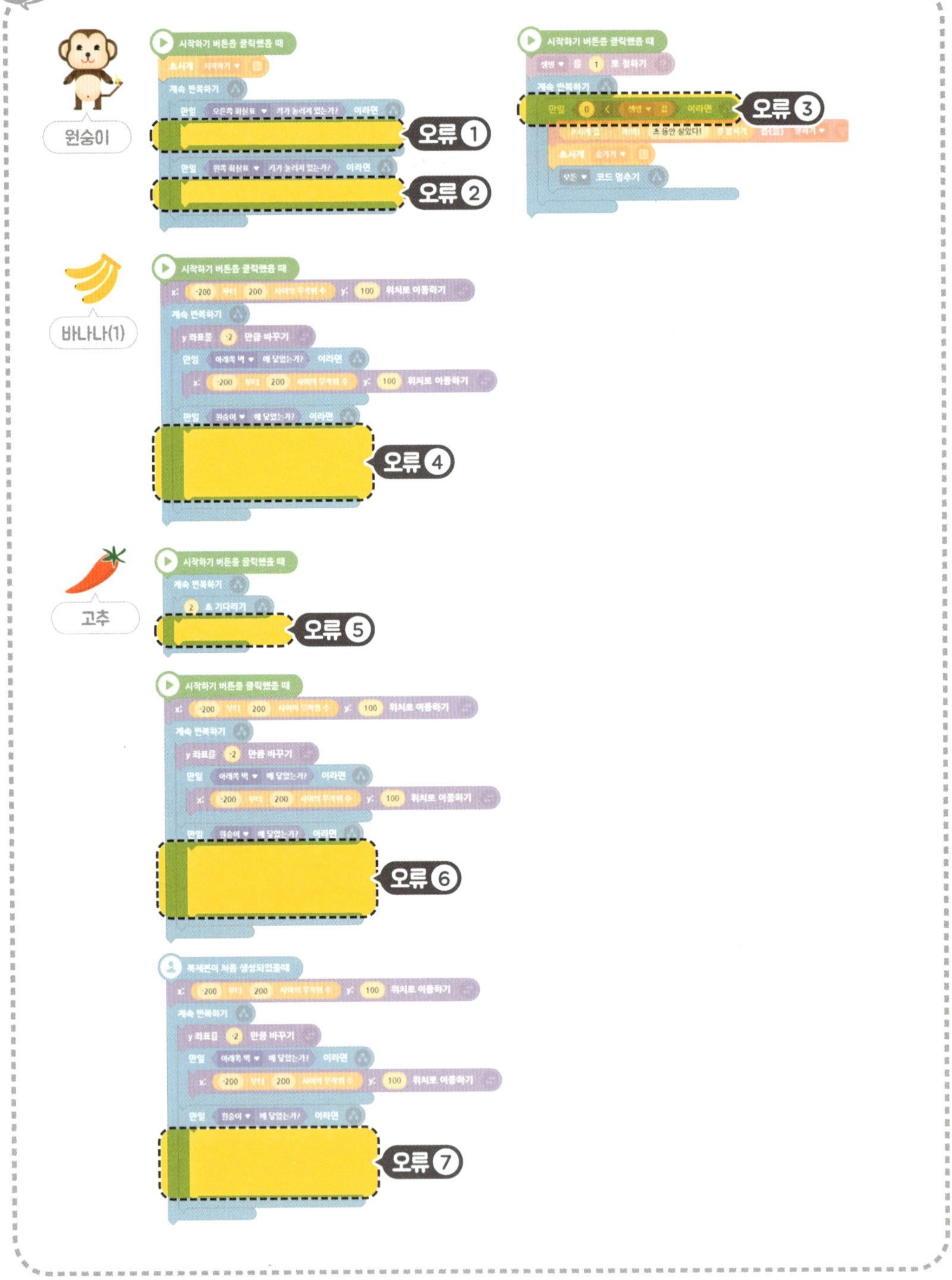

27.4 코드확인하기

오류 1,2 오른쪽/왼쪽 화살표 키를 누르면 원숭이가 오른쪽/왼쪽으로 움직여야 합니다.
`이동 방향으로 10 만큼 움직이기` 블록이나 `x 좌표를 10 만큼 바꾸기` 블록을 사용하면 오른쪽/왼쪽으로 원숭이를 움직일 수 있습니다.

오류 3 생명이 0이 되면 몇 초(그때의 초시계 값) 동안 살았는지 말하고 게임을 끝내도록 해야 합니다. 오류 코드에는 `10 < 10` 블록(생명이 0보다 클 때)을 사용했습니다. 생명이 0일 때 다음 코드가 작동하도록 `10 = 10` 블록을 사용하여 코드를 수정합니다.

CHAPTER 27 **바나나 먹기 게임** 287

오류 ④ 바나나가 원숭이에 닿으면 생명이 1씩 늘어나고 소리가 재생됩니다. 또한, 바나나는 원숭이에 닿는 즉시 화면 위쪽에서 다시 나타나도록 위치를 이동합니다.

오류 ⑤ ▶ 를 누르면 고추 오브젝트는 일정한 간격으로 개수가 늘어납니다. 이때 사용할 수 있는 블록은 `자신▼ 의 복제본 만들기` 블록입니다. 이 블록을 사용하면 계속해서 자신과 같은 오브젝트를 만들 수 있습니다.

오류 6.7 고추가 원숭이에 닿으면 생명이 1씩 줄어들고 소리가 재생됩니다. 고추 역시 원숭이에 닿는 즉시 화면 위쪽에서 다시 나타나도록 위치를 이동합니다. (복제본도 같은 코드를 작성합니다.)

화면 오른쪽에서 왼쪽으로 장애물이 나오는 '장애물 피하기 게임'을 만들어 보세요.

CHAPTER 27 바나나 먹기 게임

CHAPTER 28

학습목표

선생님 몰래 춤추는 게임 만들기

▶ http://bit.ly/entrysong28에 접속하여 작품을 실행해 보세요.

▶ 마우스로 학생을 클릭해 춤추도록 해 보세요.

▶ 선생님이 언제 등장할지 모르니 천천히 눌러 보세요. 그리고 선생님이 등장했을 때도 마우스를 클릭해 보세요.

▶ 시간이 30초가 흐르거나 점수가 0 아래로 떨어졌을 때 어떻게 되는지 살펴보세요.

작품을 여러 번 실행해 보고, 장면에 따라 어떤 오브젝트들이 어떤 기능을 하는지 적어 보세요.

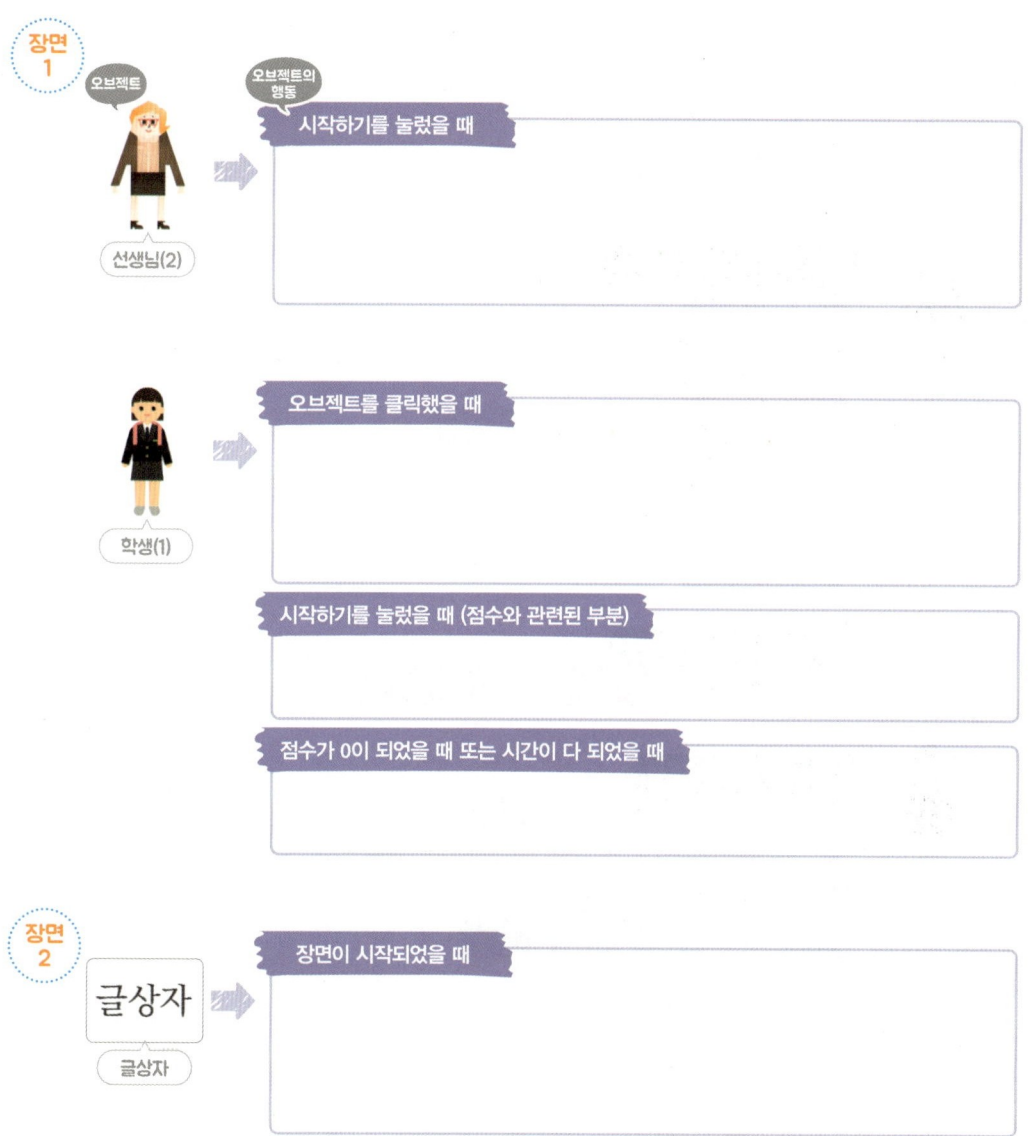

각 오브젝트의 코드가 어떤 기능을 하는지 정리해 보고, 잘못된 코드를 찾아 표시해 보세요. 또한, 빈칸에는 어떤 코드가 들어갈지 생각해 보세요. (여기에는 빠진 코드가 네 군데 있습니다. 빠진 코드를 채워 봅시다.)

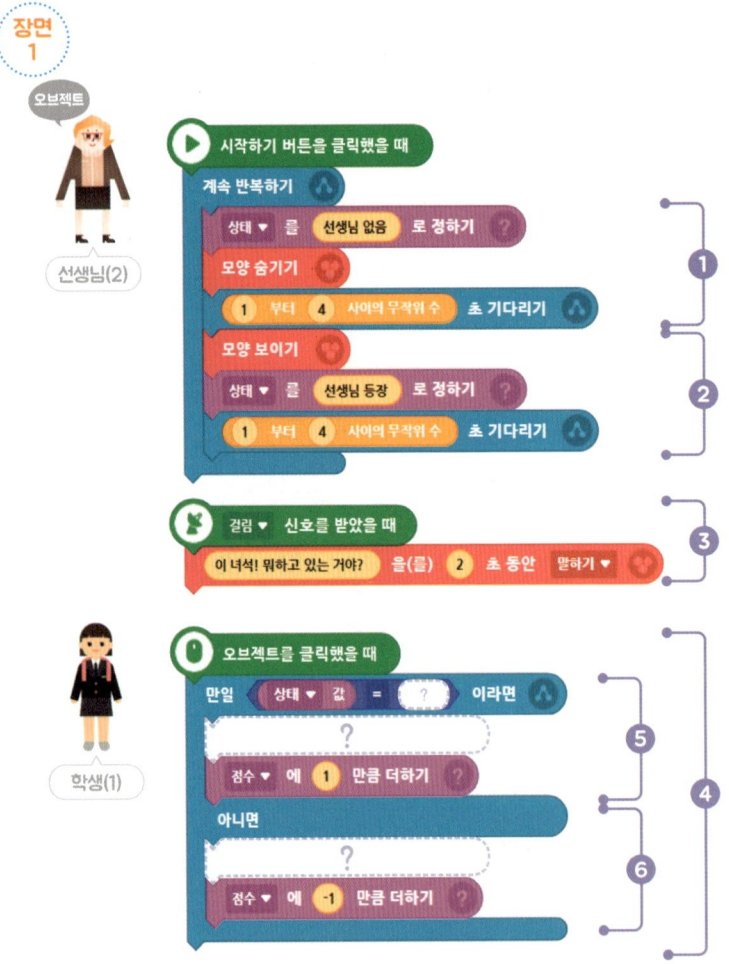

① '선생님 없음' 상태일 때, 모양을 숨기고 무작위 시간 동안 기다리는 부분
② '선생님 등장' 상태일 때, 모양을 보이고 무작위 시간 동안 기다리는 부분
③ '걸림' 신호를 받았을 때 선생님이 혼내는 말을 하는 부분
④ 학생 오브젝트를 클릭했을 때 점수가 오르는 부분과 줄어드는 부분
⑤ 선생님이 등장하지 않았을 때 클릭하면, 모양을 바꾸고 점수를 올리는 부분
⑥ 선생님이 등장했을 때 클릭하면, 점수를 깎고 '걸림' 신호를 보내는 부분

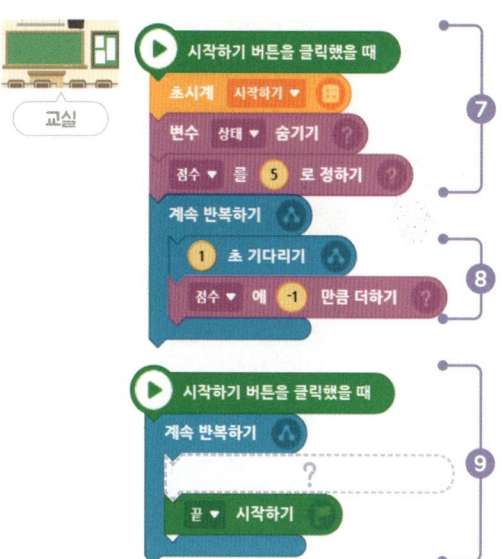

❼ 시작을 누르면 초시계를 시작하고, '상태' 변수를 숨기고 점수를 5로 정하는 부분
❽ 1초마다 점수를 1씩 줄어들게 하는 부분
❾ 점수가 0보다 작거나 시간이 30초가 지나면 '끝' 장면을 시작하는 부분
❿ 장면이 시작되면 변수와 초시계를 숨기고 점수를 보여주는 부분

http://bit.ly/entrysong28c에 접속하면 코드를 확인할 수 있습니다.

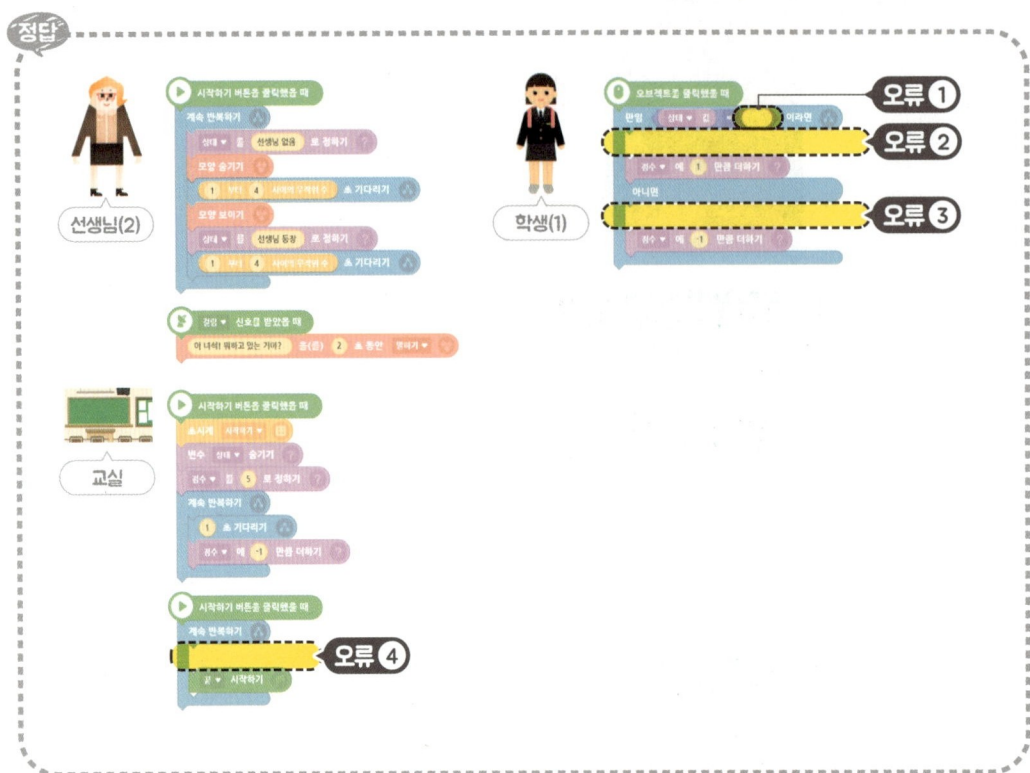

오류 1-3 선생님이 없을 때 학생을 클릭하면, 모양을 바꾸고(다음▼ 모양으로 바꾸기) 점수를 1점 더합니다(점수▼ 에 1 만큼 더하기). 반대로, 선생님이 등장했을 때 학생을 클릭하면 '걸림' 신호를 보내고(신호▼ 신호 보내기), 1점을 뺍니다(점수▼ 에 -1 만큼 더하기). 선생님이 있는지 없는지는 상태▼ 값 과 선생님 없음 블록이 같은지 판단하는 10 = 10 블록을 사용합니다.

오류 ④ 점수가 0보다 같거나 적을 때 또는 시간이 30초가 지났을 때 '끝' 장면이 시작되어야 합니다. 주어진 비교 블록을 조건에 맞게 채워 코드를 완성해 보세요.

> **더 나아가기**
> 👉 장면을 더 만들어서 여러 단계가 있는 '선생님 몰래 춤추는 게임'을 만들어 보세요.

학습목표
숫자 계산 문제를 자동으로 내주는 퀴즈 프로그램 만들기

29.1 생각하기

▶ http://bit.ly/entrysong29 에 접속하여 작품을 실행해 보세요.

▶ 남자아이를 클릭하여 무작위로 나오는 문제를 풀어 보세요.

▶ 문제 10개를 맞출 때까지 계속 풀어 보세요.

작품을 여러 번 실행해 보고, 어떤 오브젝트가 어떤 기능을 하는지 적어 보세요.

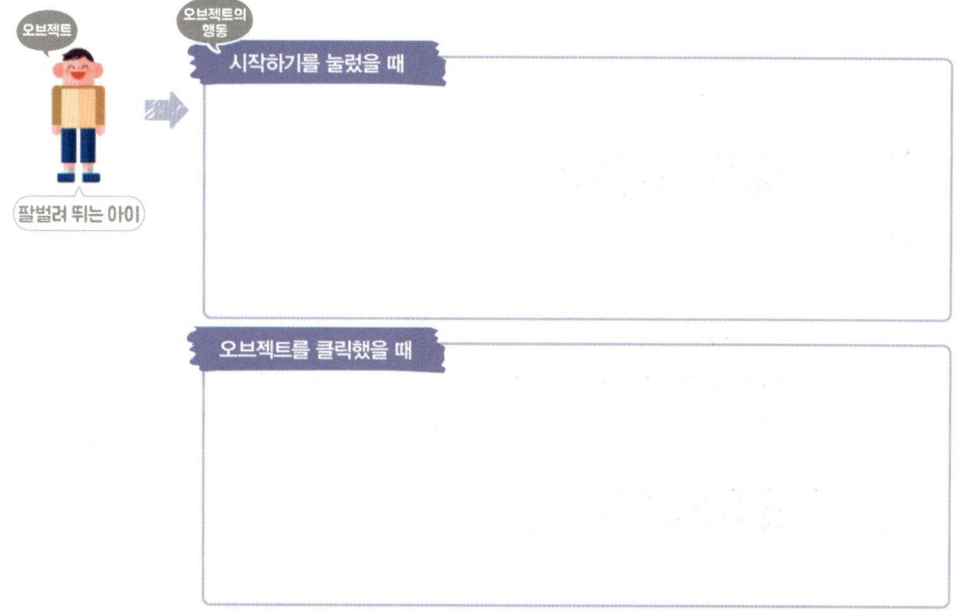

각 오브젝트의 코드가 어떤 기능을 하는지 정리해 보고, 잘못된 코드를 찾아 표시해 보세요. 또한, 빈칸에는 어떤 코드가 들어갈지 생각해 보세요. (여기에는 빠진 코드가 세 군데 있습니다. 빠진 코드를 채워 보세요.)

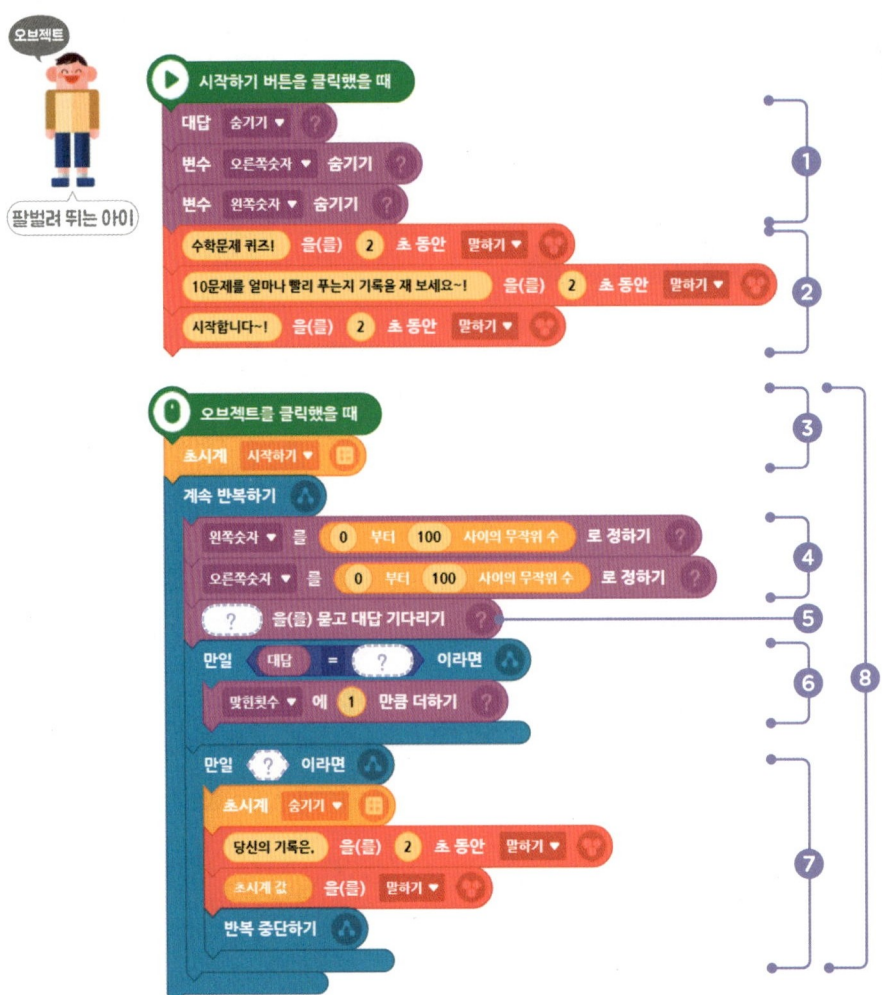

❶ 변수 값과 대답을 숨기는 부분
❷ 게임에 대한 설명을 하는 부분
❸ 오브젝트를 클릭하면 초시계를 시작하는 부분
❹ 문제를 무작위로 만드는 부분
❺ 문제를 내는 부분
❻ 대답과 문제의 정답이 같으면 맞힌 횟수를 1씩 증가시키는 부분
❼ 맞힌 횟수가 10이 되었을 때 기록을 말하고 문제 내는 것을 중단하는 부분
❽ 맞힌 횟수가 10이 될 때까지 계속해서 문제를 내는 부분

http://bit.ly/entrysong29c 에 접속하면 코드를 확인할 수 있습니다.

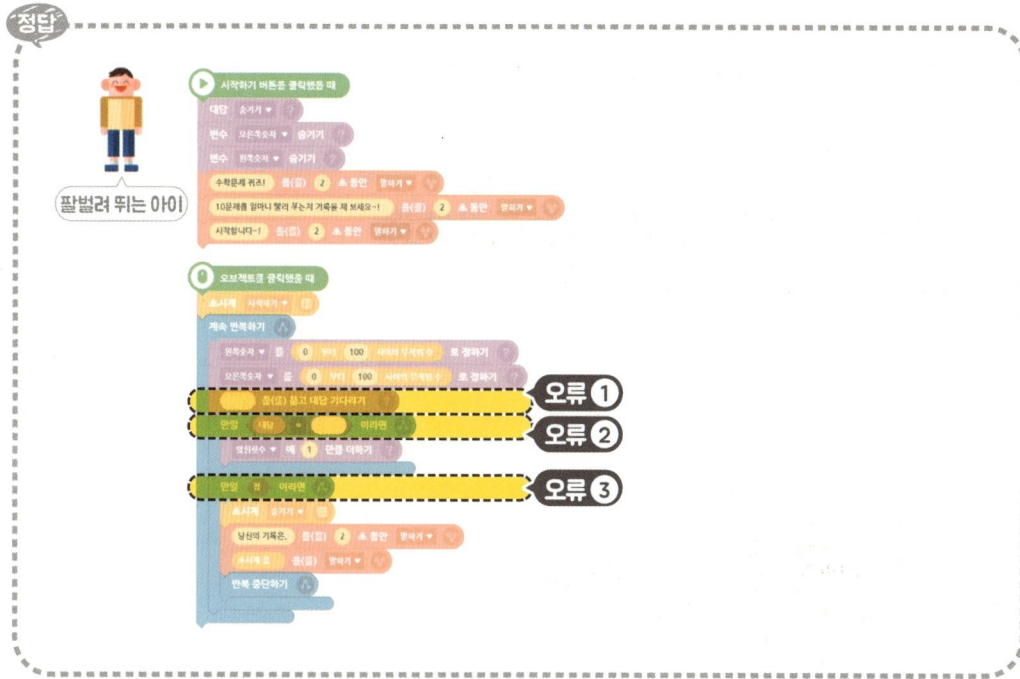

오류 ① 오브젝트를 클릭하면 문제를 무작위로 내야 합니다. 왼쪽과 오른쪽 숫자 변수를 각각 0에서 100 사이의 무작위 수로 정하고, 저장된 값을 '합치기' 블록을 사용하여 덧셈 식으로 만듭니다.

CHAPTER 29 수학 퀴즈 **299**

오류② 문제의 정답과 여러분의 대답이 같으면 맞힌 횟수가 올라가야 합니다. 정답은 왼쪽 숫자와 오른쪽 숫자를 더한 값이므로 다음과 같이 코드를 만들 수 있습니다.

오류③ 맞힌 횟수가 10이 되면, 기록을 말한 다음 더 이상 문제를 내지 않도록 합니다. 다음과 같이 '맞힌 횟수 = 10'일 때 다음 블록을 실행하도록 코드를 작성합니다.

더하기뿐만 아니라 빼기/곱하기/나누기도 무작위로 나오는 퀴즈 프로그램을 만들어 보세요.

작품을 만드는 과정

앞에서 우리는 다양한 프로그래밍의 개념과 예제들을 살펴보았습니다. 이제 자신이 생각한 다양한 작품을 직접 만들어 보세요. 작품을 만들기 위해서는 다음과 같은 작업이 필요합니다.

아이디어 구상 ➡ 기능/장면 디자인 ➡ 프로그래밍 ➡ 테스트와 수정 ➡ 발표

아이디어 구상 작품을 만들려면 가장 먼저 어떤 것을 만들고 싶은지 생각해야 합니다. 이야기, 게임, 미디어 아트, 응용 프로그램 등 자신이 만들고 싶은 것들을 떠올려 보세요. 생각이 잘 안 난다면 생활 속에서 불편했던 점을 생각하며 소프트웨어로 해결할 방법이 있는지 생각해 보세요. 또한, 평소에 재미있게 사용했던 프로그램은 어떤 것들이 있는지, 특별히 좋아하거나 표현하고 싶은 것은 무엇인지 생각해 보는 것도 도움이 될 겁니다.

기능/장면 디자인 만들고 싶은 것을 정했다면 조금 더 구체적으로 정리를 해야 합니다. 어떤 기능들이 필요한지 정리하고, 그에 맞는 장면과 오브젝트를 생각해 보세요. 각 장면을 어떻게 꾸밀지 디자인도 해 보세요. 최대한 구체적으로 정리하는 것이 좋습니다.

프로그래밍 기능/장면 디자인을 바탕으로 블록들을 직접 가져와 프로그래밍을 합니다. 한 번에 모든 것을 완성하려고 하지 말고, 조금씩 만들어 테스트와 수정을 거칩니다.

테스트와 수정 만든 프로그램을 실행하면서 오류가 없는지 살펴보고 잘못된 것이 있으면 수정합니다.

발표 완성된 프로그램을 학교나 온라인에서 발표해 보세요. 여러 사람의 의견을 받으면 작품을 더 발전시킬 수 있습니다.

30.2 나만의 작품 만들기

아이디어 구상

만들고 싶은 것을 자유롭게 써 보세요.

진솔한 서평을 올려 주세요!

이 책 또는 이미 읽은 제이펍의 책이 있다면, 장단점을 잘 보여 주는 솔직한 서평을 올려 주세요.
매월 최대 5건의 우수 서평을 선별하여 원하는 제이펍 도서를 1권씩 드립니다!

- **서평 이벤트 참여 방법**
    1. 제이펍 책을 읽고 자신의 블로그나 SNS, 각 인터넷 서점 리뷰란에 서평을 올린다.
    2. 서평이 작성된 URL과 함께 review@jpub.kr로 메일을 보내 응모한다.

- **서평 당선자 발표**
    매월 첫째 주 제이펍 홈페이지(www.jpub.kr) 및 페이스북(www.facebook.com/jeipub)에 공지하고,
    해당 당선자에게는 메일로 개별 연락을 드립니다.

독자 여러분의 응원과 채찍질을 받아 더 나은 책을 만들 수 있도록 도와주시기 바랍니다.

ㄱ

공유 리스트	141
공유 변수	141
공유하기	29
그리기	152
글상자	101
기다리기	39

ㄴ

논리연산	99

ㄷ

다시 실행하기	74
드롭다운 버튼	63

ㄹ

리스트	121, 131

ㅁ

말하기	36
모눈종이	70
모양	37
모양 보이기	85
모양 숨기기	85
모양 탭	15
무작위 수	73
묻고 대답 기다리기	120

ㅂ

바라보기	72
반복	48
밝기	201

방향	17, 154
변수	84
복제하기	83
블록	15
블록조립소	15
블록 탭	15
비교연산	99

ㅅ

색깔	201
생김새	60
선택	59
소리	190
소리 탭	15
소프트웨어	3
속성 탭	15
순차	35
신호 보내기	86
실행화면	15, 93

ㅇ

알고리즘	7
엔트리(Entry)	9
오브젝트	16, 18
오브젝트 목록	16
위치	17
위치 이동	50
이동 방향	17, 38, 154
이벤트	69

ㅈ

작품	18
작품을 만드는 과정	301

장면	100
정삼각형	159
좌표	70

ㅊ

초시계	98

ㅋ

카테고리	15
코드	18
코드 복사&붙여넣기	78
크기	17
크기조절점	42

ㅌ

투명도	201

ㅍ

프로그래밍	7

ㅎ

하드웨어	3
함수	165
함수(일반화)	176
합치기	102
화면 끝에 닿으면 튕기기	49
회전 방식	17, 54
회전하기	154
효과	201